Hans Huber Programmbereich Pflege

Wissenschaftlicher Beirat:
Silvia Käppeli, Zürich
Doris Schiemann, Osnabrück
Hilde Steppe, Frankfurt a. M.

Monika Meyer

Gewalt gegen alte Menschen in Pflegeeinrichtungen

Verlag Hans Huber
Bern · Göttingen · Toronto · Seattle

Anschrift der Autorin:

Monika Meyer
Lange Str. 48
D-49080 Osnabrück

Die Deutsche Bibliothek – CIP-Einheitsaufnahme

Meyer, Monika:
Gewalt gegen alte Menschen in Pflegeeinrichtungen / Monika Meyer. –
Bern ; Göttingen ; Toronto ; Seattle : Huber, 1998
   (Hans Huber Programmbereich Pflege)
   ISBN 3-456-83023-8

© 1998 Verlag Hans Huber, Bern
Satz: Satzspiegel, Nörten-Hardenberg
Druck: Hubert & Co., Göttingen
Printed in Germany

Inhalt

Die Gewalt

Die Gewalt fängt nicht an
wenn einer einen erwürgt
Sie fängt an
wenn einer sagt:
«Ich liebe dich:
Du gehörst mir!»

Die Gewalt fängt nicht an
wenn Kranke getötet werden
Sie fängt an
wenn einer sagt:
«Du bist krank:
Du mußt tun was ich sage»

Die Gewalt fängt an
wenn Eltern
ihre folgsamen Kinder beherrschen
und wenn Päpste und Lehrer und Eltern
Selbstbeherrschung verlangen

Die Gewalt herrscht dort
wo der Staat sagt:
«Um die Gewalt zu bekämpfen
darf es keine Gewalt mehr geben
außer *meiner* Gewalt»

Die Gewalt herrscht
wo irgendwer
oder irgendetwas
zu hoch ist
oder zu heilig
um noch kritisiert zu werden

oder wo die Kritik nichts *tun* darf
sondern nur reden
und die Heiligen oder die Hohen
mehr tun dürfen als reden

Die Gewalt herrscht dort wo es heißt:
«Du darfst Gewalt anwenden»
aber oft auch dort wo es heißt:
«*Du* darfst *keine* Gewalt anwenden»

Die Gewalt herrscht dort
wo sie ihre Gegner einsperrt
und sie verleumdet
als Anstifter zur Gewalt

Das Grundgesetz der Gewalt
lautet: «Recht ist, was *wir* tun.
Und was die *anderen* tun
das ist Gewalt»

Die Gewalt kann man vielleicht nie
mit Gewalt überwinden
aber vielleicht auch nicht immer
ohne Gewalt

Erich Fried*
(1921–1988)

* Fried, Erich (1985), S. 18 f.

Dieses Buch ist in Liebe meinen Eltern Franz und Maria Meyer gewidmet.

1. Einleitung

Gewalt ist in unserer Gesellschaft in vielfältiger Form existent. Durch Medien oder durch eigene Beobachtungen werden wir mit ihr konfrontiert. Weniger in der Öffentlichkeit thematisiert und diskutiert wird das brisante Thema der Gewalt gegen alte Menschen, sei es im familiären Kontext[2] oder in der professionellen Pflege alter Menschen in Institutionen. Brisant ist das Thema m. E. deshalb, weil jeder Mensch altert und irgendwann in die Situation derjenigen kommen kann, die sich derzeit in einer stationären Einrichtung aufhalten und Gewalterfahrungen gemacht haben. Doch das Thema der Gewalt in der Pflege alter Menschen ist weitestgehend ein mit einem Tabu behaftetes Thema.[3] Nicht zuletzt, weil dieses Thema mit unangenehmen Gefühlen verbunden ist.

Aus ethischer Sicht scheint die Gewalt in der Pflege, gerade und besonders in stationären Einrichtungen mit professionell Pflegenden, absolut verwerflich zu sein. Tabuisierungen, so der englische Sozialarbeiter Eastman, drücken sich in dem Verzicht auf Benennungen von Tatbeständen aus, die als sozial nicht akzeptabel gelten; Gewalt in der Pflege gehört zu den sozial nicht akzeptablen Tatbeständen.

Mein Interesse gilt in dieser Arbeit ausschließlich der Gewalt gegen alte Menschen in stationären Pflegeeinrichtungen, zumal ich selber als Krankenschwester in einer stationären Einrichtung tätig und von der Thematik betroffen bin. Mit diesem Thema möchte ich jedoch nicht den Eindruck erwecken, daß Gewalt gegen alte Menschen in Pflegeeinrichtungen durchschnittliche Wirklichkeit ist!

Diese Arbeit soll dazu beitragen, das Tabu der Gewalt in der Pflege zu brechen. Ziel dieser Arbeit ist es nicht, Schuldige der Gewalt zu suchen oder stattgefundene Gewalt zu legitimieren. Sie stellt vielmehr einen Versuch dar, die Vielschichtigkeit der Gewalt, ihre Wurzeln, bedingende Faktoren und Entstehungsmechanismen im Netz der Beziehungen, in dem ein wechselseitiges Reagieren stattfindet, sowie gewaltherabsetzende Faktoren aufzuzeigen.

Es geht darum, sensibel zu werden zwischen «notwendiger Machtausübung»[4] und aggressiven und gewalttätigen Handlungen von Pflegenden gegenüber älteren Menschen.[5] Das Gedicht «Die Gewalt» von Fried versucht m. E. in einer

---

2 Vgl. dazu Eastman, Mervyn (1985).
3 Vgl. Müller, Heinrich A. (1990); Ruthemann, U. (1993), S. 20 ff.; Cleve, Iris van (1995); Rückert, Willi (1996), S. 28 ff.
4 Ruthemann, Ursula (1993), S. 7.
5 Vgl. Ruthemann, U. (1993), S. 7 ff.

gelungenen Weise diese Gratwanderung umzusetzen und die Leser zu sensibilisieren.

Zunächst wird anhand des demographischen Wandels in der Bundesrepublik versucht, den künftigen Stellenwert und die Bedeutung von pflegerischen Einrichtungen herauszustellen (Kap. 2).

Da Pflegeeinrichtungen hauptsächlich älteres Klientel aufnehmen, ist es notwendig, sich mit dem Alter an sich, dem Altersbild der Gesellschaft, dem subjektiven Altersbild sowie verschiedenen Alterstheorieansätzen und -modellen auseinanderzusetzen (Kap. 3).

Die Thematik der Gewalt ist vielschichtig und sehr komplex. Kapitel 4 versucht den Begriff der Gewalt näher zu analysieren, Erklärungsansätze und das Spektrum der Gewalt in Pflegeeinrichtungen mit seiner Ambivalenz aufzuzeigen. Der letzte Punkt dieses Kapitels geht näher auf die Schwierigkeiten des Forschungsgegenstandes «Gewalt» ein.

In dem darauffolgenden Kapitel werden verschiedene Quellen von Aggressionen und Gewalt vorgestellt (Kap. 5).

Interessant sind bei der Thematik der Gewalt gegen alte Menschen in Pflegeeinrichtungen die Zeugen der Gewalt. Auf sie und ihre möglichen Interessenlagen geht das Kapitel 6 näher ein.

Frustrationen und Gewalt hinterlassen ihre Spuren, sowohl bei den Pflegebedürftigen als auch bei den Pflegenden. Kapitel 7 zeigt mögliche Auswirkungen von Frustrationen bei den Mitarbeitern und Auswirkungen der Gewalt bei den Pflegebedürftigen auf.

Das Erkennen und Aufzeigen der Gewalt und ihre Ursachen ist notwendige Voraussetzung, um Gewalt zu vermindern. Verschiedene Ansatzpunkte zur Gewaltreduzierung werden in Kapitel 8 aufgezeigt.

Im folgenden sollen Institutionen, wie Krankenhäuser, Altenheime und Altenpflegeheime, in denen ältere Menschen betreut und gepflegt werden, unter dem Begriff der «Pflegeeinrichtungen» subsumiert werden. Wird im Text nur auf eine spezifische Einrichtung eingegangen, so ist diese speziell genannt.

Krankenhäuser sind Einrichtungen, «in denen durch ärztliche und pflegerische Hilfeleistung Krankheiten, Leiden oder Körperschäden festgestellt, geheilt oder gelindert werden sollen oder Geburtshilfe geleistet wird und in denen die zu versorgenden Patienten untergebracht und gepflegt werden können».[6] Ich möchte Krankenhäuser deswegen zu den Pflegeeinrichtungen älterer Menschen zählen, da ältere Menschen bei einer Verweildauer von 25 Tagen und mehr überpropor-

---

6 Bäcker, Gerhard u. a. (1989), S. 97.

tional in Krankenhäusern vertreten sind. Ca. 40 % aller Pflegetage entfallen auf die über 65jährigen.[7]

Altenheime sind «Einrichtungen für alte Menschen, deren Bewohner zur Führung des eigenen Haushalts außerstande sind und vom Heim Unterkunft, Verpflegung und Betreuung sowie gegebenenfalls bei Erkrankung Pflege und Therapie erhalten».[8]

Altenpflegeheime, bzw. mehrgliedrige Altenheime, in denen Pflegeabteilungen vorhanden sind, sind Einrichtungen, die «umfassende Pflege, Betreuung und Versorgung für chronisch Kranke und pflegebedürftige alte Menschen»[9] bieten.

Der Einfachheit halber sollen unter dem Begriff der «Pflegebedürftigen»[10] sowohl ältere Patienten in Krankenhäusern als auch Bewohner in Altersheimen und pflegeintensive Pflegeheimbewohner zusammengefaßt werden.

Um den Text flüssiger lesen zu können und Schwierigkeiten sprachlicher Art zu vermeiden, habe ich mich entschlossen, die grammatikalisch männliche Form zu wählen. Selbstverständlich ist bei den Ausführungen auch die weibliche Form gemeint. Da in Pflegeeinrichtungen unterschiedlich qualifizierte Mitarbeiter beschäftigt sind, d. h. AltenpflegerInnen, Krankenpfleger/Krankenschwestern, Zivildienstleistende und HelferInnen, möchte ich sie der Einfachheit halber unter dem Begriff der «Pflegenden» oder in gleicher Bedeutung unter dem Begriff der «Mitarbeiter» subsumieren, es sei denn, die einzelnen Berufsgruppen werden explizit benannt.

Meine eigenen Erfahrungen sollen der Unterstützung und Veranschaulichung dienen, sie erheben keinen Anspruch auf Wissenschaftlichkeit.

---

7 Vgl. BfFS (1993), S. 133 f.
8 Vgl. ebd. S. 113.
9 Deutscher Verein für öffentliche und private Fürsorge zit. nach Glinski-Krause, Beate u. a. (1996), S. 177.
10 Der Begriff «Pflegebedürftigkeit» ist im BSHG nicht eindeutig definiert. Nach § 68 (1) BSHG kann derjenige als pflegebedürftig gelten, der so hilflos ist, daß er nicht ohne Wartung und Pflege bleiben kann.

2. Der demographische Wandel in der Bundesrepublik Deutschland

2.1 Von der «Pyramide» zum «Pilz»

Demographische[11] Statistiken und Prognosen der Bundesrepublik Deutschland zeigen, daß die deutsche Gesellschaft im Begriff ist, sich zu einer alternden Gesellschaft zu entwickeln.[12]

In Zukunft werden in Deutschland sowohl «absolut» als auch «relativ» mehr ältere Menschen leben, wobei der Anteil der Hochbetagten höher sein wird als jemals zuvor. Zugleich schrumpft die Bevölkerung insgesamt. 1900 lebten im Deutschen Reich 4,4 Millionen über 60jährige. Nach der Vereinigung beider deutscher Staaten waren 1990 16,1 von insgesamt 79,1 Millionen Menschen über 60 Jahre alt.[13] Die *absolute* Zahl der älteren Menschen wird nach der «achten koordinierten Bevölkerungsvorausberechnung» des Statistischen Bundesamtes auch weiter steigen, denn je nach angenommener Variante[14] wird die Zahl der über 60jährigen im Jahr 2030 zwischen 25,5 Millionen und 26,5 Millionen schwanken. Vergleicht man die Zahl der Jüngeren mit der Zahl der Älteren,[15] so wächst auch *relativ* gesehen der Anteil der alten Menschen. Gegenwärtig wächst zwar bis 1997/1998 die Generation der unter 20jährigen und ist im Vergleich stärker als die wachsende Generation der über 60jährigen, jedoch wird in allen drei Varianten der Bevölkerungsvorausberechnung die Zahl der unter 20jährigen ab den Jahren 1997/1998 kontinuierlich abnehmen. Im Gegensatz hierzu nimmt

---

11 Unter «Demographie» versteht man im weiteren Sinn die Bevölkerungswissenschaft, im engeren Sinn die Beschreibung von Zuständen und Veränderungen der Bevölkerungszahl und Be-
völkerungszusammensetzung mit Hilfe der Bevölkerungsstatistik. Vgl. Tews, Hans Peter
(1996), S. 48 f.
12 Vgl. BfFS (1993), S. 76 ff., ebenso StBW (1994, 1996), o. V. (1996a).
13 Vgl. Tews, H. P. (1996), S. 6.
14 Die achte koordinierte Bevölkerungsvorausberechnung bietet drei Varianten (A, B und C) der
Vorausberechnung an.
15 Bevölkerungsstatistisch wird die Bevölkerung in drei Gruppen unterteilt: die Gruppe der Jüngeren: 0–20jährigen, die der Erwerbstätigen: 21- bis 59jährigen und die der über 60jährigen,
der Alten.

die Zahl der über 60jährigen unaufhörlich zu, so daß ab 1998 die Gruppe der über 60jährigen stärker vertreten sein wird als die der unter 20jährigen und ab dem Jahr 2029 bzw. 2036, je nach Variante der Vorausberechnung, das Verhältnis von Jüngeren zu Älteren 1:2 beträgt.[16] Dieses Zahlenverhältnis wird sich voraussichtlich in einem kontinuierlichen Maße zu Lasten des erwerbstätigen und produktiven Teils der Bevölkerung auswirken, denn dieser muß sowohl junge als auch alte Menschen durch seine Beiträge mitversorgen.

Als Alte gelten in dieser Definition alle Personen über 60 Jahre.[17] Eine besondere Gruppe stellen die «alten» Alten dar. Die Altersgrenze zur Hochaltrigkeit bzw. die Grenze zu den «alten Alten» ist dabei willkürlich gesetzt und meistens fließend. Sie betrifft die über 75- bzw. 80jährigen. Die Zahl der Hochaltrigen ist in den letzten 50 Jahren überproportional angestiegen. In der Zeit zwischen 1950 und 1985 erhöhte sich die Zahl der 70- bis 75jährigen um 88 %, die der 75- bis 80jährigen um 152 %, die der 80- bis 85jährigen um 240 %, die der 85- bis 90jährigen um 378 % und die der 90jährigen und Älteren um 830 %. 1995 betrug die Zahl der Hochaltrigen in Deutschland 3,24 Millionen. Bis zur Jahrtausendwende soll die Zahl der Hochaltrigen zunächst abnehmen, um dann zwischen 2000 und 2020 auf ca. 4,6 Millionen anzusteigen.[18]

Nach Tews ist das Altern der deutschen Gesellschaft kurzfristig nur wenig zu beeinflussen, vielmehr handelt es sich um eine längerfristige und zudem stabile Entwicklung: Seitens der Bundesregierung könne zwar durch familienfreundliche Maßnahmen und die Schaffung einer kinderfreundlichen Atmosphäre in der Gesellschaft versucht werden, die Geburtenrate indirekt zu beeinflussen, doch für die zukünftige Alterszusammensetzung in der Bundesrepublik würde dies kurzfristig kaum Auswirkungen zeigen.[19] Zum Vergleich: 1856 kamen auf eine Frau im Durchschnitt noch über 5 Kinder, 1920 waren es noch über 2, und heute sind es statistisch gesehen durchschnittlich nur noch etwa 1,5 Kinder.[20] Insgesamt gesehen bleibt es bei einer niedrigen Geburtenrate, denn die Ursachen, die zu dieser niedrigen Geburtenrate geführt haben, werden auch in Zukunft weiter wirksam bleiben. Die Sterberate konnte im Zuge des medizinischen Fortschritts

---

16 Vgl. StBW (1994), S. 438–440.
17 Soziologen unterscheiden verschiedene Phasen des Alters. Innerhalb der Gruppe älterer Menschen wird zwischen unterschiedlichen Kohorten unterschieden. Das Alter beginnt demnach mit 60. Dabei wird das «junge» Alter, die Zeit von 60 bis Mitte 70, und das «alte» Alter, von 75 bis zum Tod, unterschieden. Vgl. Tews, H. P. (1996), S. 15 f.
18 Vgl. Rückert, W. nach Tews, H. P. (1996), S. 7.
19 Vgl. Tews, H. P. (1996), S. 7 ff., vgl. hierzu auch Beck, Ulrich (1986) Kap. V: «Individualisierung, Institutionalisierung und Standardisierung von Lebenslagen und Biographiemustern.»
20 Vgl. Deutscher Bundestag (1994) nach Tews, H. P. (1996), S. 10; vgl. zur Modernisierung der Gesellschaft: Beck, U. (1986).

herabgesetzt werden, so daß die Lebenserwartung von 37,1 Jahren bei den Männern und 40,3 Jahren bei den Frauen Ende des 19. Jahrhunderts auf derzeit 73,2 Jahre bei den Männern und 77,2 Jahre bei den Frauen deutlich gestiegen ist. Nach Einschätzung von Experten wird diese auch nicht mehr wesentlich steigen.[21] Die Lebenserwartung bei der Geburt hat sich in Deutschland in den letzten 100 Jahren verdoppelt, aber nicht weil die Menschen so sehr viel älter werden, sondern weil die Säuglingssterblichkeit drastisch zurückgegangen ist. Längerfristig gesehen schrumpft jedoch die Bevölkerung. Aber nicht das Schrumpfen der Bevölkerung stellt ein Problem dar, sondern die damit verbundene Überalterung der Gesellschaft. Der entscheidende Faktor für die zukünftige Bevölkerungsentwicklung ist die Geburtenrate, denn sie stellt die Basis dar. Die Sterberate wird sich wahrscheinlich kaum ändern, vorausgesetzt die medizinische Versorgung, die erreichten Verbesserungen des allgemeinen Lebensniveaus bleiben weiterhin bestehen. Ebenfalls dürfte es nicht zu einem neuen Krieg kommen.

Von Bedeutung für die derzeitige und künftige Bevölkerungsentwicklung in Deutschland ist auch die Migrationsrate, also der Anteil der Zu- bzw. Abwanderungen. Die meisten Migranten sind zum Zeitpunkt ihrer Ankunft in Deutschland zwar jung, aber sie altern ebenfalls. Die Migration wird daher nicht zu einer Umkehr im Prozeß des Alterns der gesamten Bevölkerung führen. Obwohl Deutschland zur Zeit faktisch ein Einwanderungsland ist, das weltweit mit die höchsten Zuwanderungsquoten aufweist, muß jedoch nach den gegenwärtigen Bevölkerungsvorausberechnungen davon ausgegangen werden, daß die Bevölkerung der Bundesrepublik insgesamt zur Zeit von 82,6 bzw. 82,8 Millionen auf 73,6 bzw. 81,1 Millionen im Jahr 2030, je nach Variante der achten koordinierten Bevölkerungsvorausberechnung, abnehmen wird.[22]

Insgesamt gesehen hat sich der Altersaufbau der deutschen Bevölkerung von der gleichmäßigen «Alterspyramide» des frühen zwanzigsten Jahrhunderts zu einer der heutigen Situation entsprechenden, an einigen Stellen ausgefransten[23] «Tanne» entwickelt und wird sich aufgrund der statistischen Vorausberechnungen bis zum Jahr 2030 zu einer Art «Pilz» weiterentwickeln: Den kargen Stamm des «Pilzes» bildet die Gruppe der Jüngeren, die Gruppe der über 60jährigen bildet dabei den oberen Rand.[24]

---

21 Vgl. Tews, H. P. (1996), S. 11.

22 Vgl. Dinkel, Reiner / Lebok, Uwe (1994) nach Tews, H. P. (1996), S. 11 f.

23 Aufgrund des Geburtausfalls während des 1. und 2. Weltkrieges und während der Weltwirtschaftskrise um 1932, ähnelt die «Tanne» einer «ausgefransten Tanne».

24 Vgl. Dunkel, Wolfgang (1988), S. 19 f., ebenso Tews, H. P. (1996), S. 12.

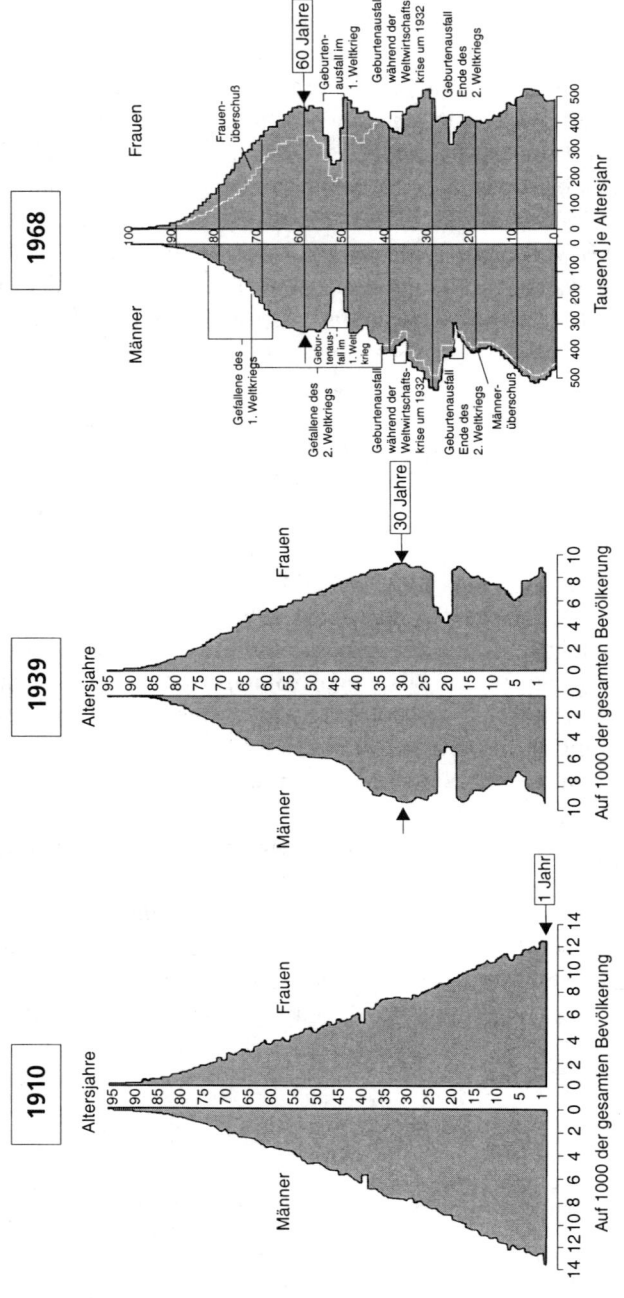

Abbildung 1: Veränderung der altersmäßigen Zusammensetzung (Quelle: Funkkolleg Altern, Studienbrief 1, S. IX).

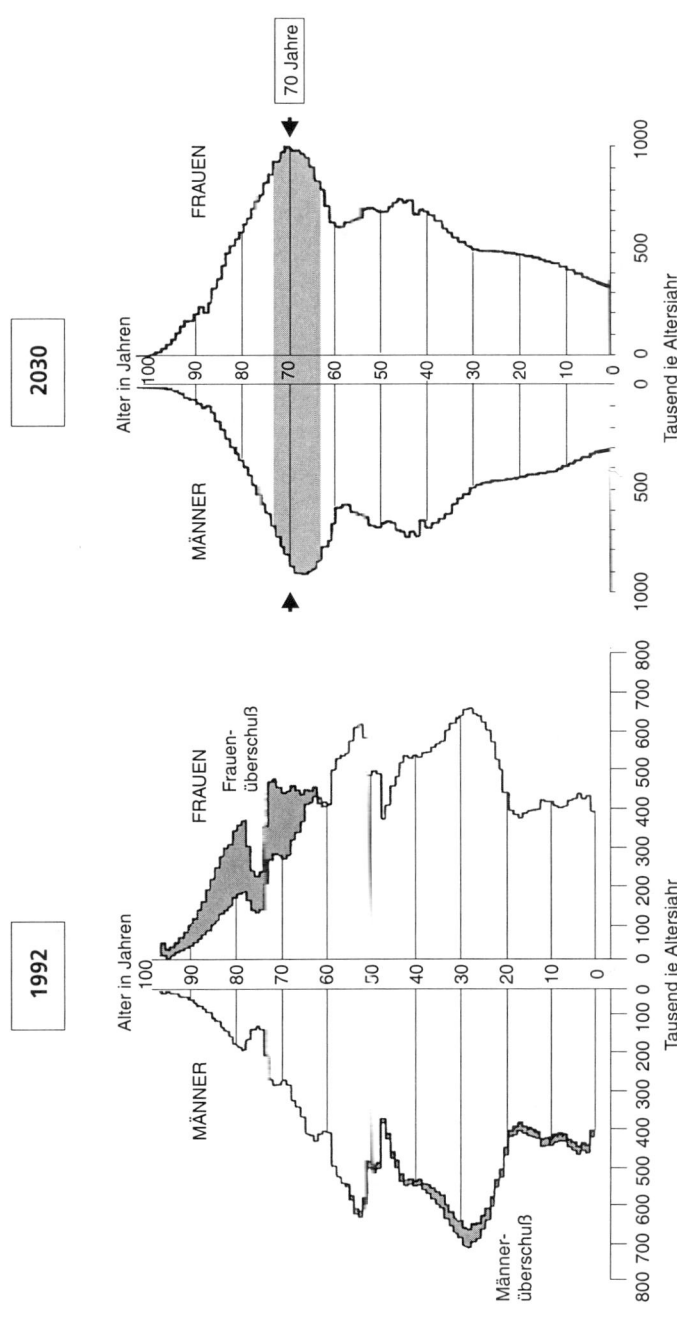

Abbildung 1 (Fortsetzung)

Abbildung 1 veranschaulicht die Veränderung der altersmäßigen Zusammensetzung der Wohnbevölkerung Deutschlands seit Anfang dieses Jahrhunderts und in welcher Weise sie sich bis ins Jahr 2030 voraussichtlich entwickeln wird.

2.2 Bedeutung des demographischen Wandels für Pflegeeinrichtungen

Die Veränderungen in der Alterszusammensetzung der bundesdeutschen Bevölkerung zeigen einen deutlichen Anstieg der Gruppe der alten Menschen. Hochaltrigkeit ist keine Seltenheit mehr. Die Kehrseite der Hochaltrigkeit stellt die Wahrscheinlichkeit dar, mit zunehmendem Alter kurz- oder langfristig auf Hilfe und Pflege angewiesen zu sein, und somit in ein Abhängigkeitsverhältnis zu gelangen:[25] «Die Wahrscheinlichkeit, pflegebedürftig zu werden, steigt mit zunehmendem Alter zunächst flach, jenseits der 80 Jahre schneller an.»[26] Es soll jedoch keineswegs unterstellt werden, daß Hochaltrigkeit *immer* gleichzusetzen ist mit Krankheit bzw. Pflegebedürftigkeit.[27]

Interessant in diesem Zusammenhang ist Rosenmayrs Hypothese, daß Pflegebedürftigkeit in Zukunft vielleicht doch nicht das angenommene Ausmaß erreichen wird. Hypothetisch sei es seiner Ansicht nach möglich, daß die «neuen Alten», d. h. diejenigen die in Zukunft alt sein werden, durch bewußtere Lebensvorkehrungen, durch mehr Bewegung, durch ein kritischeres Verhältnis zur Ernährung gesünder leben, so daß Pflegebedürftigkeit sich in späteren Jahren in Grenzen halte. Dies könne beispielsweise durch größere Verantwortung für sich selber und/oder durch mehr Wissen aufgrund einer höheren Schulbildung eintreten. Dies, so Rosenmayr, sei jedoch nicht als eine Voraussage zu bewerten, sondern mehr als einen von «mehreren divergierenden Trends in einem relativ inhomogenen Zukunfts-Szenario».[28]

---

25 Vgl. Dunkel, W. (1994), S. 19 ff., ebenso Tews, H.P. (1996), S. 16; Forster, Jürgen / Rückert, W. (1996), S. 238 ff.
26 Naegele, Gerhard (1991) zit. nach Dunkel, W. (1994), S. 20.
27 «Zweifelsohne steigt die Häufigkeit von Erkrankungen mit zunehmendem Alter an, wenn auch die Auffassung, mit hohem Alter sei Krankheit schlechthin verbunden bzw. hohes Lebensalter sei an sich schon eine Krankheit, heute von der Medizin nicht mehr vertreten wird.» Christen, Christina (1989), S. 20. Kritisch zum Defizit-Modell (siehe dazu Kap. 3.4) bezüglich der Gesundheit äußert sich Ursula Lehr (1984), S. 79: «Altern *kann* aber *muß nicht* Beeinträchtigung des gesundheitlichen Wohlbefindens und damit Beeinträchtigung der geistigen Leistungsfähigkeit bedeuten.» Vgl. auch Fußnote 10.
28 Rosenmayr, Leopold (1992), S. 293.

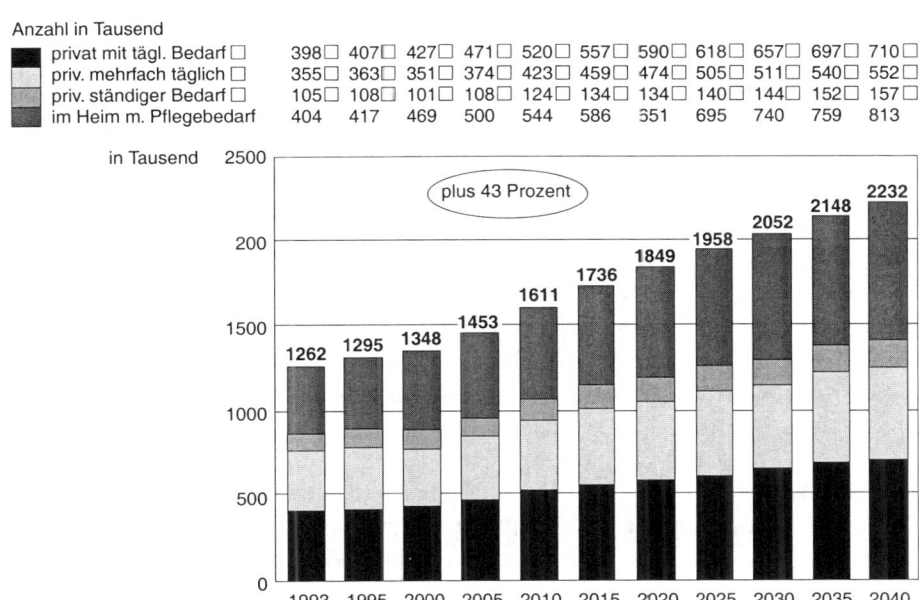

Anzahl in Tausend

■ privat mit tägl. Bedarf ☐	398☐	407☐	427☐	471☐	520☐	557☐	590☐	618☐	657☐	697☐	710☐
priv. mehrfach täglich ☐	355☐	363☐	351☐	374☐	423☐	459☐	474☐	505☐	511☐	540☐	552☐
priv. ständiger Bedarf ☐	105☐	108☐	101☐	108☐	124☐	134☐	134☐	140☐	144☐	152☐	157☐
im Heim m. Pflegebedarf	404	417	469	500	544	586	651	695	740	759	813

Abbildung 2: Modellrechnung: Anzahl der über 65jährigen Menschen mit Pflegebedarf in Privathaushalten nach Pflegestufen und in Heimen (Quelle: Rückert 1996, S. 15).

Insgesamt gesehen resümiert er eine Zunahme der Zahl der Hochbetagten und somit die damit verbundene Wahrscheinlichkeit der Pflegebedürftigkeit. Die demographische Entwicklung impliziert indirekt, durch den hohen Anteil älterer Menschen, für die Zukunft eine höhere Inanspruchnahme pflegerischer Leistungen.[29]

Abbildung 2 zeigt die Zahlen der über 65jährigen mit einem Pflegebedarf (in Tausend), die von Infratest auf der Basis von Rahmendaten des Bundesinstituts für Bevölkerungsforschung anhand der achten koordinierten Bevölkerungsvorausberechnung (Variante B)[30] für die Zukunft hochgerechnet und aktualisiert wurden:

Die Zahl der über 65jährigen mit pflegerischem Bedarf (geschätzt auf 1 295 000 im Jahr 1995) wird sich dieser Modellrechnung zufolge bis zum Jahr 2020 auf 1 849 000 erhöhen. Dies wäre in 25 Jahren eine Steigerung von 43 %. Auf den ersten Blick erscheint dieser Wert sehr hoch, allerdings müßte es nach

---

29 Vgl. Dunkel, W. (1994), S. 20, ebenso Forster, J. / Rückert, W. (1996), S. 240 f., Rückert, W. (1996), S. 14 ff.

30 Vgl. Fußnote 14.

Ansicht Rückerts gelingen, mit einer derartigen Herausforderung fertig zu werden, wenn man bedenkt, daß zwischen 1970 bis 1995 eine Zunahme von 66 % bewältigt wurde.[31]

Rückert läßt hierbei allerdings offen, wie die Bewältigung ausgesehen hat und ob diese als solche auch von den betroffenen älteren Menschen wahrgenommen wurde. Auch die zeitlich bedingten Veränderungen müssen hierbei kritisch betrachtet werden.

Einer Erhebung von Infratest (1991) zufolge leben in Deutschland 1,123 Millionen Pflegebedürftige in Privathaushalten und ca. 450 000 Pflegebedürftige in stationären Pflegeeinrichtungen.[32] Diese 450 000 Pflegebedürftigen, so Meier-Baumgartner, machen einen Bevölkerungsanteil von 2 % aus (bezogen auf das Jahr 1992), so daß in Anbetracht der demographischen Entwicklung davor gewarnt werden müsse, Deutschland als ein Land von Pflegebedürftigen zu bezeichnen.[33] Folgt man den neuesten Erhebungen von Infratest (1995), so leben ca. 660 000 Personen bzw. ca. 5 % der älteren Bevölkerung ab 60 Jahren in einer der ca. 8300 institutionellen Alteneinrichtungen.[34]

Den größten Teil der Hilfeleistungen erbringt jedoch die Familie, v. a. Ehefrauen, Töchter und Schwiegertöchter.[35]

Nach Ansicht Dunkels kann jedoch dieses Hilfepotential zukünftig dem steigenden Bedarf an Pflegeleistungen immer weniger gerecht werden, da zum einen immer weniger junge Menschen immer mehr alten Menschen gegenüber stehen und zum anderen das «Töchter-Pflegepotential» rückläufig ist, d. h. die Anzahl der pflegenden Töchter im Verhältnis zur Anzahl der älteren pflegebedürftigen Menschen.[36]

> «Eine weitere Verschärfung der Diskrepanz zwischen Pflegebedarf und Angebot an informellen Pflegeleistungen ist zu erwarten aufgrund des Rückgangs des Ehegattenpflegepotentials infolge von Singularisierungstendenzen . . .».[37]

---

31 Vgl. Rückert, W. (1996), S. 14 ff.
32 Vgl. Bundesministerium für Gesundheit (1993) zit. nach Dunkel, W. (1994), S. 20. Leider wird hier der Begriff der «stationären Pflegeeinrichtung» nicht näher definiert. Ebenso ist nicht ersichtlich, wie alt die Pflegebedürftigen in diesen stationären Pflegeeinrichtungen sind.
33 Vgl. Meier-Baumgartner, Hans-Peter (1993), S. 42.
34 Vgl. Saup, Winfried / Reichert, Monika (1996), S. 16 f. Saup / Reichert verstehen unter institutionelle Alteneinrichtungen: Altenwohnheime, Altenheime und Altenpflegeheime.
35 Vgl. Eastman, M. (1985), S. 23, ebenso Landkreis Osnabrück (1993), S. 30 f., Dunkel, W. (1994), S. 21.
36 Vgl. Dunkel, W. (1994), S. 21.
37 Ebd., S. 21.

Unter «Singularisierungstendenz» im Alter ist eine zahlenmäßige Zunahme der Alleinstehenden, z. B. durch Verwitwung, Scheidung oder den inzwischen bei Jüngeren zu beobachtenden Trend des Alleinlebens in Single-Haushalten,[38] zu verstehen.

Ein weiterer Grund für den zu erwartenden Rückgang der häuslichen Pflege liegt in den sich verändernden Strukturen der Familie durch «zunehmende Frauenerwerbstätigkeit, regionale Mobilitätserfordernisse, Veränderung in Nähe, Distanz und Kontakthäufigkeit zwischen den Generationen».[39] Diese Entwicklung wirkt sich indirekt auf stationäre Alteneinrichtungen aus, denn zukünftig werden immer mehr alte Menschen auf professionelle Hilfe in Pflegeeinrichtungen, wie Altenheime und Altenpflegeheime, angewiesen sein. Die stationäre Altenpflege wird nach Ansicht vieler Autoren in Zukunft an Bedeutung zunehmen.[40] «Es liegt in der Natur einer Pflege zum Lebensende, daß die ambulante Hauspflege trotz gegenläufiger Anstrengungen ab- und die stationäre Heimpflege zunehmen wird.»[41]

Insgesamt gesehen ist die «gesellschaftliche Organisation von Pflegeleistungen ... auf diese *Herausforderung* allerdings denkbar schlecht vorbereitet.»[42]

Dunkel, Schulz-Nieswandt, Grond, Markus und Schmidbauer weisen in diesem Zusammenhang auf den bereits seit Mitte der achtziger Jahre auftretenden Mangel an qualifiziertem Personal, den «Pflegenotstand», hin,[43] der die Lage für hilfs- und pflegebedürftige alte Menschen zukünftig noch verschlechtern wird, falls nicht rasche Schritte zur Bewältigung dieser Problemlage unternommen werden. Für Gastinger stellt sich die Frage, ob bei einem Anstieg wachsender Pflegefälle noch ausreichend Helfer vorhanden sind, «die ihre Selbstverwirklichung gerade darin sehen, den Restanspruch an verbliebener Autonomie des Pflegebedürftigen aufrecht zu erhalten, gegebenenfalls aushalten».[44]

38 Vgl. Tews, H. P. (1994), S. 4, 15; Diek, Margret u. a. (1987), S. 35.

39 Naegele, G. (1991) zit. nach Dunkel, W. (1994), S. 21; vgl. hierzu auch Ruthemann, U. (1993), S. 48 ff.

40 Vgl. Kardorff, Ernst von / Oppl, Hubert (1989), S. 13 ff., ebenso Schulz-Nieswandt, Frank (1990) S. 15 ff.; Dießenbacher, Hartmut / Schüller, Kirsten (1993), S. 7; Dunkel, W. (1994), S. 19 ff.; vgl. auch Saup, W. (1990), S. 87 f.

41 Dießenbacher, H. / Schüller, K. (1993), S. 7.

42 Dunkel, W. (1994), S. 20; vgl. auch Overlander, Gabriele (1996), S. 16 f.

43 Vgl. Schulz-Nieswandt, F. (1990), S. 15 ff.; Dunkel, W. (1994), S. 20. «Pflegenotstand ist Not der Pflegenden und Pflegebedürftigen in der häuslichen, Hospital- und Altenheimpflege. Unter Pflegenotstand wird meist der Personalmangel verstanden, aus dem Zeitmangel und Überlastung der Pflegenden folgen. In Deutschland betrifft der Pflegenotstand die Altenheime mehr als die Krankenhäuser, weil die Altenheime vom überörtlichen Träger der Sozialhilfe finanziert werden ...»: Grond, Erich (1992), S 34; vgl. dazu auch Markus, Katrin (1992a) und Schmidbauer, Wolfgang (1992a).

44 Gastinger, Sigmund (1988), S. 13.

3. Die «späten Jahre» – das «Alter»

«Ergrauung» der Bevölkerung – Hochaltrigkeit – Singularisierungstendenzen in der Gesellschaft – Pflegebedürftigkeit im Alter u. a. sind Schlagwörter, die in Verbindung mit den späten Jahren des Menschen stehen, dem Alter. Hinsichtlich der Gewalt gegen «alte» Menschen, soll im folgenden versucht werden, «Alt-sein» und «Alter» in unserer Gesellschaft näher zu bestimmen.

Das Bild, das sich Pflegende vom alten Menschen machen, fließt indirekt in die pflegerische Beziehung mit ein. Eine Auseinandersetzung mit «den späten Jahren» ist m. E. daher unerläßlich. Eine vollständige Auseinandersetzung mit dem Thema «alt sein» und «Alter» kann wegen seiner Komplexität an dieser Stelle jedoch nicht geleistet werden.

3.1 Das Wortfeld «alt»

Das Wort «alt» wird oft für die Beschreibung und Bewertung von Situationen, Gegenständen und auch Menschen im täglichen Gebrauch verwendet. Das Wort «alt» ist ein Begriff, der in unserer Alltagswelt und unserer Umgangssprache nicht mehr wegzudenken ist. Es kann positiv oder aber auch negativ besetzt sein, je nach Wahl des Attributs. Begriffe wie «schrott», «von gestern», «reaktionär» sind eher negativ besetzte Bezeichnungen für «alt». «Alte Freunde», «alter Wein» oder «Antiquitäten» haben eine positive Bedeutung.

Auch bezogen auf Menschen gibt es unterschiedliche Wertigkeiten des Begriffsfeldes «alt»: Die Bezeichnung «senil» ist heutzutage für sehr alte Menschen ausgesprochen negativ, während der Begriff «Hochbetagter» von ihnen selbst eher positiv ausgelegt wird. In der Umgangssprache wird das Wortfeld «alt» also unterschiedlich verwendet, je nach Bedeutungszusammenhang. Das Wort «alt» hat auch im Lebenslauf der Menschen keine einheitliche Bedeutung,[45] wie folgende Zitate belegen:

---

45 Vgl. Niederfranke, Annette u. a. (1996), S. 6; Tews, H. P. (1991), S. 25 ff.

- «‹Ich fühle mich wie ein alter Mann› – so Henry Maske, der Weltmeister im Halbschwergewicht, nach seiner erfolgreichen Titelverteidigung gegen Duran William im Februar 1996. Maske war zu diesem Zeitpunkt 32 Jahre alt.
- ‹Ich soll zum Seniorennachmittag des Caritas-Verbandes gehen? Dort wo die alten Leute sind. Nein danke. Vielleicht wenn ich selbst mal alt bin, aber das ist noch lange hin› – so Hannelore Gerach, zu diesem Zeitpunkt 78 Jahre alt.
- ‹Um wirkliche Ballerina zu werden, bist Du zu alt. Da hättest Du viel früher beginnen müssen.› – Der Kommentar der Ballettlehrerin gilt der zwölfjährigen Meike.»[46]

Ob bestimmte Dinge oder Menschen als «alt» bezeichnet werden, hängt von unterschiedlichen Situationen, Ereignissen oder auch Menschen ab. Die menschliche Sichtweise und Wertschätzung über «alt», «alt sein» und «Alter» ist nicht statisch, sondern im Gegenteil, sie unterliegt historischen und kulturellen Einflüssen.[47] Diese vollständig zu beschreiben sprengt den Rahmen dieser Arbeit, doch soll exemplarisch das Schwanken des Altersbildes in der Geschichte an zwei Beispielen verdeutlicht werden:

Ein äußerst negatives Bild über das Alter zeigt der Schuster und Meistersinger Hans Sachs (1494–1576):

«Welches war das elenst thier auf ganz erd? Das ist ein armer alter man, der beraubt ist all seins guts, ganz aller freud und freyen muts, überfallen durch lange zeyt, mit anzal der gebrechlichkeit.»[48]

Von einer positiven Einstellung zum Alter zeugt die Aussage von Marcus Tullius Cicero (106–43 v. Chr.):

«Nicht durch Kraft oder körperliche Behendigkeit und Schnelligkeit werden große Leistungen vollbracht, sondern durch besonnenen Rat, das Gewicht der Person, gereiftes Urteil: Eigenschaften, die im Alter nicht verlorenzugehen, sondern sogar noch zuzuwachsen pflegen.»[49]

Zwischen diesen beiden Extremen, zum einen das Alter als Verkörperung des Elends und des Verlustes, zum anderen das Alter als Lebensphase der Weisheit,

---

46 Niederfranke, A. u. a. (1996), S. 6.
47 Vgl. dazu ausführlich Rosenmayr, L. (1983, 1996); Tews, H.P. (1991); Beauvoir, Simone de (1993) S. 34 ff.
48 Sachs, Hans zit. nach Opolka, Uwe (1996), S. 60.
49 Cicero zit. nach Opolka, U. (1996), S. 70.

schwankt das Bild des Alter(n)s in der europäischen Geschichte. Es muß dabei jedoch angemerkt werden, daß negative, pessimistische Äußerungen über das Alter in der Geschichte überwiegen.[50] Dominieren sie auch in unserer heutigen Gesellschaft? Welchen Stellenwert hat das Alter heute? Das nächste Kapitel versucht darauf eine Antwort zu geben.

3.2 Das Altersbild in unserer Gesellschaft

Bevor das allgemeine Altersbild unserer heutigen Gesellschaft im Ansatz dargestellt wird, scheint es im Hinblick auf das Thema erwähnenswert, daß auch Pflegepersonen Teil dieser Gesellschaft sind und sich, aller Berufsethik zum Trotz, durch ein negativ gefärbtes Altersbild in ihrer Arbeit beeinflussen lassen *können*.

Pflegerisches Arbeiten bedeutet nicht nur

«sachgerechte Verrichtung berufsspezifischer Routinen. Da Pflege immer Arbeit an und mit Menschen ist, kommt die Pflegekraft nicht umhin, mit den Menschen, die sie betreut, eine Beziehung zu entwickeln, die für die Form der Arbeit und die mit ihr verbundenen Anforderungen und Belastungen von hoher Bedeutung ist. Diese Beziehung ist gekennzeichnet von der Wahrnehmung der anderen Person. Und im Sinne der Richtschnur kognitiver Integration, die auf die Bildung von Konsistenz hinausläuft, wird die Pflegekraft den alten Menschen in einer Weise wahrnehmen, die sich in ihre subjektive Wirklichkeitskonstruktion einfügen läßt.»[51]

Und diese subjektive Wirklichkeitskonstruktion wird durch das gesellschaftliche Altersbild mit beeinflußt.

Alte Menschen werden in unserer Gesellschaft weitgehend auf ein negatives Rollenbild festgelegt, weil Altern als ein Prozeß des Verlustes sowie des Abbaus von Fähigkeiten und Fertigkeiten angesehen wird. Das Leben der Menschen wird in unserer heutigen Gesellschaft von Schlagworten wie Produktivität, Leistung, Fortschritt und Jugendlichkeit bestimmt. Die alten Menschen, die bereits ihren Beitrag für die Gesellschaft geleistet haben, können diesem Bild meistens nicht standhalten.

Folgt man Petzold, so ist die gesamtgesellschaftliche Haltung dem hilfsbedürftigen, alten Menschen gegenüber oftmals latent aggressiv.[52] Nach Grond trägt sie

---

50 Vgl. Opolka, U. (1996), S. 60.
51 Dunkel, W. (1994), S. 149.
52 Vgl. Petzold, H. G. (1992), S. 262 f.

in einem gewissen Umfang, neben den in Kapitel 5 beschriebenen Ursachen, zur Unmenschlichkeit und Gewalttätigkeit gegen alte Menschen bei, indem sie in den Medien ständig Gewalt darstellt, sich anstelle auf Menschen, auf Leistung und Konkurrenz konzentriert, Kostenoptimierung über die Menschenwürde stellt und Hilfe als eine Ware anbietet, die eine gegenseitige Entfremdung fördert und Gespräche in der Beziehung zwischen Pflegebedürftigen und Pflegenden nicht anerkennt.[53]

Folgt man Simone de Beauvoir, so kümmert sich die Gesellschaft

«um den einzelnen nur in dem Maße, indem er ihr etwas einbringt. Die Jungen wissen das. Ihre Angst in dem Augenblick, da sie in das soziale Leben eintreten, entspricht genau der Angst der Alten in dem Augenblick, da sie aus dem sozialen Leben ausgeschlossen werden. In der Zwischenzeit werden die Probleme durch Routine verdeckt. Der junge Mensch fürchtet sich vor dieser Maschinerie, die nach ihm greift, und manchmal versucht er, sich mit Steinwürfen zu wehren; der alte Mensch, von der gleichen Maschinerie ausgespien, erschöpft und nackt, hat noch seine Augen zum Weinen, sonst nichts.»[54]

Dieses äußerst pessimistisch beschriebene Altersbild Beauvoirs drückt sich lakonisch in dem Begriff der «Altenlast» aus.[55] «Altenlast» bezeichnet nicht nur eine Zunahme des Altenanteils der Bevölkerung, sondern impliziert auch Erwartungen über künftige Schwierigkeiten für die Sicherung der Altersrenten. Die gegenwärtige Diskussion über die Unsicherheit des «Generationenvertrages» in den Medien mag dies verdeutlichen.[56] Hinzu kommen fast täglich Äußerungen von Experten und Politikern über ein «bedrohliches Ausmaß des gegenwärtigen und künftigen Bedarfs für die gesundheitliche Versorgung chronisch Kranker und für die Pflege nicht mehr zu selbständiger Lebensführung fähiger alter Menschen».[57]

Mit Einführung der gesetzlichen «Pflegeversicherung» am 1.1.1995 wird versucht, dem steigenden Bedarf des gegenwärtigen und zukünftigen Bedarfs an Versorgung und Pflege alter Menschen Rechnung zu tragen, wobei die Qualität der Pflegeversicherung besonders von Pflegeeinrichtungen in der Literatur kritisch betrachtet wird.[58]

---

53 Vgl. Grond, E. (1991g), S. 529.
54 Beauvoir, S. de (1993), S. 467.
55 Vgl. Brockhaus Enzyklopädie (1989a), S. 430, ebenso BfFS (1993), S. 81; Niederfranke, A. u. a. (1996), S. 4, 26, 45; vgl. auch o. V. (1997b).
56 Vgl. ausführlich zur Diskussion um den Generationenvertrag: Rürup, Bert (1996).
57 BfFS (1993), S. 81.
58 «Pflegeversicherung» ist eine Sammelbegriff für Versicherungen zur finanziellen Vorsorge gegen das Risiko der Pflegebedürftigkeit, d. h. das ständige Angewiesensein eines Menschen auf die persönliche Hilfe anderer zur Bewältigung regelmäßiger alltäglicher Verrichtungen. Zur Qualität der Pflegeversicherung siehe auch Kap. 5.2.1.

Schaut man auf das *in den Medien* dargestellte Altersbild, so kommt man zu dem Ergebnis, daß das Bild vom Alter durch Betreuungsbedürftigkeit, Krankheit, Armut, Hilfs- und Pflegebedürftigkeit geprägt wird. Das Thema «Alter» wird überwiegend mit Altenhilfe in Zusammenhang gebracht. Aktivität, Unabhängigkeit, Gesundheit, vielseitiges Interesse, geistige Aktivität, in der Gesellschaft präsent sein, Mobilität und finanzielles Abgesichertsein wird alten Menschen weniger zugeschrieben und in den Medien kaum dargestellt.[59]

In einer Analyse von 1989 über das von der Presse vermittelte Altersbild erschienen «16,1 % der archivierten Artikel als stark abweichend von [einem] ... negativ akzentuierten Stereotyp. In ihnen stehen die ‹aktiven› Alten im Mittelpunkt, wie sie sich in Altenwohngemeinschaften, Seniorenbeiräten, Seniorenbünden – wie den Grauen Panthern – oder als Teilnehmer von Studiengängen oder -möglichkeiten für Senioren repräsentieren.»[60] Die beschriebenen Merkmale werden eher den «aktiven» Alten oder den «jungen» Alten zugesprochen. Denn im Zuge der Erweiterung der Altersphase durch eine frühe Beendigung der Berufstätigkeit und der möglichen Hochaltrigkeit differenziert sich auch das Alter in «junges Alter», das aktiv ist, und «altes Alter», das eher passiv ist, so Tews.[61] «Altes Alter» wird sehr oft mit dem Verlust von Gesundheit und Fähigkeiten in Verbindung gebracht. Das Defizitmodell liegt hierin begründet. Kapitel 3.4 wird u. a. auf dieses Altersmodell näher eingehen.

«Alter» kann insgesamt aber als vielfältig betrachtet werden. Die Grenzen zwischen «jungem» Alter und «altem» Alter sind fließend. Alt ist nicht gleich alt:

«Altern ist kein gleichsinniger und gleichgerichteter, sondern ein höchst vielfältiger Prozeß, der je nach Individuum höchst unterschiedliche Verlaufsmuster annehmen kann.»[62]

Das Alter(n), ein einheitliches Bild über das Alter oder *den* alten Menschen, kann es deshalb nicht geben. Nach Tews ist Alter(n) gekennzeichnet durch viele verschiedene Altersbilder.[63] Altern ist demnach stets differentielles Altern. Aus den Veränderungen der Altersrealität, d. h. der sich heute der Gesellschaft darstellenden Realität für das Alter, wie z. B. eine quantitative Zunahme alter Menschen in der Bevölkerung, «Ausweitung der Altersphase» verbunden mit einer «Differenzierung des Alters», «Verjüngung» und «frühen Entberuflichung des Alters»,[64]

59 Vgl. BfFS (1993), S. 81, ebenso Niederfranke, A. u. a. (1996), S. 4, 26 ff.
60 BfFS (1993), S. 81.
61 Vgl. Tews, H. P. (1991), S. 21; vgl. auch Fußnote 17.
62 Niederfranke, A. u. a. (1996), S. 17.
63 Vgl. Tews, H. P. (1991), S. 5 ff.
64 Die Praxis der Frühausgliederung und Frühverrentung von älteren Beschäftigten aus dem Berufsleben wird angesichts von Finanzierungsproblemen der Rentenversicherung kritisch be-

«Feminisierung des Alters» sowie «Singularisierung und Veränderungen der Familienstrukturen», lassen sich nach Tews unterschiedliche Entwicklungen unseres Altersbildes ableiten. Positive und negative Veränderungen der Altersbilder wären denkbar. Folgt man Tews, so hat sich das Fremdbild der Alten im Vergleich zu früher verbessert.[65]

Entsprechend den insgesamt unterschiedlichen positiven wie negativen Äußerungen zum Alter(n), zeigen demoskopische Ergebnisse aus den Jahren 1989 und 1991, daß das Altersbild in der deutschen Bevölkerung nicht einheitlich ist.[66]

Während zahlreiche Beobachtungen dafür sprechen, daß «Alter(n)», betreffend Lebenslagen, Lebensstile und Lebensläufe, individuell differenziert zu sehen ist, so finden sich demgegenüber auch Argumente, daß

«die Unterschiede zwischen den Menschen vor allem mit dem hohen Alter (75 bis 80 Jahre und älter) eher ab- als zunehmen. So ist in der Forschung beispielsweise die Hypothese formuliert worden, es gebe ein biologisches Programm der ‹Vergänglichkeit›. Von ihm seien nicht nur alle Menschen – und zwar unabhängig von ihren individuellen Lebensverläufen – betroffen, sondern dieses Programm führe auch dazu, daß bei verschiedenen Menschen die intraindividuelle Veränderung einzelner Funktionen in ähnlicher Weise vor sich geht. Ein kennzeichnendes Beispiel hierfür ist . . . die zunehmende Verlangsamung der psychischen und physischen Funktionen des Organismus, die man bei nahezu allen Menschen im höheren Alter – wenngleich in unterschiedlicher Intensität und zu unterschiedlichen Zeitpunkten im Leben – beobachten kann.»[67]

Die öffentlichen Altersbilder decken sich im allgemeinen nicht mit der Feststellung der Differenziertheit, der realen Vielfalt, den Ressourcen des Alters, weil sie die verschiedenen Lebensformen, Interessen und Fähigkeiten älterer Menschen nicht repräsentieren. «Weit entfernt von ‹Weisheit› und ‹Kontemplation›, eher bestimmt durch ‹Unproduktivität› und ‹Nähe zum Tod›, ist Alter die Phase des Lebens, der man am negativsten gegenübersteht.»[68] Es handelt sich bei den Al-

---

trachtet. Im Zuge der 1992 beschlossenen Rentenreform war vorgesehen, ab dem Jahr 2001 die vorgezogenen Altersgrenzen schrittweise auf eine neue Regelaltersgrenze von 65 Jahren anzuheben. Im Zuge des «Sparpakets» der Bundesregierung wurde jedoch festgelegt, diesen Prozeß der Altersgrenzenanhebung zu beschleunigen. Derzeit ist es aber auch möglich, das Renteneintrittsalter zeitlich zu variieren. Die jeweils maßgebende Regelaltersgrenze kann vorgezogen, aber auch hinausgeschoben werden, was mit finanziellen Einbußen bzw. Anhebung des Rentenbetrages einhergehen kann. Vgl. Bäcker, Gerhard (1996).

65 Vgl. Tews, H. P. (1991), S. 20 f., 55, 65; vgl. auch Tews, H. P. (1996), S. 13 ff.
66 Vgl. BfFS (1993), S. 81 ff.; vgl. dazu auch Tews, H. P. (1991), S. 60 f.
67 Niederfranke, A. u. a. (1996), S. 18.
68 Tews, H. P. (1974), S. 5.

tersbildern hauptsächlich um unzulässige Verallgemeinerungen, um sogenannte «Altersstereotype»[69]:

> «Von Altersstereotypen spricht man dann, wenn Menschen lediglich aufgrund ihres kalendarischen Alters bestimmte Eigenschaften (etwa: ‹rigide›), bestimmte Verhaltensweisen (etwa: ‹zieht sich zurück›) oder bestimmte Rollen (etwa: ‹Opi, der die Kinder hüten kann›) zugeschrieben werden. Altersstereotype beziehen sich in aller Regel nicht nur auf einzelne Eigenschaften oder Verhaltensweisen, sondern umfassen ein ganzes Bündel von Eigenschaften sowie Verhaltens- und Rollenerwartungen . . .»[70]

Nach Tews resultieren sie «aus den Erlebnissen mit alten Menschen, aus deren Aussagen über sich selbst und damit aus eigenen Erfahrungen des Alternsprozesses.»[71]

Weitverbreitet sind Annahmen, die Alter und Älterwerden mit dem Verlust seelisch-geistiger Fähigkeiten und einem körperlichen Verfall gleichsetzen.

> «Diesen Vorstellungen zufolge – die durch Massenmedien und auch durch wohlgemeinte Hinweise auf die schwierige Lebenssituation des hinfälligen alten Menschen immer wieder erneut genährt werden in der Absicht, an Mitleid und Hilfsbereitschaft der Gesellschaft zu appellieren – geht Älterwerden mit zunehmender Gebrechlichkeit, Isolation und sogar mit zunehmender ‹Unzurechnungsfähigkeit› einher.»[72]

Nach Schenda werden folgende Eigenschaften von einem Gros der Bevölkerung mit dem Alter in Verbindung gebracht:

– «mangelnde Beweglichkeit und Wendigkeit,
– Anfälligkeit für Krankheiten,
– Neigung zur Bequemlichkeit,
– mangelnde Umstellungsfähigkeit,
– Widerstand gegen neue Arbeitsmethoden,
– Widerstand gegenüber jüngeren Vorgesetzten,
– allgemeine Verlangsamung des Verhaltens und leichte Ermüdbarkeit.»[73]

---

69 Vgl. Tews, H. P. (1974), S. 6 ff., ebenso Lehr, U. (1984), S. 248 ff.; Niederfranke, A. u. a. (1996), S. 18 f.
70 Niederfranke, A. u. a. (1996), S. 19.
71 Tews, H. P. (1974), S. 5.
72 Lehr, U. (1984), S. 249.
73 Schenda, Rudolf (1972), S. 148.

Auch Alten- und Pflegeheime unterliegen einem Stereotyp. Dadurch, daß mit zunehmendem Alter bzw. Hochaltrigkeit auch die Wahrscheinlichkeit der Pflegebedürftigkeit steigt, und somit die Inanspruchnahme von Alten- und Pflegeheimen, werden diese häufig als «Endstationen» oder als «Sterbehäuser» bezeichnet.[74]

«Man assoziiert diese Institutionen häufig ‹nur› mit kranken und gebrechlichen alten Menschen, die ein hohes Maß an Hilfe benötigen, passiv, abhängig und sozial isoliert.»[75] Mit diesen stereotypen Vorstellungen werden auch die Bewohner von Altenheimen konfrontiert, die noch aktiv sind und in gewisser Weise selbständig ihr Leben organisieren können.

Auch in unserer Alltagssprache, so Kruse / Wahl, findet dieses Stereotyp vom Alten- und Pflegeheim seinen Niederschlag: So wird von einer «Heimeinweisung» anstatt von einem Einzug ins Heim gesprochen, es wird von «Heiminsassen» anstelle von Heimbewohnern und von «Pflegefällen» anstatt von alten Menschen mit einem mehr oder weniger hohen Hilfe- oder Pflegebedarf gesprochen.[76]

Es stellt sich die Frage, wie die älteren Menschen sich selbst einschätzen und ob das überwiegend unerfreuliche Fremdbild der Gesellschaft Einfluß auf ihr eigenes Bild vom Älterwerden und dem eigenen Alter nimmt. Zu fragen ist auch, ob das Selbstbild vom eigenen Alter(n) Auswirkungen auf das soziale Umfeld bzw. auf die pflegerische Beziehung hat.

3.3 Subjektive Wahrnehmung des Alters

Jedes Individuum hat eine subjektive Vorstellung vom Alter und Älterwerden und wie die eigene Altersphase aussehen könnte, wobei der Prozeß des Alterns ein stetiger, kontinuierlicher ist und jeden Menschen Tag für Tag betrifft. Niederfranke u. a. sprechen daher von «subjektiven Theorien des Alterns». Sie umfassen Vorstellungen davon, wie die menschliche Entwicklung sein soll, also was die Gesellschaft allgemein über alte Menschen denkt (normative Überzeugungen), aber auch Vorstellungen davon, was das Alter für einen selbst bereithält (selbstbezogene Überzeugungen).[77]

Neben den subjektiven Ansichten von «Gewinnen und Verlusten im Prozeß des Alterns»,[78] ist es ebenso interessant zu schauen, ob man sich selbst als «alt» fühlt

---

74 Vgl. Dießenbacher, Hartmut (1992); Kruse, Andreas / Wahl, Hans-Werner (1994), S. 15 f.
75 Kruse, A. / Wahl, H.-W. (1994), S. 15.
76 Vgl. ebd., S. 15.
77 Vgl. Niederfranke, A. u. a. (1996), S. 18.
78 Ebd., S. 22 f.

und einschätzt und wovon dies abhängt. Eine von Schütz und Tews durchgeführte repräsentative Studie in Schleswig-Holstein (1991) über die Selbsteinschätzung, «alt» zu sein, zeigte, daß insgesamt nur 16 % der befragten Personen im Alter von 60 bis 65 Jahren und 25 % der 70- bis 75jährigen sich selbst als «alt» einschätzten. Als «alt» werden sich, der Studie zufolge, wahrscheinlich erst die Mehrheit der über 80jährigen bezeichnen.[79] Die Selbsteinschätzung, sich als «alt» zu sehen, wird hinausgezögert. Die Tendenz zur Unterschätzung des eigenen Alters nimmt im Verlauf des Lebens zu. Dies belegen verschiedene Studien, so Tews.[80] Die Unterschätzung des eigenen Alters korreliert zudem mit eigenem Wohlbefinden und anderen Merkmalen eines «erfolgreichen Alterns».[81] Der Spruch, wonach «man so alt ist, wie man sich fühlt», verweist neben dem kalendarischen Alter auf zusätzliche Einflüsse,[82] die mit diesem in Wechselwirkung stehen. Als Beispiel sei hier ein guter Gesundheitszustand genannt. Auch Jüngere können sich alt fühlen und Ältere sich als jung empfinden. Dies hängt von den jeweiligen Bewertungskriterien ab.[83]

Auch kann das Alter, das in der Regel geprägt ist von einem Wegfall von Zwängen, von der Lösung aus bisherigen Lebenszusammenhängen, alten Menschen Raum schaffen für Neues. Die Lebensphase des Alters kann aktiv im Sinne einer «späten Freiheit»[84] gestaltet werden. Diese «Freiheiten» mögen auch zu einer «Verjüngung» des Alters beitragen.

Folgt man Schweppe, so kann allerdings diese «späte Freiheit» auch zu einer «riskanten Freiheit» werden, in dem Sinne, daß Chancen des Alters zu Risiken werden.[85]

Vorstellungen über das *eigene* Alter(n) sind im Vergleich zu allgemeinen Vorstellungen über «das Alter» an sich insgesamt positiver und differenzierter. «Alt» sind dabei immer nur die anderen.[86]

---

79 Vgl. KDA (1991a), S. 9.
80 Vgl. Tews, H. P. (1991), S. 66.
81 Vgl. Filipp, Sigrun-Heide (1996), S. 6 ff.; Tews, H. P. (1974), S. 89 ff.
82 Siehe zu den spezifischen Einflüssen: Tews, H. P. (1991), S. 49 ff.; Niederfranke, A. u. a. (1996), S. 22 ff.
83 Vgl. Tews, H. P. (1991), S. 53.
84 Vgl. Rosenmayr, L. (1983), S. 249 ff.; Schachtner, Christel (1988), S. 75 ff.
85 Vgl. Schweppe, Cornelia (1996).
86 Vgl. dazu verschiedene Studien in: Niederfranke, A. u. a. (1996), S. 23 ff.; vgl. dazu auch eine Studie von Filipp / Fering in: Filipp, S.-H. (1996), S. 7. Es sei an dieser Stelle darauf hingewiesen, daß Arbeiten, die sich mit bisherigen Forschungen zum Altersbild auseinandergesetzt haben, neben Defiziten in der Theorie auch ein Fehlen eines übereinstimmenden Konzeptes sowie unzulängliche Forschungsmethoden und -instrumente beanstanden. Vgl. dazu Niederfranke, A. u. a. (1996), S. 25 f., ebenso Tews, H. P. (1996), S. 57.

Lehr bringt in diesem Zusammenhang den interessanten Gesichtspunkt des negativen Fremdbildes, also ein stereotypes negatives Bild des alten Menschen, der in seinem Selbstbild und seiner Selbsteinschätzung im negativen Sinn beeinflußt und aufgrund der stereotypen Verhaltenserwartung dahingehend verleitet wird, sich diesen Erwartungen entsprechend zu verhalten. Dies wiederum wirkt sich auf sein Selbsterleben aus und erschwert dadurch verschiedene Situationen für ihn.[87] U.a. kann sich dies auch in der pflegerischen Beziehung in Pflegeeinrichtungen auswirken, wenn beispielsweise alte Menschen Hilflosigkeit vorgeben, obwohl sie einige Dinge noch selbständig verrichten können (vgl. Kap. 5.1.1 und 7.2). Andererseits muß m. E. auch erwähnt werden, daß Pflegende alte Menschen in ihrem möglicherweise negativen Selbstbild dahingehend unterstützen, wenn sie den Älteren Tätigkeiten, z. B. in der Grundpflege, abnehmen, weil es zeitsparender für sie ist.

Es kann zu einer Diskrepanz zwischen Selbstbild und Fremdbild kommen, d. h. zu einer Abweichung zwischen dem, was man als älterer Mensch noch machen möchte und noch machen kann, und dem, was die anderen Menschen von einem erwarten.[88]

> «Dies führt dazu, daß man als ‹Älterer› vielfach seinen Lebensraum beschränkt, vielfach Dinge nicht mehr tut, die man an sich noch tun könnte und die einem auch Spaß machen – nur, weil das ‹dumm› aussehen könnte, weil andere darüber lächeln! … Nicht nur gesundheitliche Beschwerden lassen einem das eigene Alter zunächst bewußt werden, sondern in weit stärkerem Maße die Einstellung der sozialen Umwelt dem Älterwerden gegenüber!»[89]

Auch wenn ein großer Teil älterer Menschen die Charakteristik des Fremdbildes vom Alter für sich als unzutreffend ablehnen, so läßt sich nicht automatisch daraus folgern, sie würden das eigene Verhalten an ihren ursprünglichen Wünschen, an den tatsächlichen Gesundheitszustand oder an noch bestehenden Fähigkeiten angleichen. Eine Tagebuchnotiz eines Altenheimbewohners weist auf diese Problematik hin:

> «All die wohlgemeinten Hilfeleistungen wie Essenszubereitung, Bett machen, Zimmer putzen usw. – helfen sie uns wirklich? Oder entmündigen sie uns nicht vollends? Jede Kritik, jedes andere Denken wird als Undankbarkeit und Nörgelei empfunden. Bei Tisch, in der Eingangshalle, überall höre ich [von anderen Bewohnern] Sätze wie: ‹Wer sich

---

87 Vgl. Lehr, U. (1984), S. 251 ff.
88 Vgl. ebd.
89 Ebd., S. 251.

beschwert, taugt nichts.› ‹Ich bin hier zufrieden, aber es gibt hier immer welche, die meckern.› Wir alle haben eine ‹Rolle› übernommen. Durch den Einzug ins Heim hat jeder einen mehr oder wenigen großen Teil seines Selbstbewußtseins und seiner Selbständigkeit aufgegeben. Ich weiß nicht, ob dieser Verlust im Heim wieder zurückgewonnen werden kann.»[90]

Tews weist auf die Möglichkeit einer Verbesserung bzw. Differenzierung des Fremdbildes des Alters hin, die positive Auswirkungen auf das Selbstbild haben könnte. Der Faktor der erworbenen Unabhängigkeit könnte sich allerdings auch trotz negativem Fremdbild positiv auf das eigene Selbstbild auswirken.[91]

Ob positive oder negative Einflußnahme, die Gesellschaft weist nach Ansicht Beauvoirs «dem Greis seinen Platz und seine Rolle unter Berücksichtigung seiner individuellen Eigenarten zu; seiner körperlichen Behinderung, seiner Erfahrung; umgekehrt wird das Individuum geprägt von der praktischen und ideologischen Haltung der Gesellschaft ihm gegenüber».[92]

Interessant in diesem Zusammenhang, jedoch hier nicht weiter thematisiert, sind geschlechtsbezogene Äußerungen bezüglich des Altersbildes, wonach diese nicht einheitlich, sondern im Gegenteil, sehr gegensätzlich sind.[93]

3.4 Alterstheorien und -modelle

Die Darstellung der verschiedenen Alterstheorien und -modelle scheint mir hinsichtlich der Gewalt, die von Pflegepersonen ausgeht, sinnvoll, denn sie können bewußt oder unbewußt in pflegerisches Handeln und in das Bild, das sich die Pflegeperson von dem alten Menschen macht, mit einfließen.

Um Alter(n) verstehen zu können suchen verschiedene Berufsgruppen wie z. B. Mediziner, Biologen, Psychologen und Soziologen nach einer allgemeingültigen Alterns- und Alterstheorie. Verschiedene Theorien und Modelle des Alter(n)s wurden entwickelt:

Die ersten theoretischen Altersmodelle gingen davon aus, daß im Alter zunehmende Einbußen und Verluste die Lernfähigkeit und Intelligenz bestimmen. Diese Modelle glichen sich in der Annahme von einem universellen (bei allen

---

90 Wallrafen-Dreisow, Helmut (1984), S. 76 f.
91 Vgl. Tews, H. P. (1991), S. 55 f.
92 Beauvoir, S. de (1993), S. 11; vgl. auch Kap. 7.2.
93 Vgl. hierzu verschiedene Studien in Niederfranke, A. u. a. (1996), S. 25.

älteren Menschen zu beobachtenden) und generellen (in allen kognitiven Funktionen zu beobachtenden) Abbau der kognitiven Leistungsfähigkeit. Diese *Defizitmodelle* des Alterns wurden auf alle Bereiche des älteren Menschen übertragen, z. B. auf die Umstellungsfähigkeit und die Auseinandersetzung mit den Anforderungen des täglichen Lebens.[94]

Die *Disengagementtheorie* (Rückzugstheorie) nach Cumming / Henry (1961) geht davon aus, daß der Mensch im Alter eine Reduzierung seiner sozialen Kontakte und Aktivitäten wünsche und dadurch glücklich und zufrieden sei. Der einzelne bemerke die Abnahme seiner Fähigkeiten und den nahenden Tod und trete damit in den zwar individuell verlaufenden, aber unvermeidlichen Prozeß des Disengagement ein.

Gegenpol der Disengagementtheorie ist die *Aktivitätstheorie* (Tartler 1961, Havighurst 1963, Lemon 1972). Sie stellt das noch vorhandene körperliche und geistige Potential in den Vordergrund. Sie besagt, daß ein zufriedenes Altern nur bei einem Aufrechterhalten vielfältiger Sozialkontakte möglich sei und propagiert den aktiven Alten, der u. a. im «Grauen Panther» sein Klischee gefunden hat.

Beide Ansätze, sowohl die *Disengagementtheorie* als auch die *Aktivitätstheorie*, bleiben jedoch einseitig, denn nicht die Quantität der Kontakte, sondern ihre Qualität ist entscheidend. Entsprechend der Persönlichkeit und Lebenssituation wird unterschiedlich reagiert. Das Altersideal ist individuell verschieden.[95]

> «Beide, die Aktivitätstheorie wie die Disengagementtheorie, gelten heute in ihrem seinerzeitigen Absolutheitsanspruch als wissenschaftlich überholt.»[96]

Verfechter des sogenannten *Kompetenzmodells* sehen Alter(n) nicht als eine allmähliche Auflösung bzw. einen stetigen Rückzug, sondern als «zunehmende Erweiterung, Ausdifferenzierung, Integration von Erfahrungen und den fortlaufenden Auf- und Ausbau von (Alltags-)Kompetenz».[97] Eine oft gebrauchte Metapher ist in diesem Zusammenhang der Vergleich zwischen einem immer weiter wachsenden und sich mehr und mehr verzweigenden Baum und einem alternden Menschen. Für dieses Alter(n)smodell gibt es nach Niederfranke u. a. und Lehr zahl-

---

94 Vgl. Kruse, A. / Lehr, U. (1996), S. 22.
95 Vgl. Schwank, E. u. a. (1984), S. 13 ff.; Brockhaus Enzyklopädie (1989a), S. 429; Böhm, Erwin (1990), S. 98 ff., 142 f.
96 Kruse, A. / Wahl, H.-W. (1994), S. 272.
97 Niederfranke, A. u. a. (1996), S. 12.

reiche Belege aus der gerontologischen Forschung, die auf ein Vorhandensein von Potentialen und Kapazitäts- und Handlungsreserven alter Menschen hinweisen. Dies belegen in der neueren wissenschaftlichen Diskussion Beiträge über «Potentiale und Kompetenzen des Alters», «Produktivität des Alters», «Expertenwissen und Weisheit», «Chancen und Herausforderungen des Alters» sowie Beiträge über «erfolgreiches Altern».[98]

Tews weist bezüglich des *Kompetenzmodells* darauf hin, daß mit eben dieser Bezeichnung die Gefahr verbunden ist, von einem negativen Stereotyp (im Sinne des Defizitmodells) in ein positives Stereotyp (im Sinne des Kompetenzmodells) zu verfallen:[99]

> «Verbunden ist dieses ‹Kompetenzmodell› mit einem Paradigma, das Altern als individuelle Entwicklung sieht. Und gibt es Entwicklung im Alter, muß diese auch eine positive Richtung haben, nicht nur eine negative. Entwicklung und Kompetenz miteinander verbunden führen dann zum positiven Übergewicht . . . . Die Überbetonung der positiven Seite des Alters läßt diesen Ansatz dann leicht zu psychogerontologischer Ideologie geraten.»[100]

Kompetenz im Alter findet ohne Zweifel ihre Berechtigung und mag auch für viele ältere Menschen zutreffen. Doch es bleibt fragwürdig, ob sie auch für diejenigen zutrifft, deren Lebensgefühl im Alter von Verlusten bestimmt wird. Was ist mit denjenigen, die auf Hilfe angewiesen sind oder sogar auf professionelle Hilfe in Pflegeeinrichtungen?

Viele Wissenschaftler verweisen darauf, daß nach dem 60. Lebensjahr der Kompetenzerhalt bzw. die Kompensation abhanden gekommener Kompetenzen in einem erheblichen Maß von Umgebungsbedingungen und der individuellen Lebensform abhängig ist.

Kruse und Lehr propagieren deshalb «*differenzielle Modelle*» des Alter(n)s. Diese Modelle betonen die großen «interindividuellen Differenzen in der kognitiven Leistungsfähigkeit» und beschreiben die Umstände, die diese Unterschiede erklären können.[101]

---

98 Vgl. Lehr, U. (1984), S. 60 ff.; Niederfranke, A. u. a. (1996), S. 11 ff.; vgl. auch Brockhaus Enzyklopädie (1989a), S. 429.
99 Vgl. Tews, H. P. (1991), S. 131 f.; Kruse, A. / Lehr, U. (1996), S. 24. Interessant bei der Literatureinsicht ist die differierende Ansicht Lehrs über das Kompetenzmodell. Während sie sich 1984 in ihrem Buch «Psychologie des Alters» für die Bezeichnung «Kompetenzmodell» einsetzt, weist sie 1996 zusammen mit Andreas Kruse auf die Gefahr des «positiven Stereotyps» bei diesem Begriff hin.
100 Tews, H. P. (1991), S. 131.
101 Vgl. ausführlicher hierzu Kruse, A. / Lehr, U. (1996), S. 22 f.; Niederfranke, A. u. a. (1996), S. 12.

4. Gewalt als solche und Gewalt in Pflegeeinrichtungen

Das Thema Gewalt ist ein sehr komplexes und vielschichtiges Thema. Es gibt viele unterschiedliche Gewaltformen, Aspekte und Gesichtspunkte zum globalen Thema Gewalt. Die Komplexität und das Ausmaß der Gewaltthematik spiegelt sich in der Fülle der spezifischen Literatur zum Thema Gewalt wieder. Eine auch nur annähernd vollständige Auseinandersetzung mit dieser Thematik kann hier nicht geleistet werden. Es würde den Rahmen dieses Kapitels sprengen.

Vielmehr soll im folgenden versucht werden, den Begriff «Gewalt» näher aufzuschlüsseln und diejenigen Aspekte, Gesichtspunkte und Formen von Gewalt darzustellen und zu erklären, die u. a. in Zusammenhang mit Gewalt in Pflege-einrichtungen auftreten können.

4.1 Gewalt – Versuch einer Definition

4.1.1 Zum Begriff der Gewalt

«Gewalt» ist auf den ersten Blick ein «einfacher» Begriff. Er bedarf anscheinend keiner näheren Erläuterung, weil das Gros der Menschen der Gewalt eine negative Bedeutung beimißt. Bei genauerem Hinsehen ist es aber schwierig, «Gewalt» zu definieren, und nach Johan Galtung, einem der bedeutendsten Friedens- und Konfliktforscher der siebziger Jahre, auch eine

> «überaus undankbare Aufgabe, und die Vorschläge werden viele Leser kaum befriedigen können. Es ist indes nicht so wichtig, so etwas wie die Definition oder die Typologie zu finden, denn offensichtlich gibt es viele Typen von Gewalt. Vielmehr kommt es darauf an, theoretisch signifikante Dimensionen von Gewalt aufzuzeigen, die das Denken, die Forschung und möglicherweise auch das Handeln auf die wichtigen Probleme hinlenken.»[102]

Andere Autoren versuchen hingegen sich einer Definition von Gewalt anzunähern. So verstehen z. B. Straus / Gelles / Steinmetz darunter «eine Handlung, die mit der Absicht oder der erschlossenen Absicht ausgeführt wird, einer anderen

---

102 Galtung, Johan (1975), S. 8.

Person körperlichen Schmerz oder eine Verletzung zuzufügen».[103] Im Rahmen der Aggressionsforschung kommen Selg u. a. zu dem Ergebnis, daß man Gewalt «mit angedrohter oder ausgeübter physischer Aggression» gleichsetzen könnte, «sofern sie mit zumindest relativer Macht einhergeht».[104] Einer der führenden Kommentare zum StGB, so der Rechtsanwalt Großkopf, definiert Gewalt wie folgt: «Gewalt ist jedes Mittel, mit dem auf den Willen oder das Verhalten eines anderen durch ein gegenwärtiges empfindliches Übel eine Zwangswirkung ausgeübt wird.»[105] Diek sieht Gewalt «als systematische, nicht einmalige Handlung oder Unterlassung mit dem Ergebnis einer ausgeprägt negativen Einwirkung auf die Befindlichkeit des Adressaten. Eine einmalige Handlung / Unterlassung muß sehr gravierende Negativfolgen für den Adressaten haben, soll sie unter den Begriff der Gewalt subsumiert werden.»[106]

Sieht Diek sich durch die «einheitliche» Meinung der Autoren in der Literatur in ihrer Auffassung bestätigt, daß einmalige Auseinandersetzungen zwischen dem «Adressaten» und dem «Aktiven» in der überwiegenden Zahl der Fälle keineswegs als Gewaltakte zu kennzeichnen sind, so vertreten Kruse und Wahl die Ansicht, daß es sich auch dann um Gewaltakte handelt, wenn sie nur einmal auftreten: «Die Gewaltanwendung kann einmalig oder regelmäßig, absichtlich oder unabsichtlich erfolgen.»[107] Hier stellt sich nun die Frage, wo und bei welchen Auseinandersetzungen Gewalt beginnt und wo die Grenze zwischen Auseinandersetzung und Gewalt liegt. Kapitel 4.4 versucht näher auf diese Frage einzugehen.

Bei Galtung findet sich ein Gewaltbegriff, der einen Zusammenhang beschreibt, der dann hergestellt wird, wenn einzelne oder Gruppen von Menschen von außen so beeinflußt werden, daß sie in ihren Kompetenzen und potentiellen Verwirklichungsmöglichkeiten eingeschränkt werden: «Gewalt liegt dann vor, wenn Menschen so beeinflußt werden, daß ihre aktuelle somatische und geistige Verwirklichung geringer ist als ihre potentielle Verwirklichung.»[108] Gewalt wird somit als Ursache für den Unterschied zwischen dem, was *ist,* und dem, was *hätte sein können,* angesehen.

> «Gewalt ist das, was den Unterschied zwischen dem Potentiellen und dem Aktuellen vergrößert oder die Verringerung dieses Abstandes erschwert ... Mit anderen Worten, wenn

---

103 Straus / Gelles / Steinmetz (1981) zit. nach Schneider, Hans-Dieter / Sigg, Edith (1990), S. 2.
104 Selg, Herbert u. a. (1988), S. 18.
105 Zit. nach Großkopf, Volker (1995), S. 350.
106 Diek, M. (1987b), S. 558.
107 Kruse, A. / Wahl, H.-W. (1994), S. 97.
108 Galtung, J. (1975), S. 9.

das Potentielle größer ist als das Aktuelle und das Aktuelle *vermeidbar*, dann liegt Gewalt vor.»[109]

4.1.2 Gewalt aus juristischer Sicht

Der «Brockhaus» betrachtet «Gewalt» u. a. aus juristischer Sicht. Zum einen als «ordnende» Gewalt: Gewalt wird im Rahmen der bestehenden demokratischen Ordnung eingesetzt, um die Sicherstellung der von ihm verbürgten Rechte für einzelne Personen wie für Institutionen sicherzustellen. Gewalt erscheint so als politisches Mittel. Mißbraucht hingegen der Staat seine Macht, so wäre dies im Sinne Frieds[110] «Gewalt».

Neben politischer Gewalt als Machtkompetenz, gibt es die «verletzende» Gewalt,[111] die hier eingehender betrachtet werden soll.

Juristisch gesehen gehört gegen alte Menschen in Pflegeeinrichtungen ausgeübte Gewalt der «verletzenden» Gewalt im Sinne des StGB an, und diese verletzende Gewalt kann strafrechtlich verfolgt werden. Was als «verletzende Gewalt» definiert wird, entscheidet wiederum der Staat:

> «Es liegt in der Logik staatlicher Gewalt, daß dieser, um zu entscheiden, wogegen er sie anwenden will, darüber entscheidet welche Handlung überhaupt als Gewalt bezeichnet werden soll. Er nimmt das rechtliche Definitionsmonopol für Gewalt in Anspruch; dieses geschieht im Rahmen der Rechtsordnung.»[112]

Für Pflegepersonen, die Gewalt gegen alte Menschen im Sinn des Strafrechts ausgeübt haben, kann die Gewaltausübung also strafrechtliche Folgen haben.

Es gibt hier jedoch einige wenige Ausnahmen, wie z. B. die Gewaltanwendung durch Pflegepersonen aus «Notwehr» (§ 32 StGB)[113] heraus oder freiheitsentzie-

---

109 Ebd. Im Rahmen der Friedens- und Konfliktforschung verdeutlicht J. Galtung seine Theorie u. a. am Beispiel des weltweiten Hungerelends. Objektiv gesehen sei Hunger in der Welt gemessen an den Produktionsmöglichkeiten für Nahrungsmittel beseitbar. Durch ökonomische Interessen werde das Hungerelend jedoch aufrechterhalten, so daß nicht mehr von einer Notlage zu sprechen sei, sondern von einer Gewaltanwendung gegenüber den Hungernden.

110 Vgl. Zitat S. 7.

111 Vgl. Brockhaus Enzyklopädie (1989b), S. 453 ff.

112 Dießenbacher, H. / Schüller, K. (1993), S. 31.

113 Wie in Kapitel 5 noch zu sehen sein wird, kann Gewalt auch von Patienten oder Heimbewohnern ausgehen und sich gegen eine Pflegekraft oder auch andere richten. Diese können sich aus einer «Notwehrlage» mittels Gewalt verteidigen, wobei eine Notwehrlage einen «Angriff» voraussetzt (hier die körperliche Unversehrtheit der Pflegekraft), der «gegenwärtig», also unmittelbar bevorsteht und noch andauert, und «rechtswidrig» ist. Die Notwehrhandlung muß von

hende Maßnahmen, wie das Fixieren von Patienten oder Pflegebedürftigen durch die Pflegepersonen unter ganz bestimmten Voraussetzungen, die wiederum vom Staat festgelegt werden (vgl. Kap. 4.4).[114]

Ist es zur Gewalt im juristischen Sinne gekommen,[115] so ist der Justiz selber im engeren Sinne nur an der Bestrafung des Täters gelegen. Bei einer Urteilsbestimmung fließen ethische begründete Normen, die v. a. das Schuldmaß des Täters bestimmen sollen, mit ein, jedoch weniger die Motive und Zwänge, die zur Gewaltanwendung geführt haben. Zum Beispiel wird in der Regel nicht das Gewalt ermöglichende oder unterstützende System wie das Krankenhaus, das Alten- oder Pflegeheim verurteilt:

«Die abstrakt gesetzte ethische Norm der Unversehrtheit tritt in Kraft, die Tat wird dann bestraft, wenn sie ausgeübt wurde, aber das System, das den Ausbruch von Gewalt ermöglicht oder unterstützt, bleibt immun. Unberücksichtigt bleiben also alle nicht-formalisierten, versteckten, sublimierten, im Alltag verankerten und latenten Formen und Bedingungen von Gewalt.»[116]

Ein Gewaltbegriff, der nur die juristische Sichtweise berücksichtigt, greift deshalb zu kurz. Vielmehr müssen beim Gewaltbegriff neben konkreten Fällen von Gewaltanwendung auch nicht so leicht zu erkennende strukturelle Gewaltverhältnisse Berücksichtigung finden.[117]

4.1.3 Gewalt aus psychologischer Sicht: Aggressionen

Die Psychologie bestimmt Gewalt als Ausdruck von Aggressionen:[118] Selg u. a. konstatieren, daß man in der Psychologie lange vergeblich nach dem Begriff der «Gewalt» suchte:

---

der Absicht der Verteidigung und zur Abwendung des Angriffs erforderlich und geboten sein. Vgl. hierzu Großkopf, V. (1995), S. 351, ebenso Kampmann, Andrea (1995), S. 100 f.

114 Vgl. hierzu ausführlich Großkopf, V. (1995), S. 350 ff.

115 Juristisch wird dann von Gewalt gesprochen, wenn es zu einer manifesten Gewaltanwendung gekommen ist bzw. «in einer tatbestandrelevant umrissenen Gestalt (der Körperverletzung etc.) manifest geworden ist». DBfK (1994), S. 4.

116 Ebd., S. 5.

117 Vgl. Galtung, J. (1975), Petzold, H.G. (1992), S. 252, DBfK (1994), S. 5. Der Begriff der «strukturellen Gewalt» ist in Zusammenhang mit der Friedens- und Konfliktforschung Anfang der siebziger Jahre von J. Galtung entwickelt worden: Frieden ist nach Galtung nicht nur das Nichtvorhandensein von Krieg, sondern auch die Abwesenheit von *personaler* und *struktureller* Gewalt.

118 Vgl. Brockhaus Enzyklopädie (1989b), S. 453; Zimbardo, Ph. G. (1992), S. 363 ff. Ich möchte

«Als Gewalt konnte die Demonstration, die Androhung oder der Gebrauch von Kraft gelten, wenn damit eine Einschüchterung oder noch massivere Schädigung von Personen erreicht werden sollte. ‹Gewalt› war gleichbedeutend mit angedrohter oder ausgeführter physischer Aggression. Weil dieser Gewaltbegriff durch andere Begriffe der Aggressionspsychologie gut ersetzbar war, fand er nur selten Verwendung. Er hätte als zusammenfassender Begriff für alle ernsthaften Aggressionen benutzt werden können.»[119]

Es stellt sich die Frage, was mit dem Begriff «Aggression» gemeint ist. Hierzu ist zu sagen, daß es bis jetzt in der (gesichteten) Literatur nicht zu einer einheitlichen Begriffsbestimmung gekommen ist. Vielmehr sind, je nach Autor, unterschiedliche Bedeutungen im Ausgangsverb «aggredior» enthalten: «sich in friedlicher Absicht jemandem nähern, an jemanden wenden, für sich zu gewinnen oder für sich zu stimmen suchen.»[120]

Das Ausgangsverb «aggredior» ist also wertneutral. Erst in den abgeleiteten Substantiven, wie Aggression und Aggressivität,[121] stehen Bedeutungen wie «Angriff», «Anlauf» oder auch «Angreifer» im Vordergrund.[122]

Folgt man Klessmann, so ist der Begriff «Aggression» zu einem «Omnibusbegriff» geworden, da er sehr viele Bedeutungen transportiert, positive wie negative:

Positive in dem Sinne, daß Aggressionen Energieformen darstellen, die wir zum Leben und zur Identitätsbildung brauchen: Beispielsweise braucht ein Kind aggressive Energie, um sich aus der Symbiose mit der Mutter zu lösen und um Neues ohne die Mutter zu wagen. «Aggression» in der negativen Bedeutung beinhaltet z. B. die Absicht, jemanden oder etwas zu schädigen.[123]

---

an dieser Stelle ausdrücklich darauf hinweisen, daß eine vollständige oder nahezu vollständige Annäherung an das Thema «Aggressionen» in dieser Arbeit nicht geleistet werden kann, da es für sich allein schon ein sehr umfassendes Thema darstellt.

119 Selg, H. (1974), S. 19.

120 Ertle, Christoph (1993), S. 20.

121 Unter «Aggressivität» wird eine Angriffslust verstanden. «Aggressivität» ist die «Bezeichnung für gehäuft auftretendes feindseliges Verhalten, das sich in tatsächlich oder verbalen Angriffen äußert, bzw. das Überwiegen feindselig-ablehnender und oppositioneller Einstellung bei einer Person». Herder Lexikon (o. J.), S. 10 H. Kals unterscheidet Aggression und Aggressivität folgendermaßen: «Aggression meint gewöhnlich die äußerst hör- und sichtbare Handlung, das Schimpfen, Schreien, Toben, Schlagen … Aggressivität meint vor allem den inneren Seelenzustand, aus dem Aggression entspringen kann.» Kals, Hans zit. nach Ganser, Martina (1993), S. 158.

122 Vgl. Ertle, C. (1993), S. 20.

123 Vgl. Klessmann, Michael (1994), S. 495.

«So gesehen ist Aggression eine Energie, die sich in verschiedenen Formen äußert: als eindringende Neugier, als Kraft, als Bewegungsenergie, dann im engeren Sinn als Trotz, als Ärger, Wut, Zorn, schließlich natürlich auch als physische Gewalt. Es gibt also zwei Seiten von Aggression: Sie enthält destruktive und konstruktive, kommunikative Absichten; deswegen sollte man bei der Verwendung des Begriffs genau sagen, welche Bedeutung gemeint ist.»[124]

In der psychologischen Forschung wird der Begriff Aggression jedoch ausschließlich im negativ-destruktiven Sinn gebraucht,[125] dessen Charakteristikum, wie zuvor gesagt, die Beeinträchtigung eines Individuums oder eines Gegenstandes ist.

Am Anfang der Aggressionsforschung stand die Aggressionsdefinition der Yale Gruppe mit Dollard, Doob, Miller, Mowrer und Sears (1939).

«Sie definierten Aggression als Verhaltenssequenz, deren Zielreaktion die Verletzung der Person ist, gegen die sie gerichtet ist. Ergänzend führten die genannten Autoren an, daß zum Verhalten auch das nur phantasierte gehört, und daß zu den Objekten auch Organismussurrogate gerechnet werden müssen.»[126]

Selg führte diese Definition weiter aus und definierte Aggression (1968) folgendermaßen:

«Eine Aggression besteht in einem gegen einen Organismus oder Organismussurrogat gerichteten Austeilen schädigender Reize (‹schädigen› meint beschädigen, verletzen, zerstören und vernichten; es impliziert aber auch wie ‹iniuriam facere› oder ‹to injure› schmerzzufügende, störende, Ärger erregende und beleidigende Verhaltensweisen, welche der direkten Verhaltensbeobachtung schwerer zugänglich sind); eine Aggression kann offen (körperlich, verbal) oder verdeckt (phantasiert), sie kann positiv (von der Kultur gebilligt) [oder auch prosozial] oder negativ (mißbilligt) sein.»[127]

Grond sieht in der Aggression ein Mittel, das verwendet wird, «um sich durchzusetzen, Besitz zu ergreifen, um Zuwendung oder Anerkennung zu erhalten, vielleicht um die eigene Macht zu zementieren oder um Ängste abzuwehren. Manchmal ist aggressives Verhalten die (vermeintlich) einzige Reaktion aus Ärger, Kränkung und Nichtbeachtung. Aber aggressives Verhalten kann auch als

---

124 Ebd., S. 496.
125 Vgl. Herder Lexikon (o. J.); Zimbardo, Philip G. (1992), S. 363; Klessmann, M. (1994), S. 495.
126 Selg, H. (1974), S. 12.
127 Selg, H. u. a. (1988), S. 14.

Mittel zur Abwehr gegen überwältigende Gefühle eingesetzt werden – Gefühle wie Trauer, Verzweiflung und Angst.»[128]

Aggressionen äußern sich in vielfältiger Hinsicht, beispielsweise in den Dichotomien verbal oder körperlich, instrumentell oder feindselig, direkt oder indirekt, aktiv oder passiv, Aggressionen nach außen gerichtet oder auch autoaggressiv, spontan versus reaktiv. Kriegerische Auseinandersetzungen, sadistische Aggressionen und spielerische Formen der Aggressionen bei Kindern sind hingegen gesondert zu betrachten, was an dieser Stelle jedoch nicht weiter ausgeführt werden soll.[129]

4.1.4 Das Verhältnis von Aggressionen und Gewalt

In der Literatur werden Aggressionen nicht mit Gewalt synonym gesetzt. Zimbardo definiert Aggression beim Menschen als «körperliches oder verbales Handeln, das mit der Absicht ausgeführt wird, zu verletzen oder zu zerstören».[130] Nach Ruthemann wird Aggression aufgrund der Intention eines Täters definiert.[131]

Gewalt ist nach Zimbardo «Aggression in einer extremen und sozial nicht akzeptablen Form». Gewalt kann sich gegen Menschen und Eigentum richten und ist auf individuellem Niveau üblicherweise Ausdruck von Feindseligkeit und Wut, auf institutioneller Ebene eine geplante Zerstörung von Gegnern oder Feinden. Gewalt, so Ruthemann, sollte aus der Sicht des Geschädigten definiert werden.

Demnach wird Gewalt von der Wirkung her definiert und Aggression von der Absicht. Aggression liege nur dann vor, wenn der Täter die Absicht der Schädigung seines Opfers hat. Gewalt wird aus der Sicht des geschädigten Opfers definiert, nämlich als die gegen seinen Willen und seine Einsicht erlittene Einschränkung der Entfaltungsmöglichkeiten, während die Aggression aufgrund der Intention eines Täters, der Schädigungsabsicht, definiert wird. «Folglich geht erlittene Gewalt nur dann auf zugefügte Aggression zurück, wenn ein Täter einen Wunsch oder ein Bedürfnis seines Opfers zwar kennt, aber dennoch mißachtet, obwohl er die Möglichkeit hätte, auf die Wünsche einzugehen.»[132]

---

128 Grond, E. (1991a), S. 11.
129 Vgl. ausführlicher dazu Selg, H. (1974), S. 22 ff.; Selg, H. u. a. (1988), S. 11 ff.
130 Zimbardo, Ph. G. (1992), S. 363.
131 Vgl. Ruthemann, U. (1993), S. 12 ff.
132 Ebd., S. 17.

Selg bemerkt, daß er bei den meisten menschlichen Aggressionen ausdrücklich eine «Absicht» als Kriterium für den Gebrauch des Wortes «Aggression» akzeptiert. Eine grundsätzliche anzunehmende «Absicht» bei Aggressionen hält er dagegen für überzogen, zumal es schwierig sein dürfte, beispielsweise Tieren und Kleinkindern Absichten zuzuschreiben. Hingegen stellt er fest, daß «Gerichtetheit» beim Aggressionsbegriff treffender ist, da diese z. B. auch bei Tieren interpretiert werden kann: «Gerichtetheit» schließt dabei ein zufälliges Zufügen von Schmerz aus.[133]

Folgt man Ruthemanns Äußerungen zur Gewalt (Gewalt wird aus der Sicht des geschädigten Opfers definiert als die gegen seinen Willen und seine Einsicht erlittene Einschränkung der Entfaltungsmöglichkeiten), so gebe es in der Altenpflege mehr Gewalt als Aggression, d. h. «es geschieht eine große Menge von Gewalt, ohne daß irgend jemand eine aggressive, schädigende Absicht hätte. Die meisten Mitarbeiterinnen und Heimbewohner sind in den meisten Situationen nicht darauf bedacht, andere zu schädigen, und dennoch wirkt sich ihr Verhalten tagtäglich als Beeinträchtigung aus. Gewalt in diesem Sinne ist allgegenwärtig in Alteneinrichtungen!»[134] (Vgl. Kap. 4.4).

Die Vielzahl der verschiedenen Definitionen zeigt, daß es bis dato keine einheitliche Bestimmung des Gewaltbegriffes gibt. Eine Annäherung an eine Definition erscheint hingegen zum Verständnis der Thematik als zweckmäßig. Für die folgenden Überlegungen sollen unter Gewalt gegenüber alten Menschen alle absichtlichen und unabsichtlichen Handlungen und von Menschen verursachten Lebensbedingungen verstanden werden, die zu einer körperlichen und/oder seelischen Beeinträchtigung führen, die von den Betroffenen abgelehnt wird. Es soll dann von «Gewalt» gesprochen werden, wenn eine Person zum «Opfer» wird, d. h. vorübergehend oder dauernd davon abgehalten wird, entsprechend ihren Wünschen oder ihren Bedürfnissen zu leben, wobei ein ausgesprochenes oder unausgesprochenes Bedürfnis des Opfers mißachtet wird.[135] Aggression soll dabei als ein wesentlicher Gesichtspunkt von Gewalt verstanden werden.

Obwohl sich in der Literatur kein übereinstimmender Gewaltbegriff finden läßt, wird jedoch konstatiert, daß Gewalt sich auf den Menschen in der Gesamtheit seiner Lebensvollzüge richten kann, d. h. sowohl auf die körperliche, physische als auch auf die seelisch-geistige Ebene.[136]

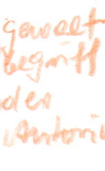

---

133 Vgl. Selg, H. u. a. (1988), S. 15.
134 Ruthemann, U. (1993), S. 17; vgl. hierzu auch Kerres, Andrea / Falk, Juliane (1996), S. 174 ff.
135 Vgl. Ruthemann, U. (1993), S. 14; Schneider, H.-D. / Sigg, E. (1990), S. 8.
136 Vgl. Galtung, J. (1975), ebenso Eastman, M. (1985); Dießenbacher, H. / Schüller, K. (1993);
     Ruthemann, U. (1993); Schneider, H.-D. (1993); DBfK (1994); Kruse, A. / Wahl, H.-W. (1994).

4.2 Ansätze zur Erklärung von Gewalttätigkeit

4.2.1 Aggressionstheorien

Zitiert man Zimbardo, so ist Gewalt «Aggression in ihrer extremen und sozial nicht akzeptablen Form». Aggressionen und Gewalt liegen eng beieinander, ohne daß sie synonym zu setzen sind. Explizite, originäre Gewaltansätze sind in der (gesichteten) Literatur vergebens zu suchen. Vielmehr werden Gewalterklärungsansätze aus der Aggressionsforschung entnommen, da Aggressionen als Ursache für gewalttätiges Handeln angesehen werden. Verschiedene Aggressionserklärungsansätze werden dabei zur Erklärung von Gewalt angeführt.[137] In den unterschiedlichen Aggressionstheorien werden die möglichen Ursachen für das Entstehen von Aggressionen und eventueller Gewalttätigkeit beleuchtet und bestimmte Aspekte in den Vordergrund gerückt. Im wesentlichen lassen sich folgende Aggressionstheorien unterscheiden:[138]

Triebtheorien: Bei den Triebtheorien lassen sich die psychoanalytischen Triebtheorien, die ihren Ursprung in Freud nehmen, und die ethnologischen Triebtheorien, die auf die Studien von Lorenz zurückgreifen, unterscheiden.

Für Freud sind Aggressionen ein Ausdruck des Todestriebes (Thanatos), der jedem Menschen innewohnt und nach der Selbstzerstörung des Individuums strebt. Aggressionen haben für Freud eine lebenserhaltende Funktion, da der Todestrieb in Gestalt von Aggressionen gegen andere nach außen umgelenkt wird. Der entgegengesetzte Trieb des Todestriebes ist der Lebenstrieb (Eros), der für die Energie, für Wachstum und Überleben sorgt. Die Energie für den Todestrieb wird aufgrund des angeborenen (endogenen) Triebes immer wieder neu generiert. Wird sie nicht beständig auf sozial akzeptierte Weise abgegeben, so sammelt sie sich, bis sie sich als Aggression entlädt. Eine Möglichkeit der Ableitung dieser Energie ist die *Katharsis*,[139] die sich durch Weinen, Worte, symbolische Mittel oder direkte Handlungen äußert.

Der Ethnologe Konrad Lorenz nahm aufgrund von Verhaltensbeobachtungen bei Tieren einen angeborenen Aggressionstrieb/-instinkt beim Menschen zur Art-

---

137 Vgl. Werbik, Hans (1974); Schneider, H.-D. / Sigg, E. (1990), S. 201 ff.; Zimbardo, Ph. G. (1992), S. 363 ff.; Wünsche, Joachim (1994), S. 289 f.
138 Es kann sich hierbei nur um eine verkürzte Darstellung handeln, da eine intensive Bearbeitung den Rahmen der Arbeit sprengen würde.
139 «Die ursprüngliche Bedeutung des Wortes ‹Karthasis› geht auf Aristoteles zurück, der damit die reinigende Wirkung kennzeichnen wollte, welche die griechische Tragödie auf die Emotionen der Zuschauer ausüben soll.» Werbik, H. (1974), S. 62.

erhaltung an, um Lebensraum und Nachkommen zu verteidigen und soziale Rangordnung zu bilden. Dieser endogene Instinkt, also aggressive Impulse aus der Triebquelle, führt zwangsläufig immer wieder zur spontanen Entladung, zu einer Spannungsreduktion («Dampfkesseltheorie»).[140]

Kritisch anzumerken ist bei der psychoanalytischen Triebtheorie Freuds, daß die Katharsistheorie keine spezifischen Faktoren angibt, die vorhersagen, ob Aggressionen auftreten und welche Richtung oder Form sie einnehmen werden.[141] Mit Skepsis wird auch die Triebtheorie Lorenz' betrachtet, da tierisches Verhalten nicht mit menschlichem vergleichbar und ein Aggressionsinstinkt beim Menschen nicht nachgewiesen ist.[142] Beiden Erklärungsversuchen wird vorgeworfen, die Formbarkeit des menschlichen Verhaltens unterzubewerten.[143]

Frustrations-Aggressions-Theorie: Auf eine Gruppe von Psychologen der Yale Universität (Dollard, Doob, Miller, Mowrer, Sears) läßt sich die zweite große Aggressionstheorie, eine Alternative zur Betrachtungsweise der psychoanalytischen und ethnologischen Triebtheorie, die Frustrations-Aggressions-Theorie, zurückführen. Fast zwanzig Jahre waren vergangen, nachdem Freud auf ein Vorhandensein des Todestriebes aufmerksam gemacht hatte.

In der Frustrations-Aggressions-Theorie wird die Aggression als ein reaktives Moment begriffen und zwar in dem Sinne, daß Aggression als ein erworbener Trieb, als eine Reaktion auf Frustration entstanden ist.[144] «Frustration tritt auf, wenn die Ausführung einer Zielreaktion unterbrochen oder blockiert wird. Je größer die gegenwärtige und angesammelte Frustration, um so stärker die daraus resultierende aggressive Reaktion.»[145]

Es zeigte sich jedoch, daß nicht jeder aggressiven Handlung eine Frustration vorauszugehen hat und nicht jede Enttäuschung in Aggression übergeht:

> «Die ursprüngliche Frustrations-Aggressions-Theorie wurde dahingehend revidiert, daß zwar jede Frustration eine Neigung zur Aggression hervorruft, diese Neigung jedoch zu schwach sein kann, um tatsächlich aggressives Verhalten zu verursachen.»[146]

---

140 Vgl. Werbik, H. (1974), S. 49 ff.; Zimbardo, Ph. G. (1992), S. 363 f.; Grond, E. (1991e), S. 412; Susen, Gerhard R. (1980), S. 114 f.
141 Vgl. Werbik, H. (1974), S. 62 ff.; Zimbardo, Ph. G. (1992), S. 364.
142 Vgl. Grond, E. (1991e), S. 412; Zimbardo, Ph. G. (1992), S. 364.
143 Vgl. Schneider, H.-D. / Sigg, E. (1990), S. 3; vgl. ausführlich zu den genannten Triebtheorien: Freud, Sigmund (1905, 1920, 1930); Lorenz, Konrad (1975); Werbik, H. (1975).
144 Vgl. Selg, H. u. a. (1988), S. 32 ff.; Zimbardo, Ph. G. (1992), S. 366.
145 Zimbardo, Ph. G. (1992), S. 366.
146 Miller, N. zit. nach Zimbardo, Ph. G. (1992). Kap. 4.2.2 geht hierauf näher ein.

«Die Theoretiker der Aggressions-Frustrations-Hypothese stimmten Freud insofern zu, als auch sie annahmen, daß der aggressive Trieb eine Steigerung erfährt, wenn er keinen Ausdruck findet (wenn die Frustration andauert). Den Ursprung aggressiven Verhaltens sahen sie jedoch eher in *externen* Faktoren (der Anhäufung frustrierender Situationen) als in einem angeborenen Aggressionstrieb.»[147]

Nicht unerwähnt bleiben darf die Erkenntnis von Berkowitz, der die Frustrations-Aggressions-Theorie 1962 dahingehend modifizierte, daß eine Reaktion einer Person davon beeinflußt wird, wie diese ihre Frustration wahrnimmt: «Zwischen Frustration und Aggression soll eine interpretationsabhängige Gefühlsreaktion stattfinden: Ärger/Wut oder Furcht – als angeborene Reaktion. Ärger/Wut soll ausgelöst werden, wenn die eigenen Machtmittel ausreichend erscheinen, Furcht, wenn die Bedrohung zu stark erscheint.»[148] Weiterhin wurde die Theorie dahingehend weiterentwickelt, daß, wenn eine Frustration von einer Aggression gefolgt wird und eine Bestrafung des aggressiven Verhaltens droht oder Angst eine große Rolle spielt, dieses aggressive Verhalten möglicherweise gehemmt und «stellvertretend an einem sicheren Ziel» ausgelassen wird. Es findet eine «Verschiebung» der Aggression statt. Dieses sichere Ziel «fehlgeleiteter Aggressionen» können «Minderheiten, Kinder und Frauen [hier: auch ältere pflegebedürftige Menschen in Pflegeeinrichtungen] sein, die sich ohnehin schon in gefährdeten Positionen befinden und mit größter Wahrscheinlichkeit nicht zurückschlagen werden».[149]

Gemäß der Frustrations-Aggressions-Theorie fallen fehlgeleitete Aggressionen um so schwächer aus, je geringer das ersetzte Ziel dem Ursprung der Frustration ähnelt. Der *«Katharsis-Effekt»* ist dann um so weniger vollständig. Es gibt jedoch auch Untersuchungen, die dafür sprechen, daß fehlgeleitete Aggressionen ebenso stark sein können wie direkt geleitete Aggressionen gegen die auslösende Quelle der Frustration und daß sich danach die Aggressionsneigung verringert.[150]

Bandura erweiterte die obengenannte Theorie dahingehend, daß jede Art aversiver Erfahrung – nicht nur Frustration – zu einer allgemeinen emotionalen Erregung führt. Diese Erregung kann sich schließlich in verschiedenen Verhaltensweisen äußern, z. B. in Form von Selbstbetäubung durch Alkohol oder Drogen, in Apathie, in Regressionen oder in Selbstvorwürfen (vgl. hierzu auch Kap. 7).

---

147 Zimbardo, Ph. G. (1992), S. 367.
148 Selg, H. u. a. (1988), S. 32.
149 Zimbardo, Ph. G.(1992), S. 367; vgl. auch Werbik, H. (1974), S. 104, ebenso Wünsche, J. (1994), S. 289; Elsbernd, Astrid / Glane, Ansgar (1996), S. 16.
150 Vgl. Zimbardo, Ph. G. (1992), S. 367.

Die verschiedenen Verhaltensweisen sind abhängig von der individuellen Lern-
geschichte.[151] Der lerntheoretische Ansatz soll im folgenden näher betrachtet
werden.

Lerntheoretischer Ansatz: Die lerntheoretische Auffassung ist im Vergleich zu
den anderen Theorien noch verhältnismäßig jung. Ihr prominentester Vertreter ist
Bandura. Die Lerntheorie geht davon aus, daß aggressives Verhalten keiner eigenen Erklärung bedarf, sondern – wie soziales Verhalten generell – überwiegend
durch Lernen erworben wird. Aggressionen nehmen demnach keine Sonderstel-
lung ein. Bandura bezeichnet Aggression als eine Verhaltensweise, die zu persönlicher Schädigung und zur Zerstörung von Eigentum führt. Die Schädigung kann
dabei psychisch oder auch physisch geschehen.[152] «Die Lerntheorie beschäftigt
sich mit der Frage, was Menschen dazu bewegt, sich aggressiv zu verhalten und
was sie ihr aggressives Verhalten aufrechterhalten läßt. Aggressives Verhalten
erfordert komplizierte Fertigkeiten und damit soziale Lernprozesse. Lernen bedeutet dabei eine Veränderung von Verhalten und Erleben aufgrund von Erfahrungen.»[153] Diese Erfahrungen können durch unterschiedliche Lernkonzepte erworben werden:

Das «klassische Konditionieren» bzw. «Signallernen»,[154] stellt ein Beispiel dar.
Hier wird ein neutraler Reiz zum kennzeichnenden Auslöser für Aggressionen.
Auslöser kann dabei Mimik, Sprache oder Kleidung des Gegenübers sein.

Das «operante Konditionieren», d.h. Lernen am persönlich erlebten Erfolg[155]
oder auch am Mißerfolg, stellt eine weitere Möglichkeit dar, aggressives Verhalten zu erlernen. Aggressives Verhalten wird beispielsweise um so eher erlernt und
auf gleichartige Situationen übertragen, je häufiger sie erfolgreich war und anerkannt wurde. Aggression kann z.B. folgende Erfolge erzielen: die Durchsetzung
eines Wunsches, Beachtung, Schutz oder auch positive Selbstbewertung. Es zeigte sich, daß Belohnungen für bestimmte Aggressionen diese verstärkten.

---

151 Vgl. Susen, G. (1980); Hanke, Dieter (1982), S. 15; Kerres, A. / Kalk, J. (1996), S. 176; vgl.
   ausführlicher zur Frustrations-Aggressions-Theorie: Dollard, John u. a. (1973); Selg, H. (1974),
   S. 25 ff., Selg, H. u. a. (1988), S. 26 ff.; Verres, Rolf / Sobez, Ingrid (1980).
152 Vgl. Selg, H. u. a. (1988), S. 36; Zimbardo, Ph. G. (1992), S. 368; Heinemann, Evelyn (1996),
   S. 21.
153 Heinemann, E. (1996), S. 22.
154 Das klassische Konditionieren wurde zuerst von I. P. Pawlow seit Ende des vorigen Jahrhunderts systematisch untersucht. Als Beispiel sei hier das klassische Signal-Lernen eines Hundes
   durch ein Glockengeräusch erwähnt.
155 Klassischer Vertreter ist vornehmlich B. F. Skinner, der seit den dreißiger Jahren das Lernen am
   Erfolg untersuchte.

Lernen von aggressivem Verhalten kann jedoch auch durch das Lernen am Modell, d. h. Lernen durch Beobachtung hervorgerufen werden («Identifikationslernen»). Dabei haben aggressive Modelle eine aktivierende Wirkung: «Wenn die Aggression des Vorbildes belohnt, sozial gebilligt oder moralisch gerechtfertigt wird, kann aggressives Verhalten des Beobachters aktiviert werden (enthemmender Effekt). Durch stellvertretende Verstärkung des Vorbildes wird aggressives Verhalten erworben, aufrechterhalten oder geschwächt und gelöscht. Der Bewohner (oder auch Pflegebedürftige) lernt aggressives Verhalten auch vom Pflegenden.»[156]

Andererseits können aber auch Pflegende aggressives Verhalten durch Vorbilder erlernen: «Wird im Heim die Gewalt des Vorbildes (zum Beispiel der Heim- oder Pflegedienstleiter) belohnt, sozial anerkannt, moralisch gerechtfertigt oder als Mittel zum Durchsetzen von Anliegen erfolgreich eingesetzt, werden die Pflegenden diesen autoritären Führungsstil übernehmen, besonders, wenn sie selbst mit solchem Verhalten schon erfolgreich waren.»[157]

Auch andere Überlegungen haben dazu geführt, daß noch mehr Einflußfaktoren für aggressives oder auch gewalttätiges Handeln berücksichtigt werden müssen: Zillmann betont, daß auch aggressive Handlungen durch Denkprozesse geführt werden können. Eine Rolle können z. B. Erwartungen von erfolgreichen oder erfolglosen Aggressionen spielen. Sie können die Wahrscheinlichkeit aggressiver Handlungen erhöhen oder vermindern. Ebenso kann eine moralische Legitimation einer aggressiven Handlung das Auftreten der aggressiven Tat erhöhen.[158]

4.2.2 Das Belastungbewältigungs-Paradigma

Das «Belastungbewältigungs-Paradigma» soll im weiteren Sinne zu den Erklärungsansätzen von Gewalttätigkeit herangezogen werden, da es m. E. die Gewalttätigkeit bzw. das individuelle Gewaltniveau einer Person bzw. einer Pflegeperson erklärt und so als ein Faktor der Gewalt anzusehen ist.

Das Belastungbewältigungs-Paradigma hat seinen wichtigsten Vertreter in Lazarus, der ein kognitives Streß- und Streßbewältigungsmodell formuliert hat.

---

156 Grond, E. (1991d), S. 412; vgl. ausführlich zum lerntheoretischen Ansatz: Bandura, Albert (1976, 1979), Werbik, H. (1974), Selg, H. (1974), Selg, H. u. a. (1988).

157 Grond, E. (1991b), S. 14.

158 Vgl. Schneider, H.-D. / Sigg, E. (1990), S. 4; Heinemann, E. (1996), S. 24; vgl. ausführlich zum kognitiven Ansatz: Zillmann, Dolf (1979).

Nach einer Definition von Lazarus und Launier ist Streß jedes Ereignis, «in dem äußere oder innere Anforderungen (oder beide) die Anpassungsfähigkeit eines Individuums, eines sozialen Systems oder eines organismischen Systems beanspruchen oder übersteigen».[159]

Belastungen jeglicher Art, die u. a. im Streß ihren Ursprung nehmen, können sowohl beim Pflegepersonal als auch bei den Pflegebedürftigen zu Frustrationen führen (vgl. Kap. 5). Das Auftreten eines Frustrationszustandes hängt sehr stark von der individuellen Fähigkeit ab, ob eine frustrierende Situation ertragen wird. Diese «Frustrationstoleranz» wird bestimmt von dem Verhältnis Belastung und Bewältigung: Der «Belastungsstatus» (Belastungszustand) bezieht sich auf «subjektive Erlebnisdimensionen» und umfaßt nicht nur die körperlichen Belastungen der Pflege, sondern auch die emotionalen Belastungen.[160] Bewältigungsmechanismen oder -strategien (Coping)[161] sind individuell verschieden und stellen persönliche Ressourcen[162] dar, «die helfen, sich den Anforderungen zu stellen und gegen negative Konsequenzen unpassender Reaktionen [hier: aggressives, gewalttätiges Handeln] vorbeugen können. Das Streßgeschehen hängt nach dieser Auffassung [Belastungbewältigungs-Paradigma] von der ‹balance of power› zwischen Anforderungen und Ressourcen ab.»[163]

Persönliche Coping-Strategien stellen eine Art «individuelle Kompetenz» dar, die die Fähigkeit zur Abgrenzung beinhaltet. «Eine ‹durchlässige› Abgrenzung bedeutet, daß die Pflegenden im Konfliktprozeß einen Eigenbereich bewahren, ohne die Bedürfnisse und Interessen des Kranken zu vernachlässigen. Diese Ab-

---

159 Lazarus, R. S. / Launier, R. zit. nach Saup, W. (1984), S. 30.
160 Vgl. Chappuis, Charles (1984), S. 23; Urlaub, K. H. (1990), S. 10 f.
161 «Der Fachterminus ‹coping› ist aus der Streßforschung hervorgegangen. Mit diesem Begriff wird ein je nach Individuum oder sozialer Gruppe zu differenzierender Stil der Krisenbewältigung bezeichnet. Der Gegenstandsbereich der mittlerweile weitverbreiteten Coping-Forschung reicht dabei von situativen Streßsituationen und individuellen Bewältigungsformen bis hin zu belastenden Lebensereignissen und Bewältigungsformen. [Es lassen sich drei Gruppen von Bewältigungsstrategien unterscheiden:
(a) problemfokussiertes coping (Situationsänderung durch aktives Handeln),
(b) gefühlsfokussiertes coping (Bewältigung von Angstgefühlen),
(c) wahrnehmungsfokussiertes coping (Veränderung der Wahrnehmung durch Umdefinition der Situation, etwa durch Verdrängung).]» Dunkel, W. (1994), S. 39; vgl. ausführlicher dazu Lazarus, R. S. (1995) und Zimbardo, Ph. G. (1992), S. 490 ff.; vgl. auch Eckardt, Thomas (1995), S. 795 f.
162 Zu den Ressourcen gehören das persönliche Kontrollbewußtsein und soziale Ressourcen, wie etwa ein Lebenspartner oder ein soziales Netzwerk von Verwandten und Bekannten, aber auch finanzielle und zeitliche Ressourcen. Vgl. Dunkel, W. (1994), S. 39.
163 Saup, W. (1984), S. 30.

grenzungskompetenz hat neben den situativen Bedingungen als Voraussetzung eine bewußte Ich-Identität.»[164]

Dunkel unterscheidet zwischen nach «außen» und nach «innen» gerichtete Bewältigungsstrategien von Pflegepersonen bei der Bewältigung von psychischen Belastungen, die bei der Arbeit auf einer Pflegestation eines Altenheimes auftreten. Dabei versuchen die Pflegekräfte mit nach «außen» gerichteten Strategien, die Streßfaktoren der Umwelt zu verringern, z. B. dadurch, daß sie Begegnungen mit besonders «anstrengenden» Bewohnern (vgl. zum «anstrengenden, schwierigen» Pflegebedürftigen Kap. 5.1.1) zeitweise meiden, indem sie ihre Kollegen bitten, sich mit ihnen bei der Betreuung dieser Bewohner abzuwechseln. Bei nach «innen» gerichteten Bewältigungsstrategien wird versucht, den eigenen psychischen Zustand zu verändern. Dies wird durch eine veränderte Wahrnehmung der Streßfaktoren versucht, beispielsweise durch eine Distanzierung von der Person des Bewohners oder durch eine Beeinflussung der eigenen Gefühle, durch Gefühlsarbeit.[165]

Pearlin stellt in seinen soziologischen Streßtheorien die Entstehung von aggressiven Devianzsymptomen in den Prozeßzusammenhang von Belastung und Bewältigung.[166] Danach kann es zur Gewalttätigkeit, also personaler Gewalt (vgl. Kap. 4.3.2) kommen, wenn die soziale Unterstützung und die individuellen Kompetenzen nicht ausreichend sind, um Frustrationen zu reduzieren oder zu kompensieren.[167] Anders ausgedrückt: Die unterschiedliche Stärke aggressiver Verhaltensweisen hängt sowohl von lebensgeschichtlichen Erfahrungen als auch von einer unterschiedlichen Frustrationstoleranz ab. Eine niedrige Frustrationstoleranz und ein starkes Frustrationsgefühl wirken aggressions- und gewaltverstärkend.[168]

Wichtig in diesem Zusammenhang ist nach Ruthemann die Erkenntnis, daß ein Heraufsetzen der Frustrationstoleranz, z. B. durch moralische Appelle gegenüber den Pflegenden oder durch Verbote und Richtlinien, eine gefährliche Strategie wäre, da ein Anheben der Frustrationstoleranz und damit verbunden ein Unterlassen von aggressiven, gewalttätigen Handlungen, nur kurzfristig wirken würde, wenn nicht auch gleichzeitig die Quellen von Aggression und Gewalt (vgl. Kap. 5) erkannt und soweit wie möglich reduziert werden.[169]

---

164 Urlaub, K. H. (1990), S. 11.
165 Vgl. Dunkel, W. (1988); vgl. dazu auch Overlander, G. (1996) und Kap. 5.1.1.
166 Vgl. Pearlin, Leonhard I. (1987), S. 53 ff.
167 Vgl. Urlaub, K. H. (1990), S. 11.
168 Vgl. Gottfrois, Winfried (1995), S 214; vgl. ausführlich zum Belastungbewältigungs-Paradigma: Lazarus, R. S. (1995) und Saup, W. (1984); vgl. dazu auch Petzold, H. G. (1992), S. 263.
169 Vgl. Ruthemann, U. (1993), S. 18.

Es stellt sich nun die Frage, wie die konkreten Fälle von Gewaltanwendung aussehen. Welche Formen der Gewaltanwendung können alte Menschen in Pflegeeinrichtungen, wie z. B. im Altenheim, Altenpflegeheim oder auch im Krankenhaus, erfahren? Auch nicht sichtbare Gewalt muß hierbei Berücksichtigung finden. Wie sieht diese nicht sichtbare oder auch «strukturelle» Gewalt aus und wie äußert sie sich?

4.3 Formen der Gewalt gegen alte Menschen

Setzt man sich mit den verschiedenen Formen der Gewalt auseinander, so kann man grundlegend zwischen *struktureller (indirekter)* und *personaler (direkter)* Gewalt unterscheiden. Doch bevor diese beiden Gewaltformen weiter differenziert werden, sollen zuvor noch weitere nach Galtung doppelpolig aufgefaßte Faktoren benannt und dargestellt werden, die sowohl auf strukturell als auch auf personell ausgeübte Gewalt bezogen sein können. Galtung nennt diese Faktoren «Dimensionen von Gewalt».[170]

Gewalt kann von einer *negativen* oder auch *positiven* Einflußnahme gekennzeichnet sein. Entsprechend dem psychologischen Prinzip der Verstärker bzw. der Verstärkung eines Verhaltens, positiv oder negativ gekennzeichnet, kann Einfluß auf das Handeln eines Menschen genommen werden.[171] Nach Galtung kann dies u. U. mit Gewalt in Verbindung gebracht werden, da das Endergebnis immer noch so aussehen kann, «daß Menschen effektiv daran gehindert werden, ihre Möglichkeiten auszuschöpfen».[172] Petzold berichtet von «‹wissenschaftlich fundierten› Interventionsprogrammen, die im Sinne klassischer Verhaltenstherapie mit Belohnung und Bestrafung oder *token economy*[173] operieren, um ‹maladaptives Verhalten› zu modifizieren. Und was maladaptiv ist, entscheiden die Jungen oder die ‹Experten›»,[174] womit hier das zumeist junge Pflegepersonal in den Einrichtungen gemeint ist. So wurden z. B. Altenpflegeschüler im Rahmen ihres Unterrichts befragt, welche «Belohnungen» und «Bestrafungen» sie von Heimbewohnern in Pflegeheimen beobachtet haben:

---

170 Vgl. Galtung, J. (1975), S. 9 ff. In seinen Beispielen der verschiedenen «Dimensionen der Gewalt» nennt Galtung für strukturelle Gewalt Beispiele aus der Friedens- und Konfliktthematik, die an dieser Stelle jedoch nicht erläutert werden sollen, da sie den Rahmen dieser Arbeit sprengen würden.
171 Vgl. Zimbardo, Ph. G. (1992), S. 244 ff.
172 Galtung, J. (1975), S. 11.
173 Vgl. den lerntheoretischen Ansatz von Bandura in Kap. 4.2.1.
174 Petzold, H. G. (1985), S. 562.

«Belohnungen» äußerten sich beispielsweise in:

> «Lob; in den Arm nehmen; als Erster gebadet werden; öfter ins Zimmer gehen als eigentlich nötig; ein zusätzlicher Nachtisch; extra Kaffee und Kuchen; ausschlafen lassen; mehr Zeit als sonst zur Verfügung haben; Zwischenmahlzeiten wie Eis und Schokolade; extra Zigaretten; mit dem Personal zusammen essen; eine Flasche Bier; auf Extrawünsche eingehen oder abends länger fernsehen; besonders viel Zuwendung (um Einkoten zu verhindern)» u. a. m.[175]

Die Kehrseite zeigte sich z. B. in:

> «ausschimpfen; ignorieren; anziehen, was der Bewohner nicht anziehen möchte; Klaps auf die Hände; Bettgitter; früher ins Bett als üblich; Streichhölzer wegnehmen; im Rollstuhl den Nachmittag über (statt im Bett wie Bewohner möchte); nicht mitnehmen beim Ausflug, festschnallen, anbrüllen; schnell, sachlich arbeiten; kurz angebunden reden; als Letzten Essen bringen; drohen nicht mehr zu kommen; lächerlich machen; Fixierung; Klingel entfernen; verspätete Taschengeldausgabe; auf Toilettenstuhl sitzen lassen; später oder früher waschen als gewünscht; schnell und grob pflegen; ‹frech› anreden; schneller gehen lassen als eigentlich möglich, ...»[175] etc.

Krankenpflegeschüler gaben in einer Befragung an, einige Patienten schlechter zu behandeln als andere (vgl. hierzu die Ursachen in Kap. 5.1.1). Diese Schlechterbehandlung, die einem Strafcharakter gleichzukommen scheint, schloß eine «eingeschränkte Kommunikation bis fast zur Kontaktvermeidung, Entwicklung negativer Gefühle und Ansichten sowie das Zeigen derselben, die Streichung von Sonderleistungen und die Durchführung einer mangelhaften Pflege bis hin zu körperlicher Schädigung» mit ein.[177] Die «Bestrafungen» stellen, wie in Kapitel 4.3.3 und 4.3.4 noch zu sehen sein wird, bereits Formen der personalen Gewaltausübung, der physischen und psychischen Mißhandlung, dar.

Von Bedeutung ist ebenso die Frage Galtungs, ob es ein *Objekt* gibt, das *verletzt worden ist, oder nicht.* Hier weist der Friedensforscher auf die gewaltförmige Androhung physischer Gewalt und ihre indirekte Drohung mit mentaler Gewalt hin, die gleichzusetzen ist mit psychischer Gewalt, da sie den menschlichen Handlungsspielraum einengt.[178]

---

175 KDA (1989c), S. 6.

176 Ebd.

177 Abresch, Jürgen (19981), S. 340.

178 Vgl. Galtung, J. (1975), S. 1 f. Der Vollständigkeit halber sei darauf hingewiesen, daß Galtung unter «Objekten» neben Personen auch ‹Sachen› versteht, die zerstört werden können und denen unter einem «degenerierten» Verständnis von Gewalt psychische Gewalt zugefügt werden kann, nämlich psychische Gewalt gegenüber dem Besitzer, dem der Gegenstand sehr teuer war.

Eine weitere Dimension von Gewalt ist nach Galtung die der *intendierten* bzw. der *nicht intendierten* Gewalt. Diese Unterscheidung kommt dann zum Tragen, wenn es um die Frage der Schuldzuweisung geht. Nicht die mit der Gewalttat verbundenen Konsequenzen rücken dann ins Blickfeld, sondern die Motivgründe, die zur Gewalttat bewogen haben.[179]

Ein sehr heikles Thema in der Pflegepraxis stellen meiner Erfahrung nach freiheitsentziehende und freiheitsbeschränkende Maßnahmen dar, wie beispielsweise das Vergittern der Betten, das Anlegen von Liegegurten oder das Feststellen von Rollstühlen, aber auch das Verabreichen von ruhigstellenden Medikamenten. In Pflegeheimen oder auch auf Krankenhausstationen werden des öfteren motorisch unruhige, extrem verwirrte und hochgradig psychotische Patienten oder Bewohner gegen ihren Willen in ihrer Bewegung eingeschränkt. Freiheitsentziehende Maßnahmen, die die fundamentalen Rechte wie persönliche Freiheit und Menschenwürde beschneiden, können auch dann ohne richterlichen Beschluß im Einzelfall gerechtfertigt werden, wenn eine «akute Gefahr»[180] für den Patienten bzw. Bewohner oder für andere Personen besteht. Eine Fixierung z. B., obwohl sie seitens des Fixierten als ein Gewaltakt wahrgenommen wird und an sich auch eine Gewalthandlung darstellt, da sie meistens gegen seinen Willen geschieht, wird von den Pflegepersonen zu seinem Schutz, aber auch aus Angst vor möglichen haftungsrechtlichen Konsequenzen aufgrund von Vernachlässigung der Fürsorgepflicht, vorgenommen (vgl. dazu auch Kap. 4.4). Im eigentlichen Sinne ist die damit verbundene Gewalt an sich von den Pflegenden nicht intendiert, sie wird jedoch billigend in Kauf genommen.[181]

Darüber hinaus unterscheidet Galtung zwischen *latenter* und *manifester* Gewalt. *Manifeste* Gewalt bezieht sich immer auf einen erkannten aktuellen Zu-

---

179 Vgl. ebd., S. 14.
180 «Eine Rechtfertigung freiheitsentziehender Maßnahmen kann sich im Einzelfall (nicht auf Dauer oder regelmäßig) auch aufgrund von Notwehr (§ 32 StGB) [siehe dazu Fußnote 113] oder Notstand (§ 34 StGB) [das Vorliegen einer Fremd- oder Eigengefährdung] ergeben, wenn im Moment die akute Gefahr besteht, daß ohne diese Maßnahmen der Patient sich selbst oder andere (das Pflegepersonal, Besucher oder Mitpatienten) gefährdet. Allerdings müssen die Indikationen von einem Arzt eindeutig festgestellt, die Ursachen und der genaue Hergang in der Patientendokumentation niedergelegt und die Notwendigkeit der Maßnahmen in vollem Umfang nachweisbar sein.» Kampmann, A. (1994), S. 745.
181 Vgl. Graber-Dünow, Michael (1995), S. 35. Meiner Erfahrung nach werden freiheitsentziehende Maßnahmen im Pflegealltag viel zu oft und ohne vorgeschriebene richterliche Genehmigung, wenn es sich nicht um «Notwehr» oder «Notstand» handelt, seitens des Pflegepersonals vorgenommen. Dies bestätigt eine umfassende Studie von Klie, Thomas / Lörcher, Uwe (1994). Zur Problematik der Fixierungspraxis vgl. ausführlich die Studie von Klie, Th. / Lörcher, U. (1994), vgl. auch Gerster, Claudia (1993), Großkopf, V. (1994), Schmidli-Bless, Cornelia (1995).

stand, in dem personale oder strukturelle Gewalt ausgeübt wird, wobei das Maß der Gewalt dadurch bestimmt wird, wie groß die Kluft zwischen dem aktuellen Zustand und der «potentiellen Verwirklichung» ist. *Latente* Gewalt beschreibt eine Situation, die auf den ersten Blick nicht als gewaltförmig erscheint, jedoch so instabil ist, das kleine Anlässe schon ausreichen, um eine Gewalthandlung auszulösen. Galtung schreibt: «Latente Gewalt liegt dann vor, wenn die Situation so labil ist, daß das Maß der aktuellen Verwirklichung ‹leicht› abnimmt.»[182]

4.3.1 Strukturelle, indirekte Gewalt

Strukturelle Gewalt handelt ohne Akteure im Gegensatz zur personalen Gewalt. Es tritt bei der indirekten Gewalt keine Person in Erscheinung, die einer anderen direkten Schaden zufügen könnte. Vielmehr ist die Gewalt in Strukturen eingebaut. Es bestehen keinerlei «Subjekt-Objekt-Beziehungen», wie bei der personalen, direkt ausgeübten Gewalt.[183] Vielmehr trifft sie den Menschen indirekt, «weil repressive Strukturen durch die summierte und konzentrierte Aktion von Menschen aufrechterhalten werden».[184]

Obwohl strukturelle Gewalt nur indirekt zu sehen oder zu spüren ist, kann strukturelle Gewalt personale Gewalt an Gewalttätigkeit übertreffen. Strukturelle Gewalt ist gekennzeichnet durch Geräuschlosigkeit und in gewisser Weise von Unsichtbarkeit. Im Grunde ist sie stillstehend, statisch, mit einer gewissen Stabilität. Sie hat ihren Sinn als Konzept, als eine abstrakte Form und ist gleichzusetzen mit der allgemeinen Formel der Ungleichheit, und zwar mit der Ungleichheit in der Verteilung von Macht.[185]

Dießenbacher / Schüller unterstützen Galtungs These der indirekten, strukturellen Gewalt. Sie weisen darauf hin, daß der Begriff «strukturelle Pflegegewalt» – mit «Pflegegewalt» ist die Gewalt gemeint, die durch Pflegende ausgeübt wird – irreführend ist, weil Strukturen keine direkte «Pflegegewalt» ausüben können:

> «Strukturen sind Dinge, die Gewaltbereitschaft begünstigen oder behindern, also indirekte Pflegegewalt.»[186]

---

182 Galtung, J. (1975), S. 14. Unterschwellig liegt also eine Bereitschaft zur Gewaltausübung vor und ein kleiner Anlaß, wie auch immer geartet, reicht aus, um latente Gewalt in manifeste Gewalt zu verwandeln.
183 Vgl. ebd., S. 12 f.
184 Ebd., S. 23 f.
185 Vgl. ebd., S. 15 ff. Galtung erwähnt in diesem Kontext strukturelle Gewalt in Kriegssituationen.
186 Dießenbacher, H. / Schüller, K. (1993), S. 33.

Als eine Form struktureller Gewalt oder struktureller Macht können u. a. die gesetzlichen Rahmenbedingungen angesehen werden, die bei einem Aufenthalt im Alten- oder Pflegeheim greifen. Hierunter könnte beispielsweise die Festlegung des sogenannten Barbetrages für Bewohner betrachtet werden, die auf Unterstützung des Sozialhilfeträgers angewiesen sind, da sie die Heimkosten nicht mehr selber aufbringen können.[187]

Ein anderes Beispiel struktureller Gewalt sieht Gronemeyer z. B. in Altenheimordnungen: Aufgrund einer Analyse (1978) von 100 gültigen hessischen Heimordnungen mußte festgestellt werden, daß Einschüchterungen in nahezu allen Heimordnungen spürbar waren. Auch hatten die Altenheimbewohner mit Disziplinierungen zu rechnen. Ihre Grundbedürfnisse und sogar ihre Grundrechte wurden eingeschränkt. Beispielsweise verletzten nahezu alle Heimordnungen das verbriefte Recht auf Unverletzlichkeit der Wohnung, das in Artikel 13 des Grundgesetzes verankert ist, worunter auch die Zimmer bzw. Wohnungen der Altenheimbewohner fallen.[188] So durfte demnach das Zimmer jederzeit vom Heimleiter oder dessen Beauftragten betreten werden, um Notwendiges zu veranlassen.[189] Auch das Betreten des Zimmers aus Gründen der Reinigung oder bei anfallenden Reparaturarbeiten wurde beispielsweise aufgrund einer Heimordnung «legalisiert».[190]

Strukturelle Gewalt in einem Heim bedeutet für Grond, «daß keiner Verantwortung zu übernehmen bereit ist für die unfreiwillige Heimeinweisung, für die strenge Heimordnung, für Heimprinzipien wie Ruhe und Sauberkeit und kostensparende Versorgung, für den Entzug von Entscheidungsfreiheit, von Aufgaben, von Privatheit und Anerkennung, für die finanzielle Ausbeutung, für manche Fehlernährung, für die Hektik, für den Pflegenotstand, für ökologische Ausstattungsmängel oder für eine psychiatrische Vernachlässigung».[191]

4.3.2 Personale, direkte Gewalt

Bei der personalen Gewalt geht es, wie das Wort schon sagt, um die Gewalt, die von einer Person, einem Akteur ausgeht. Personale Gewalt wird im Unterschied zur strukturellen Gewalt direkt eingesetzt. Sie trifft eine andere Person, das Opfer direkt, geradewegs, ohne Umwege und wird von diesem in der Regel wahrge-

---

187 Vgl. Wünsche, J. (1994), S. 290.
188 Vgl. hierzu auch Markus, K. (1994).
189 Vgl. Gronemeyer, Reimer (1979), S. 101.
190 Vgl. Wallrafen-Dreisow, H. (1984), S. 115.
191 Grond, E. (1994), S. 140.

nommen. Indem personale Gewalt ausgeübt wird, verändert sich etwas, sei es beim Akteur oder auch beim Opfer, denn «personale Gewalt steht für Veränderung und Dynamik – sie ist nicht nur eine sanfte Bewegung der Wellen, sondern bewegt selbst die sonst stillen Wasser . . . Personale Gewalt, die als in größerem Maße von den Launen und Wünschen einzelner abhängig zu verstehen ist, zeigt im allgemeinen weniger Stabilität als die strukturelle Gewalt. Infolgedessen ist personale Gewalt leichter festzustellen. . . .»[192]

Weil personale Gewalt sich im Gegensatz zur strukturellen Gewalt zeigt, ist es nicht verwunderlich, daß sie stärker im Blickpunkt der Aufmerksamkeit steht als die nicht direkt sichtbare strukturelle Gewalt.[193]

Personale Gewalt zeigt sich in *Vernachlässigungen* oder in *Mißhandlungen*, wobei in der Literatur deren Stellenwert nicht eindeutig geklärt ist. Pillemer unterteilt Mißhandlung in drei verschiedene Unterformen: «For my purposes . . . only three specific types of actions will be considered as ‹maltreatment›: physical violence, verbal aggression, and neglect.»[194] Vernachlässigung (neglect) ist nach ihm also eine Unterform der Mißhandlung. Diek hingegen stellt Vernachlässigung und Mißhandlung auf die gleiche Stufe: Bei der Unterteilung der Gewalt, der personalen Gewalt, in Vernachlässigung und Mißhandlung solle keine Bewertung vorgenommen werden, «etwa in dem Sinne, Formen des Unterlassens und somit der Vernachlässigung seien weniger gravierend als Formen der Mißhandlung».[195]

4.3.3 Vernachlässigung

Was ist nun genau unter Vernachlässigung zu verstehen? Diek hat nach Durchsicht amerikanischer Literatur ein Kategorienschema, eine Nomenklatur erstellt, in der Gewalt und ihre Unterteilung in verschiedene Formen definiert wird. Zwar ist dieses Schema im Rahmen der Gewalt gegen alte Menschen im familiären Kontext erstellt worden, es läßt sich aber m. E. auch auf Gewalt gegen ältere Menschen in Pflegeeinrichtungen übertragen. Ein Kategorienschema bzw. «statische Pflegegewaltdefinitionen» sind nach Ansicht Dießenbachers und Schüllers nützlich, «soweit sie der Verständigung der Gewaltforscher untereinander dienen. Sie grenzen den Forschungsgegenstand ab, über den man sich verständigen möchte.»[196]

---

192 Galtung, J. (1975), S. 16.
193 Vgl. ebd.
194 Pillemer, Karl (1988), S. 228.
195 Diek, M. (1987a), S. 310.
196 Dießenbacher, H. / Schüller, K. (1993), S. 37.

Nach Diek wird Vernachlässigung als Unterlassung von Handlungen bezeichnet, «die situationsadäquat wären im Sinne des erkennbaren Bedarfs oder expliziten Wunsches des Adressaten dieser Nicht-Handlung, wobei die Unterlassung bewußt oder unbewußt aufgrund unzureichender Einsicht / unzureichenden Wissens erfolgen».[197] Konkret für Pflegeheime definiert Pillemer Vernachlässigung «as the intentional failure of a nursing home staff member to meet a patient's needs for care ...».[198] Eine unbewußte Vernachlässigung, Diek spricht von «passiver Vernachlässigung», findet in der Definition Pillemers keine Berücksichtigung. Diek unterscheidet hingegen zwischen einer «passiven» und einer «aktiven» Vernachlässigung, je nachdem, ob sie bewußt oder unbewußt, oder im Sinne Galtungs *intendiert* oder *nicht intendiert*, ausgeübt wird:

Von einer «passiven Vernachlässigung» spricht man dann, wenn «Handlungen infolge des Nichterkennens von Bedarfssituationen oder des unzureichenden Hilfspotentials» unterlassen werden. «Beispiele sind Alleinlassen des Älteren über eine unangemessene Zeit,[199] Vergessen von notwendigen Hilfeleistungen, unzureichende Pflege mit dem Ergebnis von Mangelernährung, Dehydration, sich verschlechternde Decubiti.»[200] Bei der «aktiven Vernachlässigung» «verweigert der Helfende bewußt Handlungen, die auf den erkennbaren Bedarf des Adressaten der Vernachlässigung gerichtet wären. Beispiele sind die bewußte Vernachlässigung pflegerischer Handlungen wie des Waschens, der Reinigung des Bettes, der Versorgung mit Essen und Getränken.»[201]

4.3.4 Mißhandlung

Folgt man Dieks Nomenklatur der Gewalt, so versteht man unter Mißhandlung ein «aktives Tun, das den Adressaten dieser Handlung in seiner Befindlichkeit in

---

197 Diek, M. (1987a), S. 311.
198 Pillemer, K. (1988), S. 228.
199 Diek bezieht sich bei diesem Beispiel auf passive Vernachlässigung eines älteren Menschen durch einen pflegenden Angehörigen im familiären Kontext. Die von ihr angeführten Beispiele lassen sich meines Wissens aber auch auf Vernachlässigungen in pflegerischen stationären Einrichtungen im wesentlichen übertragen.
200 Diek, M. (1987a), S. 311. «Dehydration» meint eine Austrocknung des Körpers infolge einer zu geringen Aufnahme von Flüssigkeit. Unter «Decubiti» versteht man Hautläsionen oder Druckgeschwüre als Folge des sich Durchliegens bei einer mangelhaften Gewebsernährung. Sie entstehen an Stellen, an denen Knochen der Haut unmittelbar anliegen, wie z.B. am Kreuzbein oder an den Fersen.
201 Diek, M. (1987a), S. 311.

spürbarer Weise negativ berührt bzw. seinem expliziten Wunsch deutlich widerspricht».[202] Mißhandlung wird dabei in vier Unterformen unterteilt: körperliche Mißhandlung, psychische Mißhandlung, finanzielle Mißhandlung und die Einschränkung des freien Willens.

Nach Pillemer lautet «the definition of maltreatment ... as follow: any deviation from socially accepted (including regulatory or legal) standards of management of the interpersonal process. carried out with the intent of harming a patient».[203] Seiner Ansicht nach lassen sich, wie bereits oben erwähnt, drei spezielle Aktionen als Mißhandlung definieren: «For my purpose here only three types of action will be considered as ‹maltreatment›: physical violence, verbal aggression, and neglect.»[204]

Bei der Definition der körperlichen Gewalt, der «physical violence», folgt er Straus / Gelles / Steinmetz: «I define physical violence as ‹an act carried out with the intention, of causing physical pain or injury to another person›.»[205] Körperliche Beeinträchtigungen, die beispielsweise durch Schlagen, Verbrennen, Schneiden verursacht werden, oder das Immobilisieren bzw. Fixieren von Bewohnern oder Patienten, ebenso sexueller Mißbrauch und ein deutliches Überdosieren und Verabreichen von Medikamenten, sind körperliche, physische Mißhandlungen.[206]

Die verbale Aggression, «verbal aggression», «defined as an act carried out with the intention, or perceived intention, of causing emotional pain to another person (such as threats or insults)»[207] fällt nach der Nomenklatur Dieks unter die Gewaltform der psychischen Mißhandlung: «Diese Form der Mißhandlung bezieht sich auf den verbalen und emotionalen Bereich der Beziehungen zwischen dem Anwender und dem Adressaten der Aktion. Die Ausprägungen reichen von der Beschimpfung und verbalen Verunglimpfung über Einschüchterungen und Drohungen bis hin zur Isolierung.»[208]

Petzold sieht beispielsweise in der «Beschneidung von kommunikativen Feldern ... ein Akt des [psychischen] Mißbrauchs und der Gewalt, weil Kommunikation, Kommunikationsvielfalt und Kommunikationsintensität zur seelischen Gesundheit notwendig sind».[209] Werden den alten Menschen Zuwendung und Gespräche, die besonders im Alten- und Pflegeheim für diese von unschätzbarem

---

202 Ebd.
203 Pillemer, K. (1988), S. 228.
204 Ebd.
205 Ebd.
206 Vgl. Diek, M. (1987a), S. 311.
207 Pillemer, K. (1988), S. 228.
208 Diek, M. (1987a), S. 311.
209 Petzold, H. G. (1992), S. 253; vgl. auch Petzold, H. G. (1990a).

Wert sind, entzogen, so ist dies nach Petzold mit einer «seelischen Hungerration» zu vergleichen.[210]

Die von Dießenbacher / Schüller angeführten Studien[211] zeigen auf, daß Bewohner von Alten- und Pflegeheimen auch finanziell ausgebeutet bzw. mißhandelt werden können, in dem Sinne, daß sie bestohlen, ihre Gelder veruntreut und die vom Heim erbrachten Leistungen falsch abgerechnet wurden. In einem Fall kam es dazu, daß Todeszeiten oder Auszugsdaten der Bewohner gefälscht wurden. Weiterhin wurden nach dem Tod einiger Bewohner deren Medikamente nicht zurückgegeben, sondern verkauft. Auch versuchten Heime durch das Angeben von höheren Pflegesätzen und das falsche Einordnen in Pflegekategorien ihr Budget zu erhöhen. Bei der finanziellen Mißhandlung bzw. «finanziellen Exploitation», «werden Vermögensbestandteile des Adressaten der Aktion gegen seinen Willen verwendet, bzw. wird [ihm] die Verfügungsmacht über sie verweigert».[212]

Eine weitere Form der Mißhandlung stellt die Einschränkung des freien Willens dar. Hier werden dem Adressaten der Gewalt zustehende Handlungen gegen dessen Willen unterbunden. Diek weist hier insbesondere auf Verletzungen der Menschenrechte und auf Behinderungen in der Ausübung der Zivilrechte hin, z. B. bei der Abfassung des Testaments[213]; meines Wissens gilt dasselbe auch bei der Behinderung des Wahlrechts.

Dießenbacher / Schüller analysierten Gerichtsakten, die verletzende, strafrechtlich zu verfolgende Gewalthandlungen von Heim-, Stationsleitern und Pflegepersonal gegenüber Heimbewohnern oder älteren Patienten dokumentieren. Die Analyse zeigt das ganze Ausmaß an möglicher Brutalität und möglichen Gewalthandlungen an älteren Menschen in Pflegeeinrichtungen. Oftmals kamen mehrere Formen von Gewalt gleichzeitig vor.[214] Gerichtsakten, so Dießenbacher, seien nicht repräsentativ und sagten nichts über die Normalität von Alten- und Pflegeheimen aus. Gleichwohl stellten sie Wirklichkeit und ein Fall des Möglichen dar und verdienten Aufmerksamkeit, weil sie die Wahrscheinlichkeit des Wiederholungsfalles angeben könnten.[215]

Physische und psychiche Gewalt stellt sich beispielsweise in einem Fall, in dem sowohl die Heimleiterin als auch die Pflegenden die Bewohner eines Altersheimes vernachlässigten und mißhandelten, folgendermaßen dar:

---

210 Vgl. Petzold, H. G. (1992), S. 253.
211 Dießenbacher und Schüller berufen sich auf verschiedene amerikanische Studien, die finanzielle Mißhandlung aufzeigen. Vgl. Dießenbacher, H. / Schüller, K. (1993), S. 13 f.
212 Diek, M. (1987a), S. 311.
213 Vgl. ebd.
214 Vgl. Dießenbacher, H. / Schüller, K. (1993).
215 Vgl. Dießenbacher, H. (1989), S. 190.

«Psychische Mißhandlungen waren an der Tagesordnung: ‹Ich schlage dich kaputt› oder ‹Ich schlage dich tot› gehörten zur täglichen Pflegesprache. Die Pflegebedürftigen lebten in Angst.

Körperlich wurde überwiegend durch Schlagen ins Gesicht und auf den Kopf sowie mit Ohrfeigen mißhandelt. Vor den Schlägen wurden die Opfer häufig an den Haaren gerissen. Während die eine nur mit Händen schlug, griff Else [die Heimleiterin] zu Kleiderbügeln, Hartplastikflaschen, einem Schirm, einer Zeitung, gelegentlich zu einem Stuhl. Sie trat in den Bauch, oft ins Gesäß. Eine Mißhandlungsform war das Fesseln, das mit Einsperrung einhergehen konnte. Eine 70jährige wurde an einen Stuhl gefesselt, ihr Mund mit Pflaster verklebt. Einer anderen sagte sie: ‹Wenn du dich nicht schickst, kommst du die ganze Nacht in den Keller›. Nach verlorenem Machtkampf wurde die Frau für zwei Stunden eingesperrt. Ein anderes Mal wurde ihr der Mund mit Leukoplaststreifen verklebt, sie hatte sich über das Fernsehprogramm beschwert. Wenn Else schlug, kam es vor, daß sich Dritte schützend vors Opfer stellten, um Schlimmeres zu verhindern. Eine Mitangeklagte tat es mit den Worten: ‹Mach dir an der doch nicht die Hände schmutzig›. Im Jähzorn verlor Else die Kontrolle über sich. Bisweilen wurden die Opfer von zwei anderen Opfern festgehalten. Dann änderte sich der Charakter der Strafaktion. Impulsive Aggressionen formten sich zur Bestrafungszeremonie. Eine Frau mußte sich im Bad nackt ausziehen; sie wurde von zwei Patientinnen festgehalten und zwei Minuten lang mit kaltem Wasser bespritzt. Eine Bestrafungszeremonie mit sexueller Beimischung führte eine Pflegerin durch: weil eine Frau einen Fehler gemacht hatte, legte sie diese über einen Stuhl; sie zog die Unterhosen herunter und schlug mit dem Teppichklopfer auf den nackten Hinterleib. Defekte Brillen und Uhrgläser, Rötungen der Haut, Striemen und Hämatome, Blutungen und Ohnmacht wurden als Folgen dieser Zeremonien angegeben. Die Mißhandelten erhielten keine ärztliche Hilfe; sie mußten danach das Bett hüten.

Unter dem Vorwand ‹Arbeitstherapie› wurden jüngere Heimbewohnerinnen für Hilfen in der Küche, Reinigung der sanitären Anlagen, Pflege an alten Bewohnern nicht oder gering entlohnt. Else sparte an der Versorgung der Bewohner. Ihnen wurde die Kleidung Verstorbener angedient. Sie hatten normale Pflegeartikel, wie Seife oder Toilettenpapier, vom Taschengeld zu bezahlen.

Mißbräuchlich verfuhr die Heimleitung mit dem Taschengeld der Bewohner. Eine Mitangeklagte betrieb im Heim einen eigenen Verkaufsladen, in dem man Getränke, Süßigkeiten und Toilettenartikel kaufen konnte. Man verrechnete die Einkäufe mit Taschengeld, über das kein Bewohner verfügen durfte. Die meisten wußten nicht, daß ihnen eigenes Geld zustand.»[216]

Auch in jüngster Zeit kam es beispielsweise in einem Hamburger Altenheim zu Mißhandlungen: Alten, hilflosen Frauen sei Kot ins Gesicht geschmiert, einem

---

216 Dießenbacher, H. / Schüller, K. (1993), S. 40 f.

alten Mann seien die Schamhaare angezündet worden. Der Richter äußerte in der Urteilsverkündung zu Haft- und Bewährungsstrafen und dem Berufsverbot der Pflegenden, daß er bei der Verhandlung das Gefühl gehabt hätte, es gehe in der Gerichtsverhandlung nicht um ein Hamburger Altenheim, sondern um ein «Konzentrationslager».[217]

Vernachlässigungen und Mißhandlungen der älteren Heimbewohner stellen sich in diesen erschreckenden Fällen als *intendierte* und *manifest* ausgeübte Formen der *personalen, direkten* Gewalt dar.

Tragische «Spitze des Eisberges» der Gewalt gegen alte Menschen stellt die Tötung von Schwerstpflegebedürftigen und leidenden Menschen dar. Die Altentötungen im Lainzer Spital in Wien 1986,[218] die medienwirksam in die Öffentlichkeit getragen wurden,[219] belegen u. a. ein Beispiel der traurigen Realität.[220] Obwohl diese Extremfälle sehr selten sind, müssen auch sie benannt werden. Zwei Beispiele aus Gerichtsakten zeugen diesbezüglich von Gefühlslosigkeit und Gewalttätigkeit zweier Pflegepersonen:

«Er hat Frau J. das Bettlaken über den Kopf gezogen, so, wie es bei einem verstorbenen Menschen geschieht. Hier kommt weiter hinzu, daß der Angeklagte seinen Tötungswillen über längere Zeit mit wechselnden Methoden intensiv verfolgt hat. Zuerst hat er Frau J. zusammen mit drei anderen Heiminsassen abgesondert und medikamentös . . . behandelt . . . Schon zu dieser Zeit hat er mit ihrem Tod gerechnet . . . Als der Tod nicht eintrat . . . hat er ihr eine Injektion gesetzt, von der er annahm, daß sie den Tod der Heiminsassin zumindest beschleunigen würde; die ergibt sich aus der Erklärung, jetzt werde sie bald tot sein . . .»[221]

«Beim Medikamentenmißbrauch gab B. einer Frau ein Medikament, das einem anderen verordnet war. Es handelt sich um ein starkes Betäubungsmittel, dessen falsche Dosierung zum Atemstillstand führen kann; Spritzen und Zäpfchen haben den Tod der Frau bewirkt. Dies war kein Einzelfall, denn B. spritzte – auch im Krankenhaus – regelmäßig starke Beruhigungsmittel in überhöhten Dosen . . .»[222]

---

217 Vgl. o. V. (1996c).
218 Vgl. Brechbühler, Monika (1989), ebenso Schmidtbauer, W. (1991); Petzold, H. G. (1992), S. 248 ff.; vgl. auch Bruckner, Dietmar (1993).
219 Vgl. KDA (1989b), S. 12.
220 Vgl. dazu auch Dießenbacher, Hartmut / Ueberschär, Ernie (1985) sowie Overlander, G. (1996), S. 145.
221 Dießenbacher, H. (1988), S. 374.
222 Dießenbacher, H. / Schüller, K. (1993), S. 51.

Bei dieser extremsten Form der direkten Gewaltausübung wird, so Galtung, nicht nur die Möglichkeit der Verwirklichung unterdrückt, sondern sie wird sogar zerstört.[223]

Galtung stellt die Frage, ob ein tatsächlicher Unterschied zwischen struktureller und personaler Gewalt besteht. Er konstatiert, daß eine Unterscheidung nicht eindeutig festzustellen ist: Denn in der personalen Gewalt sind Elemente struktureller Gewalt und in der strukturellen Gewalt Elemente personaler Gewalt enthalten.

> «Deutlicher wird es, wenn wir ‹Person› definieren als jemand, der seine Entscheidung, mit Gewalt zu handeln, nicht nur auf der Grundlage statusbedingter Rollenerwartungen, die an ihn gerichtet werden und durch deren Erfüllung er sein soziales Selbst verwirklicht; *und* wenn wir eine gewalttätige Struktur als etwas betrachten, das eine bloße Abstraktion wäre, sofern sie nicht durch aktives Handeln von Individuen aufrechterhalten wird, ob das nun von der sozialen Umwelt erwartet wird oder nicht.»[224]

Beide Formen der Gewalt können sich vermischen, jedoch mit dem Unterschied, daß eine Gewaltform direkt, die andere indirekt wirkt. Der Unterschied liegt in der Qualität der Gewalthandlungen. Ferner stellt Galtung fest, daß es auch Strukturen gibt, in denen Gewalt unabhängig von Personen existiert und umgekehrt, also daß es ebenso Personen gibt, bei denen gewalttätiges Handeln unabhängig von den strukturellen Verhältnissen bestehen bleibt. Die eine Form der Gewalt setzt die andere nicht voraus.[225]

Wird personale Gewalt in Pflegeeinrichtungen gesehen, sprich Vernachlässigungen und Mißhandlungen, so sollte immer auch die andere Seite in den Blickpunkt genommen werden, nämlich die strukturellen Verhältnisse, die gegebenenfalls Gewalt ausüben.

> «Mit anderen Worten, ‹reine Fälle› gibt es nur so lange, wie ihre Vorgeschichte oder gar ihr struktureller Zusammenhang außer acht gelassen werden.»[226]

Gerade im Hinblick auf Gewalt gegen alte Menschen, sei es im Alten-, Pflegeheim oder auch in einer medizinischen Abteilung im Krankenhaus, in denen alte Menschen gepflegt werden, ist dieser Gesichtspunkt von entscheidender Bedeutung!

---

223 Vgl. Galtung, J. (1975), S. 9 ff.
224 Ebd., S. 23.
225 Vgl. ebd., S. 25 ff.
226 Ebd., S. 25.

4.4 Die Ambivalenz von Gewalt

In den oben beschriebenen Fällen kam es zu einer Verurteilung der Täter. Sie übten «verletzende» Gewalt aus, die den Staat veranlaßte, die Handlungen im Sinne der bestehenden Rechtsordnung zu bestrafen.[227]

Wie bereits in Kapitel 4.1.2 angesprochen wurde, hat der Staat das rechtliche «Definitionsmonopol» inne, zu entscheiden, welche Gewalthandlungen strafrechtlich zu verfolgen sind und welche nicht. So kann ein und dieselbe gewalttätige Handlung strafrechtliche Konsequenzen nach sich ziehen oder auch nicht. Der Staat entscheidet z. B. darüber, «ob ein Pflegebedürftiger, der sich entschlossen hat, keine Nahrung und Flüssigkeit zu sich zu nehmen, zwangsernährt werden darf oder nicht. Wird sie nicht erlaubt, ist Zwangsernährung Pflegegewalt; wird sie erlaubt, ist sie ein Mittel, um größeren Schaden von ihm abzuwenden. Das gleiche gilt für die Fesselung eines Pflegebedürftigen mit einem Leibgurt; sie kann Gewalt, aber auch ein erlaubtes Mittel sein, um größeren Schaden von einem Unruhigen oder Verwirrten, der aus dem Bett zu stürzen oder ziellos umherzuirren droht, abzuwenden.»[228]

Gerade im pflegerischen Bereich ist diese Unterscheidung von besonderer Bedeutung, denn es sind die Pflegepersonen, die die Zwangsernährung durchführen, die die Fixierungsgurte anlegen und, falls die Situation nicht eindeutig geklärt ist, zur Rechenschaft gezogen werden.

Es gibt auch pflegerische Gewalt, die aus verschiedenen Gründen nicht verfolgt wird; beispielsweise, weil sie gar nicht entdeckt wird, aus Gleichgültigkeit übersehen oder aus Unkenntnis nicht angezeigt wird, aus Angst verschwiegen oder von Leitungen und Trägern von der Öffentlichkeit abgeschirmt wird. Andere Gründe können darin liegen, daß pflegerische Gewalthandlungen von Ermittlungs- und Strafverfolgungsbehörden als zu gering angesehen oder Anklageschriften vom Gericht zurückgewiesen werden. Dieser Anteil der pflegerischen, nicht strafrechtlich verfolgten Gewalt in Pflegeeinrichtungen kann unter dem Begriff der «alltäglichen Pflegegewalt» subsumiert werden.[229]

Der «alltägliche Skandal» kann jedoch auch so kraß sein, daß für einige Pflegebedürftige «morgens um sieben schon der Tag gelaufen sein kann».[230]

---

227 Vgl. Dießenbacher, H. / Schüller, K. (1993).
228 Dießenbacher, H. / Schüller, K. (1993), S. 31; vgl. dazu auch Ausführungen zur *nicht intendierten* Gewalt in Kap. 4.3.
229 Vgl. ebd., S. 32.
230 Vgl. Alteninitiativen (1989).

In Kapitel 4.1.4 ist darauf hingewiesen worden, daß es keine einheitliche Bestimmung bzw. Definition des Begriffes Gewalt gibt. Z. B. werden nach Diek einmalige Gewaltanwendungen nur im Falle schwerer Beeinträchtigung, sozusagen als Ausnahme, unter den Begriff der Gewalt subsumiert. Es stellt sich aber dann die Frage: Wo beginnt Gewalt? Ein Übergang vom «normalen Konflikt» zur Gewaltanwendung ist dann nur noch im Rahmen des sozialen Kontextes, aber nicht generell in einer einheitlichen Definition festzustellen. Die «alltägliche Gewalt» wird im Pflegealltag von den Pflegenden nicht mehr als Gewalt wahrgenommen, sondern als etwas bereits zum pflegerischen Alltag Gehörendes. Was fehlt sind klare Normen des «Noch-Erlaubten» und des «Nicht-Länger-Tragbaren».[231]

Der Ausdruck «alltägliche Pflegegewalt» wäre polemisch, wenn er *alle* Altenpflegeeinrichtungen unter den generellen Verdacht täglicher rechtsverletzender pflegerischer Gewalt stellte, hilfreich jedoch dann, wenn er die Aufmerksamkeit darauf richtet, wie nicht strafrechtlich verfolgte Gewalt in strafrechtlich verfolgte Gewalt überführt werden kann. Eine «Sensibilisierung» dafür müßte bei allen Pflegepersonen in einem erhöhten Maß stattfinden.[232]

Dießenbacher / Schüller schlagen vor, in Situationen, in denen nicht eindeutig geklärt ist, ob eine Handlung bereits ein Akt der Gewalt darstellt oder nicht, grundsätzlich den zu Pflegenden in der Art und Weise zu behandeln und zu pflegen, wie man selber gerne behandelt und gepflegt werden möchte.[233]

4.5 Spezifische Probleme des Forschungsgegenstandes Gewalt

Der Schluß des Kapitels 4 soll auf spezifische Probleme des Forschungsgegenstandes Gewalt aufmerksam machen. Wie eingangs erwähnt, sind Gewalt und Aggressionen im Bereich des pflegerischen Handelns immer noch mit einem Tabu behaftet. «Nächstenliebe» als ein Grundmotiv des Helfens und Aggressionen bei Pflegenden, in unterschiedlichen Formen auftretend, scheinen einander zu widersprechen und wurden in der Vergangenheit kaum bzw. äußerst selten von Pflegenden thematisiert, auch wenn nach Ansicht Kaisers seit geraumer Zeit eine

---

231 Vgl. Diek, M. (1986), S. 202.
232 Vgl. Dießenbacher, H. / Schüller, K. (1993) S. 32.
233 Vgl. ebd., S. 105.

zunehmende Diskussion zum Thema Aggression und Gewalt in der Pflege statt-findet.[234]

Die Jahrestagung (Oktober 1989) der «Schweizerischen Gesellschaft für Ge-rontologie» in Lausanne stellte sich dem Thema «Alter, Aggressivität und Ge-walt».[235] Ein erster Schritt aus der Tabuisierung heraus wurde damit vollzogen. Dazu ein Zitat aus einem Vortrag:

> «Ich verzichte auf Beschreibungen von Mißhandlung. Wir kennen sie alle im Detail. Ver-nachlässigung und Abusus alter Menschen stehen punkto physischer und psychischer Grausamkeit, punkto Sadismus und Zynismus den Vergewaltigungen, die wir aus Konzen-trationslagern kennen, in nichts nach.»[236]

Pflege wird durch ein bestimmtes Menschenbild ausgezeichnet, das der Schwei-zer Berufsverband der Krankenschwestern und Krankenpfleger in seinen ethi-schen Grundsätzen umschrieben hat.[237] Die «Nächstenliebe», als eine bzw. die entscheidende Grundhaltung, darf jedoch nicht so radikal sein, «daß sie keine anderen Verhaltensweisen als ethisch legitim zuläßt. Die Nächstenliebe ist radikal und ausschließlich, sie verlangt die Zuwendung, die Liebe, das Helfen in jeder Situation und bei jeder Person. Eine solche radikale Einstellung, so wichtig sie als Motivation sein mag, birgt Gefahren in sich. Verhaltensweisen wie die der Aggression, der Ungeduld, der schlechten Laune, des Zorns, der Antipathie er-scheinen im Licht der Nächstenliebe als verwerflich und schlecht. Da jedoch in menschlichen Beziehungen solche auftreten, kann die Nächstenliebe dazu führen, daß diese verdrängt werden müssen, nicht genannt werden dürfen: *Die Nächsten-liebe als Grundmotiv des Helfens verdrängt Aggression und Wut. Oder anders formuliert: Die Anerkennung der Nächstenliebe als Grundhaltung meines Beru-fes hindert mich daran, Verhaltensweisen wie die der Aggression offen einzuge-stehen und mit deren Wirklichkeit zu rechnen.*»[238]

Diek weist darauf hin, daß mit der Hilfe- und Pflegesituation befaßte Profes-sionelle nach allen Berichten eher dazu neigen würden, die Problematik der Gewalt gegen alte Menschen zu übersehen, als sie anzusprechen und aufzuklä-ren.[239]

---

234 Vgl. Kaiser, Helmut (1993), S. 96.
235 Vgl. Thill, Josée (1990).
236 Käppeli, Silvia (1989), S. 639.
237 Vgl. Ethik-Kommission (1989), S. 75.
238 Kaiser, H. (1993), S. 97 f.
239 Vgl. Diek, M. (1987a), S. 308.

Eine der wenigen Studien über Gewalt gegen alte Menschen in Alten- und Pflegeheimen im deutschsprachigen Raum, die gewalttätiges Handeln sowohl bei den Bewohnern als auch bei den Pflegenden (gegenüber den Pflegebedürftigen) feststellt, obwohl positives Verhalten überwiegt, weist u. a. auf Schwierigkeiten der Untersuchung hin, die bei der Auswertung der Ergebnisse eine nicht zu unterschätzende Rolle spielen:

So besteht die Möglichkeit, daß es sich bei den Antworten nicht um objektive Daten handelt, denn es wurden in der Untersuchung nur Aussagen gemacht, die die Mitarbeiter in der Form auch nur weitergeben wollten.[240]

Die Gefahr, daß sozial erwünschte Antworten im Sinne des Berufsethos gegeben werden, kann über reales gewalttätiges pflegerisches Handeln hinwegtäuschen. Diese Möglichkeit muß stets bei Auswertungen verschiedener Forschungsarbeiten Berücksichtigung finden.[241]

Darüber hinaus muß eine, mit Dieks Worten, «Problemferne der Experten» bedacht werden: Da professionelles Pflegepersonal pflegerisches Handeln «gegen den Hintergrund ihrer spezifisch beruflichen Qualifikation und Zuständigkeit beurteilt», nimmt es «somit nur ein eingeengtes Spektrum von Gewalt und Vernachlässigung»[242] wahr.

---

240 Vgl. Schneider, H.-D. / Sigg, E. (1990).
241 Vgl. dazu auch KDA (1989c), S. 6 f.
242 Diek, M. (1987b), S. 560.

5. Quellen von Aggressionen und Gewalt in Pflegeeinrichtungen

Gewalt gegen alte Menschen in Pflegeeinrichtungen setzt voraus, daß im Vorfeld bereits Ereignisse stattfanden, die bei den Pflegenden Frustrationen ausgelöst haben. Diese Frustrationen, werden sie nicht gemindert oder deren Quelle beseitigt, können zu aggressivem Handeln und schließlich zu Gewaltakten führen. Es sei hier nochmals darauf hingewiesen, daß nicht jede Frustration in Aggression und Gewalt münden *muß*! (Vgl. die erweiterte Frustrations-Aggressions-Theorie in Kap. 4.2.1!) Frustrationen *können* jedoch als Anfänge von Aggressionen und Gewalt betrachtet werden, sie müssen es aber nicht.

Im folgenden soll versucht werden, verschiedene Ursachen von Aggressionen und Gewalt aufzuzeigen, ohne jedoch den Anspruch auf Absolutheit und Vollständigkeit zu erheben. Auch muß in diesem Zusammenhang ausdrücklich darauf hingewiesen werden, daß es komplexe Zusammenhänge sind, d. h., daß multifaktorielle Ursachen gleichzeitig nebeneinander wirken, die Gewalt begünstigen und auslösen können. Gewalttätiges Handeln von Pflegepersonen darf nicht getrennt vom Verhalten der Betagten, des übrigen Personals und den Strukturen einer Institution oder Gesellschaft betrachten werden.

Nicht nur Pflegebedürftige erfahren Gewalt durch die Mitarbeiter, sondern auch Pflegende sind gewalttätigen Handlungen durch Pflegebedürftige ausgesetzt![243] Dazu schreibt Grond:

> «Bei der Untersuchung des bösen Prozesses [der Gewalt] ist oft nicht mehr genau zu eruieren, welches Ursache und welches Wirkung ist. Die Frage, wer zuerst der Täter oder wer das Opfer war, ist nicht mehr zu klären. Oft ist aus der Interaktion von Täter und Opfer ein Teufelskreis, eine unbewußte Gewaltspirale entstanden.»[244]

Um aber dennoch einen Einblick in die Komplexität der Gewalt und deren Ursachen zu gewinnen, lassen sich diese grob in solche unterscheiden, die aus der direkten pflegerischen Beziehung zwischen den Pflegenden und den älteren Pfle-

---

243 Vgl. ausführlich dazu Peter, Markus / Kessler, Suzanne (1995), International Council of Nurses (1995).
244 Grond, E. (1991b), S. 14; vgl. Hanemann, Doris (1984).

gebedürftigen entstehen können, und solchen, die außerhalb dieser Interaktion liegen.

Im folgenden geht es um das Verstehen der Zusammenhänge, aus denen gewalttätiges Handeln resultieren kann; Kausalzusammenhänge sollen verdeutlicht und offengelegt werden, denn ein Wissen um diese Zusammenhänge bietet Möglichkeiten, prophylaktisch einzugreifen.[245]

5.1 Frustrationen innerhalb der pflegerischen Beziehung

In diesem Abschnitt sollen diejenigen Frustrationsauslöser betrachtet werden, die aus der pflegerischen Beziehung zwischen Pflegenden und Pflegebedürftigen entstehen.

Pflegende und Gepflegte sollen gleichzeitig in ihrem wechselseitigen Agieren und Reagieren betrachtet werden, wobei «das wechselseitige Zusammenspiel der ungünstigen Verhaltensweisen beider ... oft einen Teufelskreis [bildet], in dem beide gefangen sind, solange keiner von beiden versucht, das Muster zu durchbrechen oder solange falsche Lösungswege eingeschlagen werden.»[246]

An dieser Stelle muß ausdrücklich betont werden, daß die Interaktionen zwischen den Mitarbeitern im Pflegebereich und den älteren Menschen in sehr vielen, wahrscheinlich in den meisten Fällen, nicht zur Gewalt führen.[247] Aber die vielen positiven und erfreulichen Wechselbeziehungen zwischen Pflegenden und Gepflegten sind nicht Gegenstand dieser Arbeit.

5.1.1 Frustrationen der Mitarbeiter durch den Pflegebedürftigen

Frustrationen der Mitarbeiter können im interaktionellen Prozeß durch die Pflegebedürftigen direkt ausgelöst werden:

Anders als im Krankenhaus impliziert die Pflege in Alten- und Pflegeheimen in vielen Fällen eine Langzeitpflege, die allzu oft als *«Endlospflege»* wahrgenommen wird. Wohlmeinende Erwartungen und Hoffnungen der Mitarbeiter, daß eine aktivierende Pflege den Zustand des Pflegebedürftigen verbessert, sind einerseits

---

245 Vgl. Ruthemann, U. (1993), S. 18, 30, ebenso Kaiser, H. (1993), S. 98; Dießenbacher, H. / Schüller, K. (1993), S. 9, 101 ff.; Kruse, A. / Wahl, H.-W. (1994), S. 98.
246 Ruthemann, U. (1993), S. 29.
247 Vgl. ebd.

richtig, andererseits falsch: richtig, weil eine aktivierende Pflege, also das aktive Miteinbeziehen des Pflegebedürftigen in den pflegerischen Prozeß und das intensive Bemühen darum von seiten der Pflegepersonen auch kleinste Erfolge bei den Pflegebedürftigen zeigen kann. Diese Erfolge können wiederum den Mitarbeiter in seinen Erwartungen bekräftigen. Andererseits ist die Erwartung falsch, da bei der Pflege alter Menschen irgendwann einmal mit einer unausweichlichen Verschlechterung des Gesundheitszustandes gerechnet werden muß, die die Erwartungen an die durchgeführte Pflege immer wieder enttäuschen. Obwohl Pflegepersonen in der Altenarbeit sich dieser Tatsache bewußt sind, müssen sie sich ständig mit der Begrenztheit ihres pflegerischen Engagements auseinandersetzen.[248] Liegt doch der Erfolg der Langzeitpflege «in der *relativen* Verbesserung psychischer oder physischer Befindlichkeit im Vergleich zu einem fiktiven, noch schlechteren Verlauf bei schlechterer Pflege und Betreuung. Der Erfolg liegt also in der Verlangsamung der Verschlechterung.»[249] Ein Teilaspekt darf jedoch m. E. generell in der Pflege alter Menschen nicht vergessen werden: «Pflege» beinhaltet meinem Verständnis nach auch die Begleitung Sterbender, ihnen Vertrauen zu schenken, sie auf ihrem Weg nicht allein zu lassen und ihnen ein Stück weit zu helfen, sich auf den Tod einlassen zu können. Auch das kann für mich «erfolgreiche» Pflege bedeuten.

Dennoch können Aggressionen dadurch entstehen, daß die Langzeitpflege als Endlospflege empfunden und von Mißerfolgsgefühlen begleitet wird.[250]

Verstärkend auf dieses *Gefühl des Mißerfolgs* wirkt sich die Tatsache aus, daß das *Durchschnittsalter* der Pflegebedürftigen beim Heimeintritt heute *über 80 Jahre* liegt. Dies liegt u. a. daran, daß durch den starken Ausbau der ambulanten pflegerischen Dienste für viele Hochaltrige die Möglichkeit besteht, auch noch mit einem hohen Pflegebedarf in der eigenen Wohnung bleiben zu können. Die ambulanten Unterstützungsmöglichkeiten sind jedoch dann begrenzt, wenn der Pflegebedarf sehr intensiv wird.[251] Folglich wird das Pflegepersonal, v. a. in Alten- und Pflegeheimen, mit Elend, Leiden und Sterben konfrontiert. Der durchschnittliche Aufenthalt in stationären Einrichtungen der Altenhilfe beträgt nach Infratest (1995) 54 Monate, wobei allerdings in Abhängigkeit von der Art der

---

248 Vgl. Haldi, Nelly (1984), S. 22; BfFS (1992), S. 136; Ruthemann, U. (1993), S. 33 f.
249 Ruthemann, U. (1993), S. 34.
250 Vgl. Dießenbacher, H. (1989), S. 192, ebenso Grond, E. (1991 f), S. 468; Kaiser, H. (1993), S. 98; Ruthemann, U. (1993), S. 33 f.
251 Vgl. Wahl, Hans-Dieter / Reichert, Monika (1994), S. 19; vgl. dazu auch Diek, M. (1994), S. 196 f.; Saup, W. (1990), S. 78 ff. und Kap. 2.2.

Einrichtung Unterschiede zu beobachten sind: Bewohner in Pflegeheimen haben mit durchschnittlich 50 Monaten die kürzeste Verweildauer, während die Aufenthaltsdauer für Bewohner von Altenheimen im Durchschnitt 55 Monate und zum Vergleich für Bewohner von Altenwohnheimen[252] 69 Monate beträgt. Diese Differenzen dürften dabei v. a. auf die gesundheitliche Verfassung der jeweiligen Bewohnerschaften in den genannten Einrichtungen zurückzuführen sein. Insbesondere in Altenpflegeheimen lebt ein hoher Prozentsatz alter Menschen, deren körperlicher und seelischer Gesundheitszustand nach Saup / Reichert als relativ schlecht bezeichnet werden muß.[253]

Eine Mannheimer Studie (1982) zeigte, daß in den untersuchten Pflegeheimen noch im ersten Monat nach der Aufnahme ins Heim 14 % der Bewohner starben. 42 % lebten länger als ein Jahr, 29 % länger als zwei und 10 % länger als fünf Jahre.[254] Weitere Studien bestätigen ähnlich hohe Mortalitätsraten. Die Ursachen für die hohe Sterblichkeit nach einer Altenheimübersiedlung sind unklar. Saup weist jedoch auch auf empirische Belege hin, die gegen eine Erhöhung der Sterblichkeitsrate im Zusammenhang mit einer Übersiedlung ins Alten- oder Pflegeheim sprechen. Seiner Ansicht nach muß bei der Diskussion über die hohe Sterblichkeitsrate in den ersten Monaten nach Heimaufnahme berücksichtigt werden, daß eine hohe Verwundbarkeit vieler Hochbetagter auch schon vor der Heimaufnahme besteht und diese Personen auch andernorts in den nächsten Monaten gestorben wären. Allerdings muß auch in Erwägung gezogen werden, ob nicht auch andere Umstände, wie «konflikthafte Übersiedlungsumstände und die völlig andersartigen Lebensumstände im Alten- und Pflegeheim (vgl. dazu Kap. 5.1.2 und Kap. 5.2.3), Gefühle der Hilf- und Hoffnungslosigkeit (vgl. Kap. 7.2) bei den Betagten begünstigen und zu ihrer Selbstaufgabe beitragen.»[255]

Die ständige *Konfrontation mit dem Tod* alter Menschen, zusätzlich zu der physischen Belastung, kann auf Dauer für die Pflegenden aller Pflegeeinrichtungen frustrierend wirken, zumal sie ständig an die eigene Gebrechlichkeit und den eigenen Tod erinnert werden.[256] Zudem empfinden viele Pflegende Ohnmachts- und Hilflosigkeitsgefühle gerade auch in der Begleitung sterbender Menschen.

---

252 Altenwohnheime zählen gemäß der Definition nicht explizit zu den Pflegeeinrichtungen. Altenwohnheime sind in sich abgeschlossene Wohnungen, deren Bewohner mit dem Träger einen Heimvertrag abgeschlossen haben und im Bedarfsfall Verpflegung und Betreuung vom Heimträger erhalten. Das Altenwohnheim mit Mitvertrag mit dem Heimträger wird als sogenanntes «betreutes Wohnen» bezeichnet. Vgl. Bäcker, G. u. a. (1989), S. 113.
253 Vgl. Saup, W. / Reichert, M. (1996), S. 16.
254 Vgl. KDA (1989a).
255 Saup, W. (1990), S. 84.
256 Vgl. Petzold, H. G. (1985), S. 559.

Sterbebegleitung, verbunden mit Gefühlen von Hilflosigkeit sowie Abschied nehmen zu müssen von Bewohnern bzw. älteren Patienten, die die Pflegenden lange betreut und gepflegt haben, läßt die Konfrontation mit Tod und Sterben zu einer hohen psychischen Belastung werden.[257]

Da auf Dauer bei vielen alten Menschen trotz einer guten Betreuung und Pflege eine Verbesserung des gesundheitlichen Zustandes nicht erreicht wird, wünschen sich die Mitarbeiter doch von ihnen ein Wort des Dankes. Nicht selten wird jedoch das Gegenteil erlebt: Statt Dank wird *Undankbarkeit* und Kritik erfahren. Aus eigener Erfahrung kann ich bestätigen, daß beispielsweise ständiges Nörgeln, Dauerklingeln und unerfüllbare Ansprüche seitens der Pflegebedürftigen bei Pflegenden Gefühle der permanenten Überforderung auslösen, so daß diese erschöpft, gereizt und aggressiv werden. Eine Pflegende berichtet:

> «Die Patientin hatte jedesmal geschelt, und dann war wieder irgendwas nicht gut. Irgendwann ist das Maß erreicht, wo man wirklich sagen muß: Bis hier hin und nicht weiter. Und dann überkommt mich das Gefühl, aus der Haut fahren zu müssen, aber man beherrscht sich dann doch und antwortet in einem schärferen Ton.»[258]

Doch leider können sich nicht alle Pflegenden «beherrschen» wie diese Krankenschwester, wobei hierbei nicht vergessen werden darf, daß es auch Mißhandlungen verbaler Art gibt (vgl. Kap. 4.3.4)! Es stellt sich auch hier die Frage, ähnlich wie beim Gewaltbegriff, wie Beherrschung definiert wird und welchen Spielraum sie hat.

Ein weiterer Aspekt, der frustrierend sein kann, ist der, daß viele Pflegende von den Pflegebedürftigen enttäuscht werden, da diese ihren Erwartungen nicht entsprechen: Es kostet Kraft, die älteren Menschen immer wieder neu zu motivieren, z. B. bei der Pflege mitzuhelfen oder im Heim, an verschiedenen Aktivitäten teilzunehmen, ihren Interessen nachzugehen oder Kontakte zu anderen Bewohnern zu knüpfen. Für Pflegende kann es frustrierend sein, trotz teilweise *geringer Resonanz* und vieler Widerstände der alten Menschen sich ständig wieder neu motivieren zu müssen.[259]

Ältere Menschen, die sich den Pflegenden nicht kooperativ zeigen, die anhaltend fordernd, ungeduldig, jammernd oder auch aggressiv reagieren, gelten sehr oft als *«schwierige Patienten»*. Ihr Verhalten wird negativ beurteilt und kommt einem Verstoß gegen die Patientenrolle bzw. Gepflegtenrolle gleich.

---

257 Vgl. BfFS (1992), S. 132 f., ebenso Wahl. H.-W. / Kruse, A. (1996), S. 99 f.
258 Krankenschwester zit. nach Borker, S. / Elsbernd, A. (1995), S. 125.
259 Vgl. BfFS (1992), S. 136.

Borker und Elsbernd forschten zusammen mit anderen Kommilitonen des Osnabrücker Studiengangs «Krankenpflegemanagement» (1995) zum Thema «Gewalt und Aggression in pflegerischen Situationen» und kamen zu dem Ergebnis, daß es *den* «schwierigen Patienten» nicht gibt und mehrere Merkmale von Pflegenden genannt wurden, um einen «schwierigen Patienten» zu charakterisieren. Offen dabei blieb, ob ein Zusammenhang zwischen dem Phänomen der Hilflosigkeit (vgl. Kap. 7) und des «Sich-als-Opfer-Fühlen» auf seiten der Pflegenden zum einen und dem schwierigen Patienten zum anderen besteht. Aggressionen wurden bei den Pflegenden oft in verbaler Form ausgedrückt oder gingen in reine Phantasien und Wünsche nach Tätlichkeit über. Borker / Elsbernd stellten u. a. fest, daß Pflegende gegenüber Patienten mit dem Etikett «schwierig» eine gewisse aggressive Grundhaltung einnahmen.[260] «Schwierige Patienten» kommen in Pflegeeinrichtungen z. B. häufig dann vor, wenn alte Menschen gerade neu in der Institution sind und sich den Gegebenheiten der Institution anpassen sollen (vgl. auch strukturelle Gewalt durch eine «totale Institution», Kap. 5.2.1). Zu bedenken ist hierbei allerdings, daß das Verhalten «schwieriger Patienten» oftmals neben dem Erleben von Zwängen und Beschränkungen auch Ausdruck von Angst sein kann, d. h. Angst vor Ungewißheit und Ungewohntem.[261]

Sowohl vom Patienten als auch vom gebrechlichen Heimbewohner wird erwartet, so Abresch, daß er eine Rolle im Sinne des «guten Patienten» annimmt. Rhode beschreibt ihn folgendermaßen:

> «Der gute Patient, im Sinne der Institution, ist der Patient, der sich bedingungslos und passiv unter möglichst vollständiger Aufgabe aller den diagnostisch-therapeutischen Prozeß störenden Eigenarten, Impulse, Interessen und Bedürfnisse dem System unterwirft, der sich widerstandslos gefügig helfen läßt, wenn die anderen meinen, daß er Hilfe braucht, Bedürfnisse zeigt, wenn die anderen meinen, daß er solche zeigen sollte, die legitimem Interessen sich zuteilen läßt, mit dem Maß an Kommunikation zufrieden ist, was ihm zugebilligt wird ...»[262]

75 % der von Abresch befragten Krankenpflegeschüler gaben in seiner nicht repräsentativen Studie an, daß sie diejenigen Patienten schlechter behandeln würden, die gegen die «Patientenrolle» verstoßen, also wenn sie nörgelten, wenn sie kränker taten als sie waren, wenn sie weniger hilflos, wenn sie unfreundlich, wenn sie schwierig waren, wenn sie sich nicht bemühten gesund zu werden, wenn sie neugierig waren oder Unruhe auf der Station stifteten. Dabei konnte das

---

260 Vgl. Borker, S. / Elsbernd, A. (1995).
261 Vgl. Chappuis, Ch. (1984), S. 24; Stegmann, Irmgard (1994).
262 Rhode, J. J. zit. nach Abresch, J. (1981), S. 337.

Verhalten verschiedene Formen annehmen. Die Schlechterbehandlung äußerte sich z. B. in einer eingeschränkten Kommunikation, die bis zur Kontaktvermeidung reichte, Entwicklung negativer Gefühle und Ansichten sowie das Zeigen derselben, die Streichung von Sonderleistungen und die Durchführung einer mangelhaften Pflege bis hin zur körperlichen Schädigung.[263] Abresch weist m. E. zu Recht darauf hin, daß die Schüler diese Verhaltensweisen nicht tagtäglich praktizieren und keine Aussage darüber getroffen werden kann, wie häufig Patienten mit diesen oder ähnlichen Verhaltensweisen von Pflegenden konfrontiert sind. Weiter gibt die Studie von Abresch auch Hinweise darauf, daß die sogenannten «schwierigen» Patienten möglicherweise häufiger mit aggressivem oder gewalttätigem Verhalten von Pflegenden konfrontiert sein könnten. So stellt Käppeli in diesem Zusammenhang für die Altenpflege die These auf, daß aufgrund des Wissens der Bedingungen, wann ein alter Mensch höchstwahrscheinlich als «schwierig» eingestuft wird und wann nicht, Mißhandlungen in der Altenpflege ein berechenbares Phänomen seien.[264] M. E. läßt sich ihre These auch auf die Krankenpflege in Krankenhäuser übertragen.

Oft werden auch depressive, frustierte, enttäuschte, resignierte alte Menschen, sowie auch krankheitsbedingt die an Demenz erkrankten alten Menschen, zu den «schwierigen Patienten» gezählt, deren Verhaltensweisen auf Dauer bei den Pflegenden Hilflosigkeit und Unsicherheit auslösen können, was auf Dauer zu Frustrationen führt.[265]

So schreibt Grond:

> «Wenn ein Depressiver alle Vorschläge mit ‹Ja, aber ...› abweist, macht er den Helfer machtlos, wenn ein Dementer sich gegen das Waschen wehrt, den Pflegenden beschimpft oder angreift, spürt der Helfer eine hilflose Wut, denn Depressive oder Demente sind doch Kranke, gegen die Pflegende nicht aggressiv werden dürfen ... Die Aggressivität der Helfer ist nicht nur Folge oder Reaktion auf die Aggressivität der Bewohner, die infolge einer Hirnschädigung unberechenbar sind oder die sich als Verwirrte undurchsichtig verhalten und zu provozierenden Mißverständnissen führen, sondern auch Ergebnis, wie Helfer z. B. die Inkontinenz bewerten, als Schwäche und Krankheitssymptom oder böswillig und absichtlich. Die gegenseitige Aggression kann zur Gewaltspirale eskalieren.»[266]

---

263 Vgl. Abresch, J. (1981), S. 339 ff.
264 Vgl. Käppeli, S. (1989).
265 «Demenz» ist der Oberbegriff für bestimmte Hirnschäden bzw. Hirnleistungsstörungen. Im Zentrum der Demenz steht das Vergessen, also ein allmählicher Verlust der Merk- und Erinnerungsfähigkeit, woraus sich eine große Fülle von Störungen komplexer geistiger Leistungen ergibt. Die Demenz vom Alzheimer Typ ist eine Form der dementiellen Erkrankung. Vgl. Grond, E. (1991f), S. 468, ebenso Schmitz-Scherzer Reinhard u. a. (1994), S. 182 f.; vgl. auch BfFS (1992), S. 135 f.
266 Grond, E. (1991f), S. 468 f., vgl. dazu auch Grond, E. (1994).

Da das Risiko, an Demenz zu erkranken, mit dem Lebensalter steigt und es infolge der demographischen Entwicklung künftig mehr Hochaltrige geben wird (vgl. Kap. 2), wird nach Meinung vieler Autoren aller Voraussicht nach auch die Zahl der Demenzerkrankten von derzeit etwa 800 000 um etwa 50 % auf 1,2 Millionen steigen, es sei denn, es würde durch wissenschaftliche Untersuchungen gelingen, eine ursachenbezogene Therapie zu finden.[267] Damit steigt auch die Wahrscheinlichkeit, daß immer mehr stark dementiell Erkrankte, also im fortgeschrittenen Stadium Erkrankte, in Pflegeeinrichtungen aufgenommen werden: «Heute werden in über 50 % der 420 000 Pflegeheimplätze in Deutschland *Demenzkranke* versorgt, und der prozentuale Anteil dieser Krankheiten als Grund für die Übersiedlung ins Pflegeheim wächst ständig.»[268] Für die Pflegepersonen, sowohl in Krankenhäusern als auch in Alten- und Pflegeheimen, bedeutet eine zahlenmäßige Zunahme schwer dementiell Erkrankter auch eine Zunahme der pflegerischen Arbeit, die mit steigenden psychischen Belastungen verbunden ist.

Ein weiter Aspekt, der belastend auf Pflegende einwirken kann, ist eine durch die älteren Menschen ausgelöste *Übertragung*: Ähnliche Charaktereigenschaften oder eventuell auch nur äußere Merkmale des Älteren können an früher erlebte problematische Autoritätspersonen, z. B. an die eigenen Eltern erinnern, so daß negative Gefühle wieder aufkommen können, die nicht selten Hintergrund für Antipathien sind, die die Mitarbeiter gegen bestimmte Pflegebedürftige hegen. Dies stellt eine Belastung dar, die frustrierend wirken kann, da der Anspruch der meisten Pflegepersonen, mit allen gleich gut auszukommen und alle zu achten, nicht erfüllt wird.[269] Dennoch wird in vielen Situationen mittels «Gefühlsmanagement» versucht, negative Gefühle nicht zu zeigen:

> «Die kontinuierliche Kontrolle gegenüber eigenen negativen Gefühlen, diese zu verbergen, andere gewünschte oder geforderte Gefühle mindestens darzustellen, ist eine tägliche Anforderung an die in Pflegeberufen tätigen Menschen . . . Ebenso wie die Gefühle des Ekels, der Scham und Peinlichkeit gehören auch die Gefühle der Aggression zu den sozial geächteten, meist nicht zugegebenen Emotionen. Die Konflikte, die bei der Beherrschung dieser

---

267 Vgl. Bruder, Jens (1996), S. 6; Springer, Astrid (1996), S. 6; vgl. dazu auch Oesterreich, Klaus (1992), Grond, E. (1994), Klett-Schmidt, Judith / Carrier, Manfred (1994); anders Werner, Burkhard (1997): Werner versucht hingegen aufgrund von vierzig epidemiologischen Feldstudien zur Demenz nachzuweisen, daß von einer belegten Zunahme der Demenzerkrankung nicht die Rede sein kann. Er zeigt in einer Übersicht über die ca. 100jährige Ursachenforschung zur Demenz, daß für den Alzheimer- und zerebrovaskulären Typ «bisherige Forschungen zu psychosozialen Bedingungskonstellationen einen inversen Zusammenhang zwischen den Faktoren Bildung, Berufstätigkeit, soziale Schicht und Gesundheitsverhalten bestätigt haben».
268 Bruder, J. (1996), S. 6.; vgl. dazu auch die Fernsehsendung «Pflege ohne Zuwendung ?».
269 Vgl. Grond, E. (1991f), S. 468, ebenso Ruthemann, U. (1993), S. 34; Petzold, H. G. (1985), S. 562.

einem Tabubereich zugehörigen Gefühle entstehen, sind zunehmend in die eigene Person hineinverlagert. Durch die Unmöglichkeit, darüber zu sprechen, wird die Beherrschung dieser Gefühle vermehrt zur Last.»[270]

Diese Last kann wiederum zu Frustrationen, gekoppelt mit anderen Frustrationen zu Aggressionen und letztendlich zur Gewalt führen. Rumpf erkannte bereits 1900, daß negative Gefühle in der Pflege ernst zu nehmen sind:

«Die Erfahrung lehrt, daß diese Fähigkeit zur Selbstbeherrschung kaum jemals mitgebracht und auch nur von wenigen im Laufe der Jahre erworben wird. Naturgemäß stört aber die Empfindlichkeit der Pflegerin ihre Unbefangenheit den betreffenden Kranken gegenüber und führt leicht zu kleinen Vergeltungsmaßregeln, die in gewissem Sinne gefährlicher sind als körperliche Mißhandlungen, weil sie nicht wie diese unter Beweis gestellt und durch sofortige Entlassung oder gar gerichtliche Bestrafung der Betreffenden geahndet werden können.»[271]

5.1.2 Frustrationen der Pflegebedürftigen durch die Mitarbeiter

Auch Mitarbeiter können Frustrationen bei den Pflegebedürftigen auslösen: Als frustrierend kann ein Pflegebedürftiger z. B. die «Diskrepanz zwischen körperlicher Nähe und seelischer Distanz» empfinden. Für den Pflegebedürftigen heißt dies, daß er in Zusammenhang mit allen pflegerischen Tätigkeiten körperliche Nähe erlebt, jedoch vielfach aufgrund des Zeitmangels der Pflegenden «mitmenschliche Anteilnahme in Form von intensiven, persönlichen Gesprächen über ein ungelöstes Lebensproblem . . ., über seine Not oder seine verbliebenen Freuden, seine Zukunftsperspektive und seine Auseinandersetzung mit dem Sterben»[272] *seelische Distanz* erfährt. Dies soll aber nicht heißen, daß nicht beides, körperliche und seelische Nähe, möglich wäre, so Ruthemann, aber das was fehle, sei die Beziehungspflege.

Wittrahm weist in diesem Zusammenhang eindrücklich darauf hin, daß gerade Altenpflege Beziehungspflege sein müsse: Auch alte Menschen entwickeln sich immer weiter, auch in Grenzsituationen ihres Lebens, wie sie eine dauernde Pflegebedürftigkeit darstellt. Pflegebedürftige können jedoch nur dann Wachstums- und Entwicklungsmöglichkeiten wahrnehmen, wenn ihnen andere Men-

---

270 Overlander, G. (1996), S. 40, S. 113; vgl. dazu auch Hochschild, Arlie Russel (1990); Balluseck, Hilde von (1989).
271 Rumpf zit. nach Overlander, G. (1996), S. 110.
272 Ruthemann, U. (1993), S. 35.

schen in einer offenen und wertschätzenden Beziehung begegnen und sie auf ihrem Weg begleiten.[273]

Als frustrierend empfinden viele Pflegebedürftige, daß viele Pflegende aufgrund des *Personalmangels* sehr wenig Zeit, aber auch mangelndes Interesse und z. T. wenig Engagement für ihre individuellen, v. a. seelischen Bedürfnisse zeigen. Persönliche Kontakte fehlen häufig. Gerade für immobile alte Menschen, die wenig Möglichkeiten der Kontaktaufnahme haben, stellt der Kontakt zu den Pflegenden eine der wenigen Möglichkeiten eines kontinuierlichen sozialen Kontaktes dar.[274]

Die Beziehung zwischen Pflegenden und Pflegebedürftigen gestaltet sich sehr komplex. Diese Komplexität findet ihren negativen Ausdruck z. B. in der *persönlichen Anrede* der Heimbewohner bzw. der älteren Patienten in Krankenhäusern. Die Ergebnisse einer Leserumfrage der Zeitschrift «Altenpflege» (1991) zum Thema «Siezen oder Duzen»[275] zeigten, daß die meisten alten Menschen gesiezt werden wollen. 79 der über 200 ausgewerteten Heime stellten dem Personal die Anrede frei, im Gegensatz dazu verboten 98 Heime das Duzen. 16 Leser gaben zu, daß sie sich in ihrem Heim, trotz des Verbotes, darüber hinwegsetzten. In fünf Heimen wurden alle Bewohner geduzt, gleichgültig, ob sie es wollten oder nicht.

Ein Duzen kann sowohl vom Personal als auch von den Pflegebedürftigen unterschiedlich interpretiert werden. Das Du kann Ausdruck von Fürsorge seitens der Pflegepersonen sein, kann jedoch von dem älteren Menschen als unhöflich aufgefaßt werden. Spricht ein Älterer die Pflegekräfte hingegen mit Du an, ohne daß dies als ein Ausdruck einer besonderen Nähe gedeutet werden muß, so kann dies durch frühere Zeiten bedingt sein, wo andere Umgangsformen zwischen den Generationen üblich waren. Dieses Verhalten Älterer gegenüber Jüngeren wird oft auch in Pflegeeinrichtungen beibehalten, da häufig das Personal sehr jung ist. Das generelle Duzen eines älteren Menschen kann aber auch als Ausdruck von Macht mißbraucht werden, das für den Pflegebedürftigen entmündigend und einen demütigenden Angriff gegen seine Würde sein kann.[276] «Es gab [und gibt auch heute noch] Zeiten, da wurden alte Menschen entsprechend dem ‹Defizitmodell des Alterns› wie kleine Kinder behandelt und entmündigt. Ein Erscheinungsbild solcher Entwürdigung ist das respektlose Duzen, das insbesondere gegenüber Heimbewohnern [und Patienten im Krankenhaus] mit Demenzerkrankungen zu beobachten ist.»[277] Neben den durchaus auch positiven Begleiterschei-

---

273 Vgl. Wittrahm, Andreas (1990).
274 Vgl. BfFS (1992), S. 72 ff.
275 Vgl. Brudereck, Antje (1991).
276 Vgl. BfFS (1992), S. 80; Ruthemann, U. (1993), S. 37 ff.
277 Ebd., S. 37.

nungen des Duzen, die hier aber nicht weiter ausgeführt werden sollen, wollen Heimleitungen durch das Untersagen des Duzen seitens der Mitarbeiter die damit eventuell verbundenen negativen Folgen bzw. Empfindungen der älteren Menschen vermeiden.[278]

Neben der persönlichen Anrede in Form des Duzens kann auch eine *mangelnde Wahrung der Intims- und Privatsphäre* Pflegebedürftige verletzen und belasten. Eine mangelnde Wahrung der Intimsphäre zeigt sich besonders im Bereich der Körperpflege. Sie verletzt das Gefühl der persönlichen Würde und gibt den alten Menschen ein Gefühl der Inkompetenz und Abhängigkeit. Dies trifft auch auf die Verletzung des Privatbereiches zu.[279] Saup beobachtete in seiner Studie (1984), daß die Mehrheit der Mitarbeiter (in 69 % der untersuchten Altenheime) die Privatsphäre der Zimmerbewohner verletzte, indem sie entweder nicht vor dem Betreten des Zimmers anklopfte oder nicht die Einwilligung zum Eintritt abwartete. Einige alte Menschen empfanden dieses Verhalten als belastend. Sie äußerten Erschrockenheit über den plötzlichen Eintritt und erlebten diese Situation als eine Verletzung ihres Privatbereichs.[280] Die Verletzung des Privatbereichs mag m. E. auch für Patienten im Krankenhaus zutreffen: Das Krankenzimmer bedeutet für viele Patienten, ebenso wie im Alter- und Pflegeheim, so etwas wie Privatwohnraum, den sie, aufgrund des Vertrages mit dem Krankenhaus, «gemietet» haben und der ihnen, wenn auch nur in einem geringen Maße, Raum für Privatheit läßt.

Laut Dunkel ist die Beziehung zwischen Pflegekraft und pflegebedürftigem altem Menschen in ihrer Grundstruktur asymmetrisch, da der alte Mensch von der pflegenden Person abhängig ist.[281] Ein *Machtgefälle* sei deshalb natürlich und in der Natur einer Pflegebeziehung angelegt und nicht aufhebbar. Dies äußere sich allein schon durch die Körperhaltungen der Beteiligten: Die Beziehung ist gekennzeichnet von einem stehenden (Pflegepersonen) zu einem liegenden (Pflegebedürftige) Körper: «Jemand, der steht, befindet sich unumstritten in der besseren Position.»[282]

Gerade eine Übersiedlung ins Heim, verbunden mit Verlusten und Gefühlen des Abhängigseins, kann daher für einen älteren, pflegeabhängigen Menschen mit schweren Frustrationen und Aggressionen verbunden sein, wenn dieser nicht verschiedene «Coping-Strategien»[283] entwirft und einsetzt.[284]

---

278 Vgl. Ruthemann, U. (1993), S. 37; vgl. ausführlicher zu positiven Begleiterscheinungen: ebd.
279 Vgl. BfFS (1992), S. 80 f.
280 Vgl. Saup, W. (1984), S. 70.
281 Vgl. Dunkel, W. (1994), S. 149.
282 Dießenbacher, H. (1989), S. 192.
283 Vgl. Fußnote 161.
284 Vgl. Wahl, H.-W. / Reichert, M. (1996), S. 32 f.

An dieser Stelle muß darauf hingewiesen werden, daß auch völlig abhängige Pflegebedürftige willentlich ihre Schwächen einsetzen, um Pflegende zu «ärgern», indem sie absichtlich die Nahrung verweigern oder absichtlich langsam essen oder einnässen und einkoten. Gerade wenn sich situative Streßfaktoren bei Pflegenden häufen, ist die Wahrscheinlichkeit, daß diese aggressiv oder auch gewalttätig reagieren, groß.[285]

Neben einem «guten Machtgefälle», das für den Pflegebedürftigen mit einer als angenehm empfundenen Pflege einhergeht, kann es auch ein «böses Machtgefälle» geben, nämlich dann, «wenn der Lohnpfleger seine Übermacht zu einer dauerhaft als schlecht empfundenen Pflege und mit schweren Nachteilen und Schäden für den Pflegebedürftigen durch Tun oder Unterlassen einsetzt. Wir können dann von einem groben Machtmißbrauch sprechen. Er beschreibt einen Zustand, in dem die natürliche Lohnpflegemacht sich gewandelt oder besser: eine neue Qualität angenommen hat. Sie ist, mit einem Wort, in den Bereich der Pflegegewalt eingedrungen.»[286]

5.2 Frustrationen außerhalb der pflegerischen Beziehung

Neben den interaktionellen Frustrationen, die sich aus der pflegerischen Beziehung ergeben, gibt es auch strukturelle und individuelle Faktoren, die sich indirekt auf die pflegerische Beziehung auswirken können. Interaktionelle, individuelle und strukturelle Faktoren können dabei wechselseitig wirken. Sowohl Mitarbeiter als auch Pflegebedürftige erfahren frustrierende Enttäuschungen, auf die sie aggressiv reagieren können.

Frustrationsfaktoren der Mitarbeiter lassen sich grob in strukturelle Aspekte und solche, die mit anderen Beziehungen zu tun haben, einteilen.

5.2.1 Frustrationen der Mitarbeiter durch strukturelle Zwänge

Viele Pflegende werden durch verschiedene strukturelle Zwänge frustriert. Pflegeeinrichtungen, wie das Krankenhaus, das Alten- und Pflegeheim, weisen in der

---

285 Vgl. Dießenbacher, H. (1989), S. 192.
286 Dießenbacher, H. / Schüller, K. (1993), S. 29 f. Die Autoren verstehen die pflegerische Beziehung als Arbeitsinhalt, der die Beschäftigten zu «Lohnpflegern» werden läßt.

Regel spezifische Organisationsstrukturen auf, die mit Goffmans Konzept der *«totalen Institution»*[287] charakterisiert werden können. Totale Institutionen werden oftmals zu Quellen für Frustrationen und Aggressionen:

Unregelmäßige Arbeitszeiten aufgrund des Schichtdienstes, insbesondere der sich auf den Freizeitbereich und auf das Familienleben negativ auswirkende Teildienst, können zu Frustrationen und aggressivem Verhalten der Pflegenden führen. Wochenend- und Nachtdienste lassen oftmals der Pflegekraft bewußt werden, welch hohe Verantwortung sie übernommen hat, gerade dann, wenn es zu Engpässen in der Versorgung kommt, Notfälle eintreten oder auch fachliche Unsicherheiten vorhanden sind. Die Angst, den Anforderungen nicht gewachsen zu sein und Fehler zu begehen, nimmt zu und kann stärkere persönliche Krisen auslösen, die sich u. a. in einer «aggressiven» Pflege auswirken können[288] (vgl. Kap. 5.3).

Schmidbauer beschreibt m. E. treffend die Situation der professionellen Pflegepersonen, die gemessen an ihrer Qualifikation und Verantwortung nicht genügend finanziell anerkannt werden und *kaum Aufstiegsmöglichkeiten* in ihrem Beruf haben:

> «Eine examinierte Pflegerin verdient etwas weniger als beispielsweise eine junge Sachbearbeiterin, die von einer großen Versicherung angelernt wird. In der Pflege hat sie kaum Aufstiegsmöglichkeiten, sie muß Schichtdienst leisten und steht unter großem Leistungsdruck. In der Versicherung hat sie eine geregelte Arbeitszeit, einen ruhigen Bildschirmplatz, meistens Zeit für eine Plauderei mit einer Kollegin. Fehler in der Pflege können einem Menschen das Leben kosten; ein Fehler im Büro ist nur ärgerlich.»[289]

In diesem Zusammenhang sei erwähnt, daß der Reichsbund-Vorsitzende Franke Anfang des Jahres 1997 die Bundesregierung und die Pflegekassen aufforderte, den Überschuß von acht Milliarden DM in der Pflegeversicherung für eine bessere Bezahlung der Pflegenden sowie für zusätzlichen Zeitaufwand bei der Betreuung von Pflegebedürftigen einzusetzen![290]

---

287 «Eine totale Institution läßt sich als Wohn- und Arbeitsstätte einer Vielzahl ähnlich gestellter Individuen definieren, die für längere Zeit von der übrigen Gesellschaft abgeschnitten sind und miteinander ein abgeschlossenes, formal reglementiertes Leben führen.» Goffman, Erving (1972), S. 11; vgl. auch dazu Knobeling, Cornelia (1985), S. 78 ff.; Schwendter, Rolf (1991); Klessmann, M. (1994), S. 496.
288 Vgl. Grond, E. (1991b), S. 15, ebenso BfFS (1992), S. 134; Ruthemann, U. (1993), S. 54 ff.
289 Schmidbauer, W. (1992a), S. 81.
290 Vgl. Brower, Axel (1997); o. V. (1997a).

Alte Menschen zu pflegen, ist in unserer Gesellschaft nicht sehr hoch angesehen (vgl. Kap. 3.2). Dies läßt eine mit Stolz verbundene Identität bei den Pflegenden sowohl im Krankenhaus als auch in Alten- und Pflegeheimen vermissen, wobei die Lohnsituation verstärkend wirken kann. Dies führt bei vielen Pflegenden zu Frustrationen.

Ein immer wieder auftretendes Problem, das verstärkend zu den anderen strukturellen Zwängen kommt, ist die *Arbeitsbelastung*, die nicht zuletzt auch durch *Personalmangel* verursacht wird. Im Vordergrund steht das große Arbeitspensum, das Streß und Zeitdruck verursacht. Dadurch ist das Pflegepersonal oftmals gezwungen, den Arbeitsprozeß zu schematisieren und ihn auf die Ausübung von Routinetätigkeiten zu fixieren.[291] Die Aussage eines Pflegers kann ich aus eigener Erfahrung unterstützen:

> «Um das Arbeitspensum zu bewältigen, muß der Tagesablauf total schematisch ablaufen. Dann fertigt man die Leute mit den gleichen Phrasen ab, man füttert sie unter Zeitdruck, man badet sie unter Zeitdruck, man bettet sie unter Zeitdruck, man holt die Wäsche aus der Waschküche, und alles mit der Uhr. Und wenn man mal mittags drei Leute füttern muß, und die kauen ja ewig, da drehst du fast durch, da wirst du wahnsinnig nervös dabei. Und wenn du dann noch ein paar dabei hast, die dann auch noch bösartig sind, die dauernd herumnörgeln, dann drehst du durch.»[292]

Der Zeitdruck vergrößert die Not der Pflegenden:

> «Der Zeitdruck vergrößert das Dilemma zwischen Routine und Engagement, an dem die meisten Mitarbeiter leiden, ohne es selbst zu durchschauen. In der üblichen Arbeitssituation mit dem normalen Pensum entsteht die Entscheidungssituation, zwischen Routine mit Gleichbehandlung aller Betagten einerseits und dem persönlichen Engagement für einzelne Bewohner [und Patienten im Krankenhaus] andererseits zu entscheiden. Mit Routine soll in erster Linie gemeint sein, daß die Arbeit – auch aus Gründen der Zeitnot – im Fließbandcharakter erledigt wird.»[293]

Pflegende können sich daher häufig nicht in einem ausreichendem Maße um individuelle Wünsche und Belange der Pflegebedürftigen kümmern.

So wie Ruthemann sehe auch ich in routinierten Tätigkeiten und Arbeitsabläufen die Gefahr, daß ein Eingehen auf individuelle Wünsche des Pflegebedürftigen vernachlässigt wird. Die Arbeit kann dann an den Bedürfnissen des Pflegebedürf-

---

291 Vgl. Knobeling, C. (1985), S. 60.
292 Pfleger zit. nach Knobeling, C. (1985), S. 60.
293 Ruthemann, U. (1993), S. 56.

tigen vorbeigehen. Als Folge routinemäßiger Arbeit können aufgrund des schlechten Gewissens dem zu Pflegenden gegenüber Verdrängungen der negativen Gefühle stattfinden, so daß es zu einer «Fließbandarbeiterhaltung» kommen kann, um trotz Zeitdruck mit derjenigen Arbeit durchzukommen, die am dringlichsten eingestuft wird und sichtbare Erfolge zeigt. Das bedeutet, daß betreuende Arbeit, die man nicht sehen kann, am ehesten entfällt.

> «Das persönliche Gespräch, das Vorlesen aus der Tageszeitung, aktivierende Hilfen bei Alltagsverrichtungen, gemeinsame Spiele, ein Spaziergang, ein Besuch der Cafétéria oder sonstige individuellen Hilfen sind unter den derzeitigen personellen Bedingungen nur in den seltensten Fällen zu realisieren. Pflege muß sich also immer noch vorrangig auf körperliche Versorgungstätigkeiten reduzieren lassen. Nur zu oft tritt durch diese personellen Rahmenbedingungen die Versorgungspflege anstelle der Aktivierung, die Windel anstelle des Kontinenztrainings und Psychopharmaka anstelle persönlicher Zuwendung.»[294]

Mit Einführung der *zweiten Stufe der Pflegeversicherung* verschärft sich dieses Problem besonders für Alten- und Pflegeheime, da psychosoziale Betreuung und eine intensive Begleitung bei psychisch belasteten Personen, wie z. B. bei Demenzerkrankten und Depressiven, nicht zu den Pflegeversicherungsleistungen der regelmäßig wiederkehrenden Verrichtungen der Grundversorgung zählen. Aufgrund der Pflegeversicherung werden dann diese betreuungs- und gegebenenfalls pflegeintensiven Älteren niedriger als zuvor eingestuft. Der Personalschlüssel wird in den Pflegeeinrichtungen nach der Intensität und dem Ausmaß an pflegerischen Leistungen berechnet. Da aber aufgrund der niedrigeren Einstufungen durch die zweite Stufe der Pflegeversicherung *angeblich* weniger Pflege erbracht werden müßte (§ 29 der Pflegeversicherung besagt, daß die Leistungen das Maß des Notwendigen nicht überschreiten dürfen), müssen die Pflegenden um den Abbau ihrer Stellen fürchten, was mit Streß einhergeht. Verstärkten Belastungen sind aber dann diejenigen ausgesetzt, die weiter in den Einrichtungen arbeiten: Sie müssen ein Mehr an Arbeit übernehmen bei gleichbleibender bzw. zunehmender Zahl an Pflegebedürftigen (vgl. Kap. 2).[295] Schmidbauer beschreibt die Situation des Pflegenotstandes treffend mit dem «Domino-Effekt»:

---

294 Graber-Dünow, M. (1994), S. 52. Anstatt des Ausdrucks «Windel» scheint mir der Ausdruck «Inkontinenzhose» bei Erwachsenen angemessener zu sein!
295 Vgl. o. V. (1996b), Beyer-Peters, Detlev (1996). Vgl. zur Problematik der Pflegeversicherung auch Frieling-Sonnenberg, Wilhelm (1996); Klie, Th. (1996); Schlüter, Wilfried (1996); Karotsch, Dieter (1996) sowie die Fernsehsendungen: «Pflege und Pflegeversicherung» und «Pflege ohne Zuwendung?».

«Jeder kennt die kunstvoll geschichteten Ketten aus Dominosteinen. Wenn an dem einen Ende einer stürzt, fallen alle um. Im Pflegenotstand [oder auch aufgrund der Folgen der zweiten Stufe der Pflegeversicherung] macht sich, ähnlich wie in anderen Belastungen der ‹Risikogesellschaft›, ein ähnlicher Effekt bemerkbar. Die ungünstigen Faktoren addieren sich nicht nur, sie potenzieren sich. Wenn in einer Berufsgruppe gerade viele von denen ausscheiden, die energisch und mutig genug sind, sich nach frustrierenden Erfahrungen neu zu orientieren, wird die Lage der zurückgebliebenen noch schlechter. Wenn in einer Station einige Stellen nicht besetzt sind, wächst die Neigung der zusätzlich be- und überlasteten Pflegekräfte, zu kündigen: Noch mehr Stellen sind [oder werden] nicht besetzt, die restlichen Schwestern gehen. Oder aber es sammelt sich ein Bodensatz an resigniertem, verängstigtem, ausgebranntem Personal, das niemanden mehr aufnehmen kann, der Farbe und Dynamik einbringt. Wer nicht ebenfalls bald grau und routiniert wird, erträgt das Gruppenklima nicht und geht.»[296]

Im Gegensatz zu vielen Autoren der gesichteten Literatur stellt Dießenbacher aufgrund der Analyse von Gerichtsakten die These auf, daß erst eine routinierte Pflegepraxis durch professionelle Standards eine Basis für gewaltfreie Pflegebeziehungen bietet:

«Die Gleichbehandlung aller Bewohner [und aller Patienten] über eine gut funktionierende Alltagsroutine schaltet die persönliche Gefühlswillkür des Pflegepersonals aus. Die besondere Zuwendung wäre ebenso regelwidrig wie die besondere Abwendung. Das Prinzip der Gleichgültigkeit – auch der gleichgültigen Freundlichkeit – verbürgt damit jenes Quantum Humanität, das wir innerhalb einer Pflegebeziehung erwarten dürfen.»[297]

Da insbesondere Alten- und Pflegeheime *Heime* für Pflegebedürftige, also nach Möglichkeit ein Zuhause darstellen sollen, in dem miteinander gelebt bzw. gearbeitet werden soll, halte ich es im Gegensatz zu Dießenbacher für sinnvoller im Umgang mit den Pflegebedürftigen, diesen ehrlich und empathisch zu begegnen, als nach dem Prinzip der Gleichgültigkeit vorzugehen! Gerade eine ganzheitliche Pflege macht eine zufriedenstellende und attraktive Pflegearbeit aus. Die Realität sieht in den meisten Pflegeeinrichtungen, wenn glücklicherweise auch nicht in allen, allerdings anders aus, wie ein Zivildienstleistender eines Pflegeheimes berichtet:

«Wenn die alten Menschen sich beschweren, wird noch weniger Rücksicht genommen als bei den Zivis. Die alten Menschen sind die letzten, auf die man hört. Man kann natürlich

---

296 Schmidtbauer, W. (1992c), S. 120. Kap. 7.3 geht ausführlicher auf die Auswirkungen von Frustrationen und Gewalt bei den Pflegenden ein.
297 Dießenbacher, H. (1989), S. 191.

nicht nur alles auf die Schwestern schieben. Es ist einfach zuwenig Personal da. Ich merk das manchmal auch ... Man verroht mit der Zeit. Ich kann einfach nicht überall hinrennen, zu jedem wegen seiner Extrawünsche. Man kommt mit der Zeit hinten und vorne nicht hin. Außerdem möchte man ja irgendwann mal nach Hause. Ist ja auch ganz menschlich. Man will ja nicht rund um die Uhr arbeiten. Das müßte man aber, wenn man optimal arbeiten will. Am Wochenende ist es oft so, daß nur zwei Schwestern und eine Praktikantin, die in der Küche arbeitet, da sind. Da gehen sie natürlich nicht zu jedem und fragen: ‹So, was willst du.› Da wird einfach gesagt ‹Wir haben keine Zeit.› Das ist natürlich ein Zustand, wo die alten Leute dran kaputtgehen. Nur essen, morgens aufstehen, dann sich in den Aufenthaltsraum setzen und warten bis zum Essen. Dann kommen sie um halb zwölf ins Bett, um ein Uhr stehen sie auf, um zwei kriegen sie Kaffee. Danach kommen sie maximal zwei Stunden raus, da werden sie rumgefahren. Dann ist es vier. Um fünf Uhr gibt es Abendessen, ab sechs geht's wieder ins Bett. Das ist der Kreislauf. Da muß ja jeder verrückt werden. Ich würd's nicht aushalten. So, wie es jetzt aussieht, ist keine vernünftige Betreuung machbar. Da gehen alle Leute dran ein, auch die Schwestern, es ist ja Streß, mit den Leuten tagtäglich umzugehen.»[298]

Pflegende geraten in einen Gewissenskonflikt zwischen dem hohen Berufsideal und dem Anspruch einer optimalen Beziehungspflege und der harten Realität, in der Praxis am Rande der «gefährlichen Pflege»[299] zu arbeiten. Eine Diskrepanz zwischen dem Anspruch an die eigene Arbeit und dem tatsächlich Leistbaren, aufgrund einer unzureichenden Personalsituation oder aufgrund falsch gesetzter Prioritäten, ist für die Pflegenden mit einem Frustrationspotential verbunden. Eine permanente Überforderung stellt einen Nährboden für personale Gewalt dar.[300]

Zur strukturell bedingten Gewalt gegenüber Pflegenden kann aber auch, so Grond, die von Vorgesetzten ausgehende Gewalt gerechnet werden. Diese können zu hohe Forderungen stellen, den Pflegenden Vorwürfe machen oder sie bevormunden, Autorität ausüben, gleichgültig auf die Sorgen der Mitarbeiter reagieren und abweisend sein. Dadurch setzen sie die Hemmschwelle für aggressives Verhalten der Pflegenden herab. Je autoritärer ihr *Führungsstil* ist, um so autoritärer werden auch Pflegende die Gewalt auf die Nächstschwächeren, auf Kranke und Alte, weitergeben. Gewalt wird dann als moralisch gerechtfertigt und sozial gebilligt bewertet werden. Besonders problematisch, ja sogar gefährlich würde der

---

298 Zivildienstleistender zit. nach Unruh, Trude (1989).

299 Vgl. ausführlicher dazu Alteninitiativen (1989), S. 10 ff.; Elsbernd, A. / Glane, A. (1996), S. 34; Dießenbacher, H. (1989).

300 Vgl. BfFS (1992), S. 133 f., ebenso Graber-Dünow, M. (1995), S. 36; vgl. auch Mathes, Klaus (1986).

autoritäre Führungsstil, wenn gegenüber der Heim- oder Pflegedienstleitung mehr Gehorsam gefordert wird als gegenüber dem eigenem Gewissensentscheid.[301]

5.2.2 Frustrationen der Mitarbeiter aus anderen Beziehungen

Pflegende sind Mitglieder eines Teams. Innerhalb des *Teams* können Probleme und Konflikte entstehen, die dann auftreten, «wenn zwei (oder mehr) Verhaltenstendenzen in einer Situation ausgelöst werden, die miteinander unverträglich sind».[302] Knobeling kommt in ihrer Studie zu dem Ergebnis, daß Probleme innerhalb eines Teams einen wesentlichen Anteil an Frustrationen der Mitarbeiter haben.[303] Studien des BfFS kommen diesbezüglich zu dem Ergebnis, daß Belastungen durch auftretende Spannungen zwischen den verschiedenen Berufsgruppen, besonders zwischen Kranken- und Altenpflegern, aufgrund fachlicher Meinungsverschiedenheiten und einem *unterschiedlichen Pflegeverständnis* auftreten. Auch eine starke Fluktuation der Mitarbeiter sowie die *geringe Qualifikation* mancher angelernter Teilzeit- oder Aushilfskräfte – die die Professionalität Pflegender untergraben und eine Gefährdung der zu Pflegenden verursachen,[304] – können sich für professionell Pflegende als sehr belastend auswirken. Vielfach fehlt auch aufgrund der schwierigen Personalsituation die Möglichkeit, neue Mitarbeiter gewissenhaft einzuarbeiten und in ein bestehendes Team einzugliedern. Diese demotivierenden Situationen können langfristig zu Frustrationen führen.[305]

Konflikthafte Situationen, die auf den Mitarbeiter frustrierend wirken können, sind nicht zuletzt auch Konflikte zwischen Vorgesetzten und Untergebenen. Pflegende werden oftmals mit unterschiedlichen und z. T. einander widersprechenden Rollenerwartungen *(Intrarollenkonflikte)* konfrontiert: «Aus dem Arbeitsbereich können die Erwartungen von Kollegen anders sein als die der Pflegedienstleitung oder der Heimleitung, diese möglicherweise wieder anders als die des Trägers oder beispielsweise der Heimkommission, und die Erwartungen des behandelnden Arztes können wieder anders aussehen.»[306]

---

301 Vgl. Grond, E. (1991b), S. 15.
302 Ruthemann, U. (1993), S. 61.
303 Vgl. Ruthemann, U. (1993), S. 58; Knobeling, C. (1985).
304 An dieser Stelle sei darauf hingewiesen, daß die Täterinnen in Lainzer Spital Pflegehelferinnen waren und nicht über eine fundierte pflegerische Ausbildung verfügten. Vgl. Kap. 4.3.4 sowie Schmidbauer, W. (1991).
305 Vgl. BfFS (1992), S. 131 ff.; BfFS (1993), S. 214 ff.
306 Ruthemann, U. (1993), S. 59.

Intrarollenkonflikte der Pflegepersonen können z. B. zwischen den Erwartungen der Institution einerseits und denen der Pflegebedürftigen andererseits ausgelöst werden. Nach Petzold bewältigt der Mitarbeiter diese für sich oftmals dadurch, daß eine «Identifikation mit dem eigentlichen Aggressor» stattfindet, also eine Identifikation mit den Zielen und Normen der Institution und der implizierten strukturellen Gewalt. Der Mitarbeiter setzt sich demnach gegen die Interessen des Pflegebedürftigen durch. Das geschehe jedoch, so Petzold, nicht in böser Absicht und oftmals sogar unbewußt, weil die meisten anderen Teamkollegen auf die gleiche Art und Weise diesen Konflikt abwehren würden.[307] Pflegebedürftige kommen dadurch in ihren Bedürfnissen zu kurz und können gegenüber Pflegenden aggressiv reagieren

Ein weiteres Beispiel für einen intrapersonalen Rollenkonflikt der Pflegepersonen stellt das vorsorgliche Fixieren von Pflegebedürftigen dar, wenn aufgrund von Personalmangel die Beaufsichtigung nicht anders gewährleistet werden kann. Diese von den Mitarbeitern bewußt in Kauf genommene gewaltsame Handlung verdeutlicht das Dilemma, in dem die Mitarbeiter stecken. Einerseits können sie wegen Freiheitsentziehung strafrechtlich verfolgt, andererseits aber im umgekehrten Fall, bei Verletzung des Pflegebedürftigen, wegen Verletzung der Aufsichts- und Betreuungspflicht haftbar gemacht werden (vgl. Kap. 4.4). Intrarollenkonflikte der Pflegepersonen zehren sehr oft an den Kräften der Pflegenden. Werden die an sie gerichteten unterschiedlichen Erwartungen nicht ausgesprochen oder sind sie dem Pflegenden nicht bewußt, können sie zusätzlich belastend wirken. Gefühle des «Ausgebranntseins» (vgl. Kap. 7.3) können sich bemerkbar machen.[308]

Konfliktbeladen kann auch das Verhältnis zwischen Pflegenden und Angehörigen sein. Die Angehörigen versuchen z. T. ihr schlechtes Gewissen dadurch zu beruhigen, indem sie in einem übertriebenen Maß Anforderungen an die Mitarbeiter stellen, da sie nur das Beste für die alte Mutter oder den alten Vater wollen. «Sie [die Angehörigen] projizieren oft Ansprüche auf die Pflegenden, die sie selbst zu Hause nicht verwirklichen konnten. Sie glauben, Professionalität eliminiere spontan-menschliche Elemente einer Beziehung zwischen Pflegenden und Gepflegten.»[309] Sicherlich hat der Wunsch der Angehörigen nach optimaler Betreuung oberflächlich betrachtet seine Berechtigung. Bei den Mitarbeitern werden die Forderungen in der Regel als kränkend empfunden und ihre professionel-

---

307 Petzold, H. G. (1990c), S. 648, vgl. auch Elsbernd, A. / Glane, A. (1996), S. 25.
308 Vgl. Ruthemann, U. (1993), S. 54 ff. ebenso Grond, E. (1991g). S. 530 f.; vgl. dazu Markus, K. (1991) sowie Klie, Th. / Lörcher, U. (1994) sowie Großkopf, V. (1994).
309 Käppli, S. (1989), S. 641.

len Fähigkeiten unterschwellig in Frage gestellt. Zugleich stellen sie einen Angriff auf den Vorsatz der meisten Mitarbeiter dar, ihre Aufmerksamkeit und Arbeitskraft allen Pflegebedürftigen gleichmäßig zukommen zu lassen. Das Personal schätzt diese Bemühungen der Angehörigen nicht. Sie sind eher mit negativen Gefühlen verbunden, da die Angehörigen in Konkurrenz zu ihnen auftreten. Viel eher bewirken Angehörige genau das Gegenteil: Durch ihre Anforderungen vergrößern sie die seelische Distanz zwischen den Mitarbeitern und ihrem Angehörigen, nämlich dann, wenn Angehörige in die Pflege und Betreuung integriert werden können, um die Betreuung der Pflegebedürftigen zu intensivieren, die Familienbeziehungen zu erhalten und das Personal sogar zu entlasten.[310]

Negativ auf das Erleben der Berufssituation kann sich jedoch der umgekehrte Fall auswirken, wenn Mitarbeiter das Gefühl haben, die Angehörigen würden sich aus Desinteresse von ihren betagten Familienmitgliedern distanzieren und diese «abschieben». Einstellungen dieser Art beruhen häufig auf Unkenntnisse der Familienverhältnisse und führen häufig dazu, daß Pflegende den Kontakt zu den Angehörigen meiden.[311]

Weitere Faktoren für Frustrationen hängen mit dem Privatleben zusammen. Häufig sind die in der Pflege Tätigen doppelt mit Familie und Beruf belastet. In der Regel sind es die Frauen. Interrollenkonflikte entstehen dann, wenn die Pflegeperson nicht beide Rollen miteinander vereinbaren kann, was bei ihr wiederum zu Streß führt. Zu dieser Anstrengung kommt hinzu, daß es kaum Abwechslung gibt, da die Arbeit im Pflegeberuf und in der Familie viele Ähnlichkeiten in den psychischen Anforderungen aufweist. «Wer etwa durch die *Doppelbelastung* Beruf und Familie überfordert wird, hat verständlicherweise eine niedrigere Verletzlichkeits- und Aggressionsschwelle.»[312]

Eine weitere Quelle für Frustrationen und Aggressionen können aus psychoanalytischer Sicht die seelischen Problemen einiger «professioneller Altruisten» sein. Diese seelischen Probleme, die ihren Ursprung in der Kindheit nahmen, bleiben nicht ohne Auswirkungen auf die «helfende» Beziehung zum Pflegebedürftigen. Wolfgang Schmidbauer entwickelte speziell für diese Helfergruppe den Begriff des *«Helfer-Syndroms»*:[313]

---

310 Vgl. Ruthemann, U. (1993), S. 64 f.
311 Vgl. BfFS (1992), S. 138.
312 Grond, E. (1991b), S. 14; vgl. dazu auch Grond, E. (1991g), S. 534.
313 Unter «Syndrom» ist das Zusammentreffen einer Anzahl von Auffälligkeiten oder Symptomen zu verstehen, die zusammen ein charakteristisches Krankheitsbild ergeben. Schmidbauer konstatiert, daß es im psychologischen Bereich, besonders im Bereich des Altruismus', nicht leicht sei, die Grenze zwischen «gesund» und «krank» zu ziehen. Vgl. Schmidbauer, W. (1992b), S. 12 f.

«Das Helfer-Syndrom, die zur Persönlichkeit gewordene Unfähigkeit, eigene Gefühle und Bedürfnisse zu äußern, verbunden mit einer scheinbar omnipotenten, unangreifbaren Fassade im Bereich der sozialen Dienstleistungen, ist sehr weit verbreitet.»[314]

Als lebensgeschichtlichen Hintergrund für diese Unfähigkeit vermutet Schmidbauer, daß der Helfersyndrom-Helfer «schon als Kind nicht um seiner gegenwärtigen, persönlichen Gefühle und Eigenschaften willen geliebt wurde, sondern wegen der Verhaltensweisen, mit denen er sich an idealisierte Vorstellungen seiner Bezugspersonen anpaßte»; deshalb «glaubt er, nur für das, was er macht, geliebt zu werden, nicht für das, was er ist».[315] Dies führt nach Schmidbauer zu einer «narzißtischen Kränkung». Der Helfersyndrom-Helfer ist ständig bestrebt, durch Aufopferung, zwanghaftes Helfen und Außerachtlassen der eigenen Bedürfnisse, Dank, Anerkennung und Zuneigung zu bekommen.[316] Die «narzißtische Kränkung», also ein gekränktes Selbstwertgefühl, kann gerade in helfenden Beziehungen, wie sie u. a. in Pflegeeinrichtungen vorkommen, aufgewertet werden. Gerade hier scheinen die Pflegebedürftigen in einem besonderen Maße dafür geeignet zu sein, dem Helfersyndrom-Helfer in seinen Bestrebungen nach Anerkennung entgegenzukommen. Das Helfer-Syndrom birgt jedoch eine Fülle von Konfliktquellen, nämlich dann, wenn Pflegebedürftige diese Dankbarkeit, Anerkennung und Zuneigung zum Helfenden nicht (mehr) zeigen können oder wollen bzw. dessen Hilfe nicht mehr oder nicht in der Form mehr benötigen, die der Helfersyndrom-Helfer ihnen entgegenbringt. Diese Pflegebedürftigen rangieren auf der «Beliebtheitsskala» weiter unten, so daß sich dies in Quantität und Qualität ihrer Pflege bemerkbar macht.[317]

«Er [der Helfersyndrom-Helfer] gibt, um zu empfangen, und reagiert, wenn er zuwenig empfängt, enttäuscht und aggressiv. Selten offen enttäuscht, fast nie offen aggressiv [da er von den Hilfsbedürftigen abhängig ist und diese ihre Anerkennung dann einstellen würden]. Aber so, daß der Hilfsbedürftige es spürt und die Botschaft versteht.»[318]

An dieser Stelle sei noch einmal an die Frage erinnert, wo Gewalt beginnt (vgl. Kap. 4.4)!

---

314 Schmidbauer, W. (1992b), S. 15.
315 Ebd., S. 57.
316 In gewisser Weise unterstützen diese Motive das Burnout-Syndrom (Burnout; engl. = Ausbrennen; vgl. Kap. 7.3) insofern, da Helfersyndrom-Helfer ihre Anstrengungen trotz häufig anzutreffenden ungünstigen Arbeitsbedingungen und offenbar nicht zu erfüllender Bedürfnisbefriedigung aufrechterhalten oder sogar noch intensivieren. Vgl. hierzu ausführlicher Kap. 7.3.
317 Vgl. Schmidbauer, W. (1992b), S. 12 ff., 48 ff.; Müller, Sigrid (1995).
318 Bergmann, W. (1995), S. 475.

In extremster Form, so Schmidbauer, kommt der Helfersyndrom-Helfer zu der Überzeugung, daß er auch um den Preis des Verbrechens an seiner Illusion festhalten muß, er könne und müsse etwas für seine ihm anvertrauten Pflegebedürftigen tun. Dieser Gegenstand des «Helfens als Abwehr» beinhaltet auch eine spezifische Richtungsänderung und Unterdrückung der Aggression. So kann es passieren, daß ein «lästiger», hoffnungsloser alter Mensch sterben muß, weil er die berufliche Kompetenz des Helfersyndrom-Helfers zu widerlegen scheint und dadurch das verletzliche Selbstwertgefühl des Helfers verletzt.[319] Aber «diese aggressive Antriebskomponente wird nicht bewußt, sie verschwindet in dem Impuls, das eigene Opfer zu erlösen. Die geplagte, von allen Seiten unermeßlichem Leid ausgesetzte und es auf ihre Weise mitfühlende Schwester verschmilzt mit dem hoffnungslos leidenden Patienten und befreit sich von ihrem eigenen Leiden, indem sie dem Kranken den Tod gibt. Aber damit tötet sie auch ihr Selbstgefühl.»[320]

Petzold weist in diesem Zusammenhang auf die «Tötung des Todes» hin: Der Tod gleicht dem Bild des siechenden, leidenden alten Menschen. Das Sterbenmüssen und der Tod kann von der betreffenden Pflegeperson jedoch nicht abgewehrt bzw. verarbeitet werden, so daß sich Aggressionen gegen den Tod, das Leid und das Alter entwickeln. Aufgestaute, verdrängte Aggressionen entladen sich ab einer gewissen, individuellen Stufe. Aufgrund einer unbewußten «Verschiebung» wehrt sich die Pflegeperson gegen den Tod durch die «Tötung des Todes» in Gestalt des alten, hilfsbedürftigen Menschen.[321] Diese Vorgänge kommen insbesondere bei den Menschen ins Spiel, «deren Ich-Stärke, deren Selbst-Regulationsfähigkeit beeinträchtigt ist, aus welchen Gründen auch immer, sei es aus seelischer Disposition, neurotischer Struktur, durch den Burnout oder ein Zusammenwirken dieser Faktoren.»[322]

5.2.3 Frustrationen der Pflegebedürftigen durch Älterwerden, Heimeintritt und zunehmende Abhängigkeit

Alte Menschen in pflegerischen Einrichtungen sind ebenso wie die Mitarbeiter strukturellen Zwängen ausgesetzt, die für sie Grund sein können, frustrierend und

---

319 Vgl. Schmidbauer, W. (1991), S. 50 ff.
320 Ebd., S. 52; vgl. dazu auch Dießenbacher, W. / Schüller, K. (1993). Der Fernsehfilm «Sanfte Morde» zeigt m. E. eindrucksvoll diese Problematik, die sich auf einer Intensivstation eines Krankenhauses abspielt.
321 Vgl. Petzold, H. G. (1992), S. 280 ff.
322 Petzold, H. G. (1992), S. 281.

aggressiv zu reagieren. Neben der pflegerischen Beziehung können aber auch vielfältige andere Beziehungen Anlaß für Enttäuschungen und Frustrationen sein. Doch bevor diese Faktoren näher beschrieben werden, soll auf weitere Umstände eingegangen werden, die weder strukturell bedingt, noch durch andere Beziehungen hervorgerufen werden und den älteren Pflegebedürftigen belasten können:

Diese Belastungen hängen in vielen Fällen mit der *Tatsache des Älterwerdens* zusammen. Alte Menschen in Pflegeeinrichtungen, v. a. in Alten- und Pflegeheimen, sehen sich ausschließlich mit alten Menschen konfrontiert und dazu veranlaßt, sich mit dem eigenen Älterwerden, zunehmenden körperlichen Einschränkungen und mit der Endlichkeit auseinanderzusetzen. Besonders gravierend und belastend wird diese Auseinandersetzung, wenn der alte Mensch keinen Sinn mehr in seinem Dasein sieht und er sich als wenig respektiert und geschätzt und als nutzlos erlebt. Auch das Miterleben des Sterbens anderer alter Menschen kann für einige Pflegebedürftige zu einer erheblichen Belastung werden, v. a. dann, wenn der Tod aus falsch verstandener Rücksichtnahme und aus Unsicherheit der Mitarbeiter verschwiegen wird. Bei den älteren Menschen läßt dieses Verhalten der Mitarbeiter Gefühle fehlender Wertschätzung dem Verstorbenen gegenüber entstehen und macht es ihnen schwer, eigene Trauer zu zeigen.

Nicht allen Pflegebedürftigen ist die Auseinandersetzung mit dem Tod vertraut, und nicht alle stehen dem Tod positiv gegenüber. Viele haben Angst vor einem qualvollen Tod und vor einem Sterben in Einsamkeit.

Älterwerden heißt auch, sich mit Verlusten auseinanderzusetzen und Abschied von Angehörigen und Freunden nehmen zu müssen, was als besonders schmerzhaft empfunden wird und häufig mit großen psychischen Belastungen verbunden ist.[323]

Belastungen und Frustrationen können aber auch mit der *Übersiedlung in ein Heim* zusammenhängen. Neben körperlichen können seelische Krisensituationen, wie der Verlust des Partners oder längerfristige Beziehungskonflikte mit pflegenden Angehörigen, Gründe für eine Heimübersiedlung sein.[324]

Ein Umzug ins Heim wird von vielen alten Menschen oder aber auch von den Angehörigen meistens erst dann in Erwägung gezogen, wenn die eigenen Kompetenzeinbußen nicht mehr durch familiäre Unterstützung und ambulante Hilfsdienste kompensiert werden können. Immer öfter folgt dann der Heimeintritt unmittelbar auf einen Krankenhausaufenthalt. Mehrere Faktoren wirken hierbei

---

323 Vgl. BfFS (1992), S. 107 ff.
324 Vgl. Mathes, K. (1986), S. 250.

zusammen, wobei der eingeschränkte Gesundheitszustand der betagten Person ausschlaggebend ist. Saup spricht in diesem Zusammenhang von einer in den letzten 10 bis 15 Jahren (1990) zunehmenden «Notfallreaktion».[325] Für die betroffenen alten Menschen stellt der Umzug, gerade in einer solchen «Notfallreaktion», einen gravierenden Einschnitt in ihr Leben dar, der mit Frustrationen verbunden sein kann und ein hohes Maß ihrer Fähigkeit zur Bewältigung schwieriger Situationen erfordert.[326]

Oftmals jedoch hat ein alter Mensch kaum Wahlmöglichkeiten beim Heimeintritt. Ohne daß der Weg in ein Alten- oder Pflegeheim selber gewählt werden kann, führt er oftmals von der Privatwohnung über das Krankenhaus direkt ins Heim, da Angehörige, Ärzte, Krankenpflegepersonal und Krankenhaussozialarbeiter hierin die einzige Problemlösungsmöglichkeit sehen. Krankenhaussozialarbeiter und Angehörige organisieren bereits während des Krankenhausaufenthaltes wichtige Aufgaben, wie die Suche nach einem Heimplatz, die Auflösung der bisherigen Wohnung, die Vorbereitung und Durchführung des Umzugs u. a. m. Der alte Mensch hat somit kaum Möglichkeiten sich zu wehren, von ihm wird nur die Zustimmung erwartet:[327]

> «Die Übersiedlung bedeutet eine große Veränderung und ist häufig von Gefühlen der Trauer und des Schmerzes über den Verlust der Wohnung, vielfach auch der eigenen Möbel, der vertrauten Umgebung usw. begleitet. In dieser vulnerablen Situation erfolgt die Anpassung an Regeln und Gesetze einer . . . totalen Institution . . .»[328]

Zahlreiche Studien belegen, daß die Freiwilligkeit der Heimaufnahme und Wahlmöglichkeiten beim Einzug ins Heim positiv mit dem psychischen Wohlbefinden korrelieren.[329] Bei vielen Menschen in der Bevölkerung kann jedoch davon ausgegangen werden, daß ein Wohnen im Heim abgelehnt wird. Viele Betagte sehen das Altenheim als unwiderrufliche letzte Station des Lebens mit Endgültigkeitscharakter.[330] Gleichwohl muß betont werden, daß ein Heimeintritt auch positive Effekte haben kann: Nicht für jeden älteren Menschen stellt die Übersiedlung ins Heim eine Problemsituation dar, wie beispielsweise für isolierte und vereinsamte Ältere, für die der Heimeintritt eine Erweiterung ihrer sozialen Kontakte bedeuten kann, oder für diejenigen älteren Menschen, deren familiäre Versorgungssi-

---

325 Vgl. Saup, W. (1990), S. 79 f.
326 Vgl. Saup, W. / Reichert M. (1996), S. 17; vgl. dazu auch Kap. 4.2.2.
327 Vgl. Saup, W. (1990), S. 78 ff., ebenso Kohnert, Monika (1992), S. 52 f.; Wahl, H.-W. / Reichert, M. (1996), S. 17.
328 Zank, Susanne / Baltes, Margret M. (1994), S. 155.
329 Vgl. Saup, W. (1990), S. 80.
330 Vgl. Lehr, U. (1984), S. 263.

tuation sehr belastet ist und eine Heimunterbringung eine Entlastung sowohl für sie selber als auch für ihre Angehörige darstellt.[331]

Auch die mit der Pflegebedürftigkeit einhergehende fortdauernde *Abhängigkeit* von der Hilfe anderer kann für Pflegebedürftige als bedrohlich empfunden werden und zu Frustrationen und Aggressionen führen. Auch die in vielen Fällen finanzielle Abhängigkeit von ihren Angehörigen oder auch vom Staat – viele Pflegebedürftige in Alten- und Pflegeheimen leben von der Sozialhilfe[332] – kann belasten und frustrierend wirken, zumal die alten Menschen der «Kriegsgeneration» und «Aufbaugeneration» der heutigen Leistungsgesellschaft daran gewöhnt waren, ihr Leben eigenständig und mit wenigen staatlichen Hilfen zu meistern. Das Selbstwertgefühl kann unter diesen Umständen sehr leiden und zum Ausgangspunkt für Konflikte mit Angehörigen und Pflegenden werden.[333]

Alte Menschen blicken auf eine lange Biographie zurück, so daß es durchaus möglich sein kann, daß einige Erlebnisse, wie z. B. Kriegserlebnisse, Bitterkeiten und Schuldgefühle aus allen Bereichen des Lebens, noch nicht verarbeitet bzw. bewältigt worden sind. Dies alles kann bedrückend oder auch erdrückend wirken, wenn das Gefühl hinzukommt, mit dem Heimeintritt eine verkürzte Zukunftsperspektive zu haben und daraufhin eine Bearbeitung vorhandener Probleme zu drängen scheint.[334]

5.2.4 Frustrationen der Pflegebedürftigen durch strukturelle Zwänge

Ebenso wie die Mitarbeiter sind auch die Pflegebedürftigen strukturellen Zwängen ausgesetzt: Je nach dem «Totalitätsgrad der Institution» sind die Pflegebedürftigen mehr oder weniger dazu gezwungen, ihre individuelle Lebensgestaltung vorgegebenen Rahmenbedingungen anzupassen. Rhode weist in diesem Zusammenhang auf Zwänge und Restriktionen hin, die mit der *«Patientenrolle»* im Krankenhaus, m. E. auch mit der *«Bewohnerrolle»* in Alten- und Pflegeheimen, einhergehen können:

Hospitalisierung,[335] so Rhode, bedeutet für den Patienten zum einen eine «psycho-soziale Entwurzelung», d. h. der Patient unterliegt dem Zwang, seine gewohnte räumliche Umgebung aufzugeben und seine verschiedenen zwischen-

---

331 Vgl. BfFS (1992), S. 149 ff.; Brandenburg, Hermann (1994), S. 78.
332 Vgl. KDA (1991b).
333 Vgl. BfFS (1992), S. 98; Ruthemann, U. (1993), S. 42 f.
334 Vgl. Ruthemann, U. (1993), S. 42 f.; vgl. auch Mathes, K. (1986), S. 250.
335 Unter «hospitalisieren» ist ein Einliefern in ein Krankenhaus oder Pflegeheim zu verstehen.

menschlichen Beziehungen für die Zeit des Krankenhausaufenthaltes einzuschränken. Dies gehe beispielsweise mit einem Mangel an Vertrauen, Angst und Sorge um Angehörige oder der resignativen Vorstellung, nicht mehr geliebt, geschätzt oder nützlich zu sein, einher. Zum anderen gehe eine Hospitalisierung mit einer «relative[n] Entpersönlichung» und einer «relative[n] Infantilisierung» einher. Laut Rhode wird den Patienten in der Institution eine von ihrer Persönlichkeit abweichende neue Identität aufgezwungen, da sie sich den Routineabläufen der Arbeitsorganisation zu unterwerfen haben und viele ihrer Bedürfnisse einschränken müssen, bzw. daß den Patienten, aufgrund ihrer erhöhten Abhängigkeit von anderen bei der Befriedigung ihrer Bedürfnisse, ein kindähnlicher Status zugeschrieben wird.[336] Elsbernd / Glane kommen zu dem Schluß, daß Patienten sich mit ihrem Verhalten den bestehenden Normen der Organisation anpassen und möglicherweise ihre persönlichen Bedürfnisse unterdrücken, wollen sie sich nicht negativen Sanktionen seitens des Personals aussetzen, die Teil der Organisation bzw. Institution sind (vgl. «strukturelle Pflegegewalt» in Kap. 4.3.1 und «Bestrafungen und Belohnungen» in Kap. 5.1.1).

Strukturelle Zwänge äußern sich beispielsweise konkret in *Handlungsanweisungen*, wie sie in Haus- bzw. Heimordnungen festgelegt sind (vgl. dazu Kap. 4.3.1). Weitaus subtiler als Haus- und Heimordnungen, greift die *vorgegebene Tagesstrukturierung* durch die Alltagsroutine des Hauses bzw. Heimes in die individuellen Gestaltungsmöglichkeiten der Pflegebedürftigen ein. Es gibt in vielen Einrichtungen feste Zeiten für das Aufstehen, für Mahlzeiten und für das Zu-Bett-Gehen. In den meisten Einrichtungen endet der Spätdienst zwischen 20 und 21 Uhr. Die Nachtwache kann jedoch, wenn sie alleine ist, nur eine begrenzte Zahl von alten, pflegebedürftigen Menschen zu Bett bringen. Für die anderen auf Hilfe Angewiesenen bedeutet dies, daß sie vor dem Dienstschluß der Spätschicht zu Bett gehen müssen – unabhängig davon, ob sie schon müde sind, ob draußen noch die Sonne scheint oder ob sie es von früher gewohnt sind, erst in der Nacht schlafen zu gehen. Die lange Zeitspanne zwischen dem frühen Zu-Bett-Bringen und dem Wecken wird häufig als belastend erlebt, zumal gerade dann die Einsamkeit, das lange Wachliegen und quälende Gedanken bedrücken und beängstigen. Auf individuelle Lebensgewohnheiten und seelische Bedürfnisse der Pflegebedürftigen kann bzw. wird wenig Rücksicht genommen. Die Organisationsabläufe der Institution bestimmen einen Großteil der Lebensgestaltung der

---

336 Vgl. Rhode, J. J. in: Elsbernd, A. / Glane, A. (1996), S. 22 ff.; vgl. auch Dörner, Klaus in: Klessmann, M. (1994), S. 496 und Ganser, M. (1993).

Pflegebedürftigen, so daß diese sich in ihren Entfaltungsmöglichkeiten einge-schränkt sehen. Eine strenge Reglementierung trägt zudem dazu bei, daß sich Pflegebedürftige eher passiv verhalten und wenig Eigeninitiative und Eigenver-antwortlichkeit übernehmen.[337]

Ein weiteres Beispiel struktureller, jedoch auch meistens nicht intendierter personaler Gewalt, sowohl im Krankenhaus als auch im Alten- bzw. Pflegeheim, stellt der Zwang des täglichen Waschens und des wöchentlichen Badens der Pflegebedürftigen dar:

> «Sie sind es nicht gewohnt, sich ‹so übermäßig› zu waschen. Jetzt im Alter, wo sie körper-lich abgebaut sind und noch weniger Lust und Kraft dazu haben, wird dies verlangt. Und wenn man nicht mehr selber kann, macht das noch eine fremde Person. Das ist sicherlich noch schwerer zu akzeptieren, weil die Intimsphäre ständig verletzt wird. Für viele ist dies ein peinlicher Moment, der sich Tag für Tag wiederholt.»[338]

Saup stellte in seiner Studie fest, daß nicht wenige ältere Menschen in Alten- und Pflegeheimen ihren Privatbereich als subjektiv beengend empfanden: 50 % der Bewohner eines Einzelzimmers beschrieben ihren primären Wohnbereich als «furchtbar klein», «katastrophal eng» oder als «kleines Loch». Die *Heimmindest-bauverordnung* von 1978 schreibt als Mindestgröße für ein Einzelzimmer 12 m² bzw. 18 m² für ein Doppelzimmer vor. So scheinen viele Bauherren und Archi-tekten diese gesetzliche Vorschrift einer Mindestbauverordnung falsch zu inter-pretieren. Ein 12 m² großes Zimmer erweist sich für ein «Wohnen» als weniger angemessen und vorteilhaft, zumal nach empirischen Erkenntnissen Heimbewoh-ner sich in erster Linie in ihrem privaten Zimmer aufhalten und diesem eine Schlüsselrolle im Hinblick auf die Lebensbedingungen zukommt.

Weiter kam Saup zu dem Ergebnis, daß in vielen Altenheimen private Wohn-räume mit standardisierten Heimmöbeln ausgestattet sind. Deshalb ist es den Heimbewohnern neben der geringen Stellfläche kaum möglich, von einigen Kleinmöbeln abgesehen, eigene Möbel mitzubringen, an denen viele persönliche Erinnerungen hängen. Trauergefühle oder sogar der Verlust von persönlicher Identität können daraus resultieren[339]

Belastungen und Frustrationen entstehen aber auch durch das Wohnen in einem Zwei- oder Mehrbettzimmer, was für Pflegeheimbewohner meist obligatorisch ist. Nach Schätzungen des KDA (o.J.), so Graber-Dünow, ist davon auszugehen,

---

337 Vgl. Mathes, K. (1986); BfFS (1992) S. 96 ff.; Fuhrer-Burckhard, Beatrice (1995); vgl. auch Graber-Dünow, M. (1994, 1995); Wahl, H.-W. / Reichert, M. (1996).
338 Fuhrer-Burckhard, B. (1995), S. 55 f.
339 Vgl. Saup, W. (1984), (1996), S. 54 ff.

daß der Anteil von Einzelzimmern in Pflegeheimen nur bei etwa 20 % liegt, bei ca. 60 % Doppel- und knapp 20 % Drei- und Vierbettzimmern. In einem Mehrbettzimmer muß der alte Mensch auf Rückzugsmöglichkeiten und auf eine Privatsphäre verzichten. Er fühlt sich oft dauernder Kontrolle und Beobachtung durch den Mitbewohner ausgesetzt oder erfährt die interferierenden Tages- und Schlafrhythmen als störend und die Gewohnheiten der mitwohnenden Person als schwer tolerierbar.[340] Dies läßt sich m. E. auch auf die Situation der Patienten im Krankenhaus übertragen.

Fuhrer-Burkhard resümiert, daß «inmitten all dieser Zwänge, Veränderungen und Hausregeln ... die Patienten [bzw. Pflegebedürftigen in einer Pflegeinstitution] [sich]oft alleine und ohnmächtig [fühlen]. In diesem Lebensabschnitt, der für die meisten der letzte ist, gibt es viele ‹Muß›, viel Neues, viel Unbekanntes. Oft kommt noch das Gefühl dazu, entmündigt zu sein, weil andere bestimmen und eigene Wünsche und Gewohnheiten nicht mehr oder nur noch gelegentlich berücksichtigt werden. Die persönliche Freiheit, zu tun und zu lassen, was man will, ist durch den Heimapparat [bzw. der Institution Krankenhaus] drastisch beschnitten.»[341]

5.2.5 Frustrationen der Pflegebedürftigen aus anderen Beziehungen

Konflikthafte Beziehungen können sich auch unter den Pflegebedürftigen ergeben. Die meisten Kontakte der alten Menschen in Pflegeeinrichtungen sind nicht frei gewählt. Sie können sich ihre Mitpatienten oder Mitbewohner kaum auswählen, in Pflegeheimen müssen sie meistens ein Zimmer mit zunächst fremden Menschen teilen, ob sie dazu bereit sind oder nicht. Diese indirekte, strukturelle Gewalt verbunden mit einer konfliktreichen Beziehung der Zimmerbewohner, kann für diese zur Belastung werden und zu Frustrationen und Aggressionen führen. Es gibt allerdings auch alte Menschen, die gerne mit anderen ein Zimmer teilen möchten, um sich zu unterhalten und um sich gegenseitig helfen zu können.[342] Als «alltagstheoretische Rechtfertigung» von Mehrbettzimmern wird oft die These vertreten, daß die Kommunikation der Bewohner dadurch gefördert werde. Gerontologische Untersuchungen zeigen im Gegensatz dazu, daß Bewohner von Einzelzimmern ein regeres Kontaktverhalten aufweisen, denn Möglich-

---

340 Vgl. Graber-Dünow, M. (1995), S. 34; Saup, W. / Reichert, M. (1996), S. 17.
341 Fuhrer-Burckhard, B. (1995), S. 56.
342 Vgl. BfFS (1992), S. 64 f.; Ruthemann, U. (1993), S. 45.

keiten des vorübergehenden Rückzugs fördern Phasen einer stärkeren Öffnung nach außen.[343]

Dennoch entstehen für manche Heimbewohner Belastungen durch *unbefriedigende Kontaktsituationen* zu anderen Bewohnern. Soziale Isolation und Einsamkeit kann auch bei gleichzeitiger hoher Bewohnerzahl in Alten- und Pflegeheimen auftreten. Damit soll nicht behauptet werden, daß Bewohner von Heimen generell vereinsamt sind. Es zeigt sich jedoch, daß aus einer Ansammlung von Menschen nicht unbedingt mitmenschliche Nähe entsteht.[344]

An dieser Stelle sei darauf hingewiesen, daß für männliche Heimbewohner der Umgang mit anderen deutlich erschwert ist. Da das Alter vornehmlich weiblich ist,[345] erleben viele männliche Bewohner die reduzierten Möglichkeiten, Kontakte zu anderen männlichen Bewohnern aufnehmen zu können, als sehr belastend.[346]

Die Beobachtung *psychischer Veränderungen anderer Pflegebedürftiger* stellt für viele alte Menschen in pflegerischen Einrichtungen eine starke Belastung dar. Sie reagieren mit Betroffenheit und Unverständnis. Da sie ihnen nicht immer ausweichen können, müssen sie sich mit ihnen auseinandersetzen. Dies kann mit Verhaltensunsicherheiten und Ängsten vor dem eigenen Schicksal einhergehen. Wenn nicht Toleranz gegenüber den Verwirrten entwickelt wird, kann das Verhalten der Verwirrten u. U. zu Frustrationen oder auch Aggressionen führen.[347]

Dazu eine 78jährige Bewohnerin einer stationären Einrichtung: «Hier gibt es einige, die schon richtig dumm geworden sind. Da kommt es vor, daß sie andere beschuldigen, gestohlen zu haben oder so, das ist nicht schön, da will ich nichts mit denen zu tun haben.»[348] Oder eine 87jährige Bewohnerin: «Unter den Bewohnern sind viele Verwirrte, manchmal richtig Irre, da leide ich seelisch drunter, ich möchte so gern helfen, hab' immer gern geholfen – ist aber so zwecklos. Nach fünf Minuten fragen sie wieder dasselbe.»[349]

Aber auch die Beziehung zwischen den Gepflegten und ihren *Angehörigen* kann u. U. konfliktbeladen sein. So kann z. B. der Heimeintritt mit einem unausgesprochenen unterschwelligen Konflikt zwischen pflegebedürftigen Eltern und ihren erwachsenen Kindern verbunden sein. Zum einen würden die alten Eltern

---

343 Vgl. Graber-Dünow, M. (1995), S. 35, ebenso BfFS (1992), S. 67 f.
344 Vgl. Saup, W. (1984), ebenso Saup, W. (1994), S. 56.
345 Vgl. ausführlich Niederfranke, A. (1995).
346 Vgl. BfFS (1992), S. 71. In der Fernsehsendung «ARD-Exclusiv: Thema: Die Stadt der Alten – Das größte Altersheim Europas», wird u. a. eindrucksvoll von einem 90jährigen Heimbewohner und dessen Sorgen berichtet.
347 Vgl. BfFS (1992), S. 61 ff.
348 Ältere Bewohnerin zit. nach BfFS (1992), S. 62.
349 Ebd.

(keineswegs immer) lieber bei einem der Kinder leben, wenn sie schon auf Hilfe angewiesen sind, zum anderen möchten sie ihnen nicht lästig sein. Die Kinder hingegen können die alten Eltern oft nicht aufnehmen, weil entweder die Wohnverhältnisse oder die Berufstätigkeit der Frau oder des Mannes dies nicht zulassen. Oder sie wollen es nicht, da es die innerfamiliären Bindungen verändern würde und/oder mit zusätzlichen Belastungen für die Familie oder die Pflegeperson, in der Regel ist es die Frau, verbunden wäre.

Aggressionen seitens der alten Menschen in Pflegeeinrichtungen können auch dann entstehen, wenn ihre an die Angehörigen gerichteten Erwartungen nicht erfüllt werden. Beispielsweise kann sich dies durch seltene Besuche äußern.

Stärkere Konflikte mit den Angehörigen können sogar bis zum Abbruch des Kontaktes führen. Anlässe können hier beispielsweise materielle Probleme sein, wie z. B. der Verkauf des Hauses oder die Auflösung der Wohnung. Aber auch andere, schon in der Vergangenheit bestandene Probleme und Konflikte können zu Spannungen führen.[350]

Viele ältere Menschen in Alten- und Pflegeheimen befürchten, den Angehörigen zur Last zu fallen, was für sie eine große Belastung bedeutet. «Sie bedauern, daß die Angehörigen persönlich und auch finanziell auf vieles verzichten müssen, um den Bedürfnissen des Heimbewohners gerecht zu werden. Der Gedanke, daß ihre Kinder für sie arbeiten müssen, weil sie selbst nicht genügend Geld aufbringen, ist vielen Bewohnern sehr unangenehm. Sie schämen sich und haben ein ‹schlechtes Gewissen›. Dies verhindert, daß sie ihren Angehörigen ‹unbefangen› gegenübertreten und birgt die Gefahr, daß aus falsch verstandener Scham und Unsicherheit Probleme und Belastungen erst entstehen.»[351]

Einige erwachsene Kinder behandeln ihre pflegeabhängigen Eltern wie Kinder. Solche Infantilisierungsprozesse können von den erwachsenen Kindern als Strategien begriffen werden, die dazu dienen, die veränderte Situation durch Rollenumkehrung besser zu verarbeiten, denn nun sind sie es, die sich kümmern.[352] Bei den alten Menschen kann diese Infantilisierung zu Ärger, dieser wiederum zu Aggressionen führen. Doch meistens ist es nicht möglich, die Aggressivität auf die tatsächliche Frustrationsquelle, in diesem Beispiel sind es die Angehörigen, zu richten, weil sie entweder nicht anwesend oder aber zu mächtig sind. Die Aggressivität kann sich dann auf die anwesenden Personen, in der Regel das Pflegepersonal, verschieben.[353]

---

350 Vgl. BfFS (1992), S. 85 ff.; Ruthemann, U. (1993), S. 46 ff.
351 BfFS (1992), S. 87.
352 Vgl. Dunkel, W. (1988), S. 152.
353 Vgl. Grond, E. (1991a), S. 11; BfFS (1992), S. 92.

5.3 Die unspezifische Wirkung von Frustrationen

Wie bereits zu Anfang des 5. Kapitels erwähnt wurde, darf die ganze Fülle der verschiedenen Faktoren der Frustrationen von Pflegebedürftigen und Mitarbeitern nicht getrennt voneinander betrachtet werden, auch wenn sie unabhängig voneinander aufgeführt sind. Die Wirkung von Frustrationen ist komplex, da sie unspezifisch ist und nicht unbedingt auf den Frustrationsauslöser gerichtet sein muß.

Schneider / Sigg kamen in ihrer Untersuchung, ob es Gewalttätigkeiten in Alters- und Pflegeheimen gibt, zu dem Schluß, daß neben den geschilderten hohen und ständigen Belastungen auch die persönliche Disposition des Pflegenden eine Rolle bei der Ausübung von Gewalt spielt. Eigenschaften wie ein niedriges Lebensalter, eine geringe Motivation, sich weiterzubilden, eine geringe Zustimmung zur Heimorganisation, eine geringe Lebenszufriedenheit und schließlich viele Erfahrungen mit Gewalt in der eigenen Kindheit begünstigen aggressives Verhalten. Zu den Sozialisierungserfahrungen des Personals gehört die Akzeptanz von Gewalt in unserer Gesellschaft und der Mangel an anderen Problemlösungsmöglichkeiten. Auch stellte sich in der Untersuchung heraus, daß größere Heime mit einer hohen Arbeitsspezialisierung des Personals, sowie Personalmangel, mit Aggressionen und Gewalt korrelieren.[354] M. E. lassen sich diese Ergebnisse z. g. T. durchaus auch auf Krankenhäuser übertragen, da Krankenhäuser als Pflegeeinrichtungen ähnliche Strukturen wie Alten- und Pflegeheime aufweisen.

Auf die unspezifische Wirkung von Frustrationen weist auch die erweiterte Frustrations-Aggressions-Theorie hin: Die aus Frustrationen entstandenen Aggressionen können sich unspezifisch verschieben bzw. verlagern und eine andere Person treffen (vgl. Kap. 4.2.1).

Frustrationen können sich, so Ruthemann, in jeder Beziehung auswirken, gleichgültig, worin ihre Quelle besteht. D. h., Auswirkungen der Frustration brauchen in keinem Zusammenhang mit der Ursache zu stehen. Beispielsweise können sich Frustrationen der Pflegenden im Team in einer «aggressiven Pflege» auswirken, oder die Frustrationen eines älteren Patienten oder Heimbewohners über ausbleibende Angehörigenbesuche können z. B. eine Rolle spielen, wenn er über das Essen schimpft oder handgreiflich gegenüber einem Mitarbeiter wird.

---

354 Vgl. Schneider, H.-D. / Sigg, E. (1990), S. 41 f.; vgl. dazu auch KDA (1989c).

«Es genügen allein solche Frustrationsfaktoren, die außerhalb der Interaktion zwischen Mitarbeiter und Heimbewohner [bzw. älterem Patienten im Krankenhaus] liegen, um ein Gewaltpotential und damit die Gefahr für Gewalttätigkeiten innerhalb der Beziehung zwischen Bewohnern und Personal zu schaffen ... Unspezifische Wirkung von Frustrationen heißt auch, daß Zusammenhänge in jeder Richtung bestehen können, daß zwischen dem Auslöser und der Wirkung oft nicht unterschieden werden kann und daß die Suche nach dem Schuldigen sinnlos ist.»[355]

Die Ursache der Frustrationen wird dabei allzu oft nur in einem Faktor gesucht, so daß dem frustrierenden Verhalten des anderen fälschlicherweise eine böswillige Absicht unterstellt wird. Als Beispiel sei hier noch einmal auf den «schwierigen Patienten» verwiesen, der bei Pflegenden negative Gefühle auslöst, jedoch durch sein Verhalten z. B. nur versucht, seine Angst zu kompensieren. Durch eine kurzsichtige Denkart, die die unspezifische Wirkung von Frustrationen außer acht läßt, werden vorhandene Frustrationen als noch belastender erlebt, so daß als weitere Folge ein negativer Rückkoppelungseffekt stattfinden kann: Unterstellungen und Mißverständnisse beeinflussen negativ die Interaktion und können zu einem ständig wachsenden Gewaltpotential beitragen oder sogar zu einer Spirale der Gewalt eskalieren.[356]

---

355 Ruthemann, U. (1993), S. 67.
356 Vgl. ebd. S. 65 ff.

6. Die Zeugen und ihre möglichen Interessenlagen

Gewalt gegen alte Menschen in Pflegeeinrichtungen kann durch viele verschiedene Faktoren erklärt werden. Um jedoch Gewalt gegen alte Menschen in Pflegeeinrichtungen hinreichend zu erklären, muß als wesentliche Bedingung derselben auch die Mitwisserschaft bzw. «Mitwissergleichgültigkeit» gegenüber den Opfern deutlich gemacht werden.[357]

An dieser Stelle sei gesagt, daß die gesichtete Literatur bezüglich der Zeugen sich vornehmlich auf Alten- und Altenpflegeheime bezieht und die folgenden Aussagen, mit einer Ausnahme (siehe weiter unten), sich auch auf diese beschränken. Es ist jedoch anzunehmen, auch aufgrund meiner eigenen Erfahrung, daß Mitwisserschaft und «Mitwissergleichgültigkeit» verschiedener Personen auch auf pflegerischen Stationen im Krankenhaus anzutreffen sind.

Dießenbacher sowie Dießenbacher / Schüller stellten aufgrund der Analyse von Gerichtsakten, die Fälle von Mißhandlung, Vernachlässigung und Tötung von Altenheimbewohnern dokumentieren, fest, daß Mitwisserschaft «ein Umfeld in konzentrischen Kreisen ums Tatzentrum» bildet. Es umfaßt verschiedene Gruppen von Mitwissern, die, ausgenommen derjenigen, die eingreifen und zu «Rettern» werden, aus verschiedenen Gleichgültigkeitsmotiven um die Gewalt wissen, aber nicht eingreifen.[358] Im folgenden wird auf die von den genannten Autoren ausgewerteten Gerichtsakten Bezug genommen.

6.1 Die anderen Pflegebedürftigen

Dießenbacher / Schüller stellten fest, daß pflegebedürftige Heimbewohner, die gewalttätige Handlungen an anderen pflegeabhängigen alten Menschen sahen, oftmals verschüchtert schwiegen. Ihnen fehlte der Mut einzugreifen, da sie im Bewußtsein ihrer Abhängigkeit von den gewalttätigen Pflegepersonen mit drohenden pflegerischen Sanktionen zu rechnen hatten.[359] Die Pflegebedürftigen und

---

357 Vgl. Schweppe, Cornelia (1995), S. 84.
358 Vgl. Dießenbacher, H. (1988), Dießenbacher, H. / Schüller, K. (1993), S. 98.
359 Vgl. Dießenbacher, H. / Schüller, K. (1993). S. 100; vgl. auch Müller, H. A. (1990), S. 77.

die Opfer selber wurden besonders von den Tätern sogar zu Mittätern und damit zu Gewaltgehilfen gemacht. Die in den Gerichtsakten angeführten Versuche der Opfer, sich mit heimlich hinausgeschmuggelten Nachrichten, Beschwerdebriefen an Behörden, Hilferufen an die Polizei und an Vormünder Gehör zu verschaffen, schlugen fehl.

Zum Teil hatten es die Opfer schwer, ihre Angehörigen von den gewalttätigen Übergriffen gegen sie durch einzelne Pflegende zu überzeugen. Jedoch kam es auch vor, daß besuchende Angehörige nicht von den Mißhandelten informiert wurden, da sie ihre Angehörigen, die z. T. ein schlechtes Gewissen hatten, die Pflege nicht selbst übernommen zu haben, nicht noch zusätzlich belasten wollten. Aus eigener Kraft konnten sie sich oft nicht von den Tätern befreien.[360]

6.2 Die Angehörigen

Einige Angehörige wußten von Mißhandlungen, verleugneten diese jedoch nach außen hin: «Sie waren Mitwisser und Nichtwisser in einem», wenn sie nicht die Kraft zur Anzeige fanden.[361] Besuchende Angehörige, die Schuldgefühle haben, weil sie Eltern und Verwandte nicht selber pflegen, geraten in Konflikte, so Dießenbacher / Schüller. V. a. treffe dies beim Phänomen der «undankbaren Töchter» zu. Diese würden dazu neigen, Anzeichen, die einen Mißhandlungsverdacht begründen könnten, kaum zu beachten, denn wenn sich der Verdacht bestätigen sollte, würde ihr ohnehin schlechtes Gewissen durch eine «Mißhandlungsmitverantwortung» weiter beschwert. Oftmals waren die Angehörigen deshalb bereit, den Aussagen und Darstellungen der Täter über angebliche Unfälle und eine unerwartete Verschlechterung des Gesundheitszustandes zu glauben. Die Alternative wäre ein Sammeln von Beweisen, was allerdings mit vielen Schwierigkeiten und Widerständen seitens der Täter verbunden wäre. Aus den vier analysierten Gerichtsakten war zu entnehmen, daß sich allein ein Angehöriger, von Beruf Arzt, über die verbrühten Füße seiner Mutter beschwerte. Allerdings reichte ihm zur Erklärung ein Entschuldigungsschreiben aus.[362]

Andere Angehörige, die die Anzeichen ernst nahmen und sich bei den zuständigen Behörden beschwerten, bekamen von diesen keine Resonanz.[363]

---

360 Vgl. Dießenbacher, H. (1988), S. 382; Dießenbacher, H. / Schüller, K. (1993), S. 62, 73, 77, 98.
361 Vgl. Dießenbacher, H. / Schüller, K. (1993), S. 77.
362 Vgl. ebd., S. 87, 98.
363 Vgl. ebd., S. 77, 98.

«Während Angehörige bei mißhandlungsfreiem Pflegen leicht dazu neigen, ihre Schuldgefühle mit Vorwürfen gegen die ‹fremden Pflegeschwestern› zu beruhigen, haben sie sich in allen vier Mißhandlungsfällen zu einer Art nichtwissender Mitwisser gemacht, deren Schuldgefühle von Gleichgültigkeit stillgehalten wurden.»[364]

6.3 Die anderen Mitarbeiter

Das Verhalten der anderen Pflegenden bzw. der übrigen Mitarbeiter, die von den Gewaltakten wußten, war unterschiedlich. Dort, wo sie sich nicht zu Mittätern machen ließen, wurden die Mitwisser zu «Bystander», wie die Altruismusforschung das passiv zuschauende Verhalten nennt.[365] Einige unterwarfen sich wortlos der von Angst und Spannung bestimmten Atmosphäre. Im Gegensatz zu den unqualifizierten Mitarbeitern neigte das qualifizierte Personal am ehesten zu Achtsamkeit und Widerstand. Dann, wenn die «Täter» stärker waren, wechselte das qualifizierte Personal die Arbeitsstelle und kündigte. Das unqualifizierte Personal war im Gegensatz dazu eher untätig, verängstigt und gehorsam. Einige von ihnen verließen den Tatort, um nicht Zeuge der gewalttätigen Handlung zu werden. Andere ließen sich überreden, bei den Taten mitzumachen. Petzold umschreibt diesen Nachahmungseffekt mit «psychischer Infektion».[366]

Zu bemerken ist die Tatsache, daß sowohl mitwissende Angehörige als auch mitwissende Pflegepersonen, die nicht aktiv geworden sind, sich nach Aufdeckung der Taten durch Briefe an die Staatsanwaltschaft wenden, in der Absicht, ihr schlechtes Gewissen zu beruhigen und ihrer Angst vor nachträglicher Bestrafung zu begegnen.[367]

6.4 Die Heimärzte

Eine besondere Rolle in diesem Zusammenhang spielen die Ärzte, die als Vertragsärzte oder nach Regeln der freien Arztwahl zu regelmäßigen Besuchern und Kennern des «Heiminnenlebens» gehören. In einem dem Autor Dießenbacher

---

364 Ebd., S. 99.
365 Vgl. ebd., S. 99; Heinsohn, Gunnar (1993), S. 446. «Altruismus» ist ein von C. Comte geprägter Begriff und bezeichnet die Gesinnung eines einzelnen, unter Mißachtung des eigenen Nutzens, das Wohl anderer durch sein Handeln zu fördern. Vgl. Dießenbacher, H. (1979), S. 7.
366 Vgl. Dießenbacher, H. / Schüller, K. (1993), S. 99; Petzold, H. G (1992), S. 263.
367 Vgl. Dießenbacher, H. (1988), S. 382.

bekannten Fall regten Ärzte eines Krankenhauses über Verwaltungsrat und Kriminalpolizei eine Untersuchung an, als über zehn alte Patienten innerhalb von wenigen Tagen überraschend starben.[368] Meistens jedoch verhielten sie sich passiv und wurden somit zu «schweigenden Komplizen der Institution, bisweilen als ihre Beschützer wider besseren Wissens, gelegentlich als Mahner unübersehbarer Vernachlässigung».[369] Aus den Gerichtsakten war zu entnehmen, daß sie ihre Augen verschlossen, indem sie körperlich mißhandelte, abgemagerte, verschmutzte und an Dekubitus leidende alte Menschen ohne Einschaltung der Heimaufsicht ins Krankenhaus überwiesen; sie verschrieben blanko Rezeptformulare und damit z. B. ungeeignete Betäubungsmittel; sie überwachten nicht die genaue Verabreichung von Medikamenten, delegierten ärztliche Aufgaben an das Pflegepersonal, stellten Totenscheine flüchtig oder ohne genaue Leichenuntersuchung aus; sie fälschten die Totenscheine, damit kein Aufsehen erregt wurde und um Polizeieinsatz zu vermeiden.

In der Mehrzahl der Fälle waren sie geneigt, den Tätern zu glauben. Sie verließen sich auf die Aussagen der Heimleitung, von denen sie die Krankenscheine ausgehändigt bekamen.[370]

6.5 Die Träger und Behörden

Folgt man Dießenbacher, so blocken kirchliche und kommunale Träger in der Regel nach den ersten Beschuldigungen, da sie einen Skandal in der Öffentlichkeit fürchten.[371] Dießenbacher / Schüller stellten fest, daß drei von vier Trägern die Verantwortung an die Heimleitung überwiesen. Nur in einem Fall wurde der Träger selbst aktiv. Das Interesse der anderen Träger und Behörden galt mehr dem guten Ruf sowie dem baulichen Zustand als der Gesundheit der Heimbewohner. Aufgrund des Heimgesetzes § 9 sind Behörden dazu verpflichtet, Heime regelmäßig zu überwachen. Auch ist es ihnen erlaubt, bei einem bloßen Verdacht das betreffende Heim zu kontrollieren. Da wegen des § 10 Vertreter der Wohlfahrtsverbände beteiligt sein müssen, besteht die Gefahr, daß nicht angemeldete «Begehungen» verfrüht bekannt werden.[372]

---

368 Vgl. ebd.
369 Ebd., S. 383.
370 Vgl. ebd., S. 383; Dießenbacher, H. / Schüller, K. (1993), S. 53 f., 64 f., 87, 99.
371 Vgl. Dießenbacher, H. (1988), S. 383.
372 Vgl. Dießenbacher, H. / Schüller, K. (1993); S. 100.

Dießenbacher mutmaßt, daß die behördliche Heimaufsicht, auch als pflegesatz-vergebende Instanz, nicht an der Aufdeckung von Mißständen interessiert sei, da mit einer Verbesserung der Zustände in der Regel ein Ansteigen der Pflegesatzkosten verbunden wäre. Ohnehin würden sich manche Betreiber angesichts einer nicht befriedigenden Leistungs- und Entgeldkontrolle «finanziell gesundstoßen».[373]

6.6 Die «Retter»

Nicht alle, die zu Zeugen oder zu Mitwissern der Gewalt gegen alte Menschen werden, schweigen. In den von Dießenbacher / Schüller analysierten Gerichts-akten stehen sie am Rande des Gewaltgeschehens. Sie sind «Außenseiter», «Ne-benfiguren,» wie z. B. eine Schülerin, eine ehemalige Bewohnerin, ein anonymer Briefschreiber oder ein vorbestrafter alkoholabhängiger Heimbewohner. Sie zei-gen Zivilcourage und bringen den Stein ins Rollen. Erst am Ende tauschen sie die Rollen mit den Tätern und werden zu «Helden». Sie stellen «Glanzpunkte» unter den vielen Mitwissern dar, die, so die Autoren, sich aus «Leuten wie du und ich» zusammensetzen.[374] Ihre Beweggründe, Gewaltopfern zu helfen, lassen sich nach Dießenbacher aus der sozialpsychologischen Altruismusforschung entneh-men. Obwohl zahlreiche Einflußfaktoren für altruistisches Verhalten eine Rolle spielen, die in der Person des Helfers, der Person des «Opfers», in der Hilfssitua-tion und im sozio-kulturellen Umfeld liegen,[375] kommt Lück aufgrund empiri-scher Ergebnisse zu dem Schluß, daß altruistisches Verhalten durch eine starke Identifizierung mit dem elterlichen Modell moralischen Verhaltens und einem persönlichen Gefühl der sozialen Ausgrenzung gekennzeichnet ist.[376] Weiter konnte aufgrund einer Untersuchung an 213 Studenten festgestellt werden, daß altruistisches Verhalten mit «Sozialbeziehungen in der Jugend, mit der Geschwi-sterzahl, der konfessionellen Bindung, mit dem Überwinden schwerer Schick-salsschläge und mit Kontakten zu Behinderten in der eigenen Verwandtschaft zusammenhängt».[377]

---

373 Vgl. Dießenbacher, H. (1988), S. 383; vgl. dazu auch Unruh, T. (1988), S. 46 ff.; Klie, Th. / Lörcher, U. (1994); Cleve, I. van (1995), S. 453.
374 Vgl. Dießenbacher, H. / Schüller, K. (1993), S. 91.
375 Vgl. Dießenbacher, H. (1979), S. 9 f.
376 Vgl. Lück, E. (1975) in Dießenbacher, H. (1979), S. 8 ff.
377 Lück, E. (1975) zit. nach Dießenbacher H. (1979), S. 9; vgl. ausführlicher dazu Dießenbacher, H. (1979). M. E. sind Untersuchungen an Studenten kritisch zu sehen, da sie nur eine spezifische Gruppe der Bevölkerung darstellen und somit nicht repräsentativ sind. Vgl. ausführlich zum «Bystander»-Verhalten und Charaktereigenschaften von Rettern von Juden im dritten Reich: Heinsohn, G. (1993).

7. Auswirkungen von Frustrationen und Gewalt

Frustrationen können im komplexen Beziehungsgefüge zwischen Pflegebedürftigen und Pflegenden zu «Risikofaktoren» von Aggressionen und Gewalt werden. Diese «Risikofaktoren» sind es, die Kräfte verschleißen und allmählich das Faß füllen und dann zum Überlaufen bringen.[378] Am Ende steht die Gewalt.

Nach Ansicht Ouds scheinen Opfer von Gewalt sowie Pflegende nach einer Konfrontation mit aggressiv-gewalttätigem Verhalten die gleichen Reaktionen zu zeigen: Furcht, Angst, Irritation, Depression, Schock, Ungläubigkeit, Apathie, Selbstbeschuldigung sind einige Reaktionen, die kürzer oder aber auch länger anhalten können.[379] Folgt man der Theorie der «gelernten Hilflosigkeit» von Seligman, so sind v. a. Angst und Depression aus dem Gefühl der Hilflosigkeit entstanden.[380]

7.1 Entstehung von Hilflosigkeit

Seligman versuchte aufgrund von Tierexperimenten nachzuweisen, daß Angst und Depression aus einem Gefühl der Hilflosigkeit entstehen. Wenn ein Tier erfahren hat, daß keine Beziehung zwischen seinen Reaktionen und nachfolgenden Konsequenzen besteht, zeigt es Hilflosigkeitssymptome. Bei Menschen, die Ereignissen ausgesetzt sind, die sie nicht kontrollieren können, treten «Veränderungen im motivationalen, kognitiven, emotionalen und den Selbstwert betreffenden Bereich ein, die mit der depressiven Symptomatik vergleichbar sind».[381] Seligman schreibt:

«Die Erwartung, daß eine Konsequenz von den eigenen willentlichen Reaktionen unabhängig ist,

a. senkt die Motivation, diese Konsequenz kontrollieren zu wollen,

b. interferiert mit der Fähigkeit zu lernen, daß die eigenen Reaktionen die Konsequenz

---

378 Vgl. Ruthemann, U. (1993), S. 71.
379 Vgl. Oud, Nico (1993), S. 615.
380 Vgl. Seligman, Martin (1992), S. 52.
381 Luka-Krausgriff, Ursula (1994), S. 105. Die Übertragbarkeit von Tierexperimenten auf menschliches Verhalten ist sicherlich fragwürdig.

tatsächlich kontrollieren, und – wenn die Konsequenz traumatisch ist –
c. löst diese Erwartung solange Furcht aus, wie das Individuum sich der Unkontrollierbarkeit der Konsequenz nicht sicher ist; danach führt sie zu Depression.»[382]

Nach Seligman haben Furcht und Frustration die Aufgabe, die Suche nach Bewältigungsstrategien anzuregen, solange das Individuum nicht sicher ist, daß es aussichtslos ist. Aber wenn das «Individuum schließlich überzeugt ist, daß das Trauma unkontrollierbar ist, schwindet die Furcht ebenfalls – sie ist nicht nur nutzlos, sondern schlimmer, da sie das Individuum viel Energie in seiner hoffnungslosen Situation kostet. Danach kommt es zur Depression.»[383] Folgt man Seligman, dann sind diejenigen «hilflos gegenüber einer Konsequenz, wenn diese unabhängig von allen ihren willentlichen Reaktionen eintrifft».[384]

In dem erweiterten Ansatz von Seligman und Abramson wird davon ausgegangen, daß nicht, wie ursprünglich angenommen, das Trauma des Hilflosigkeitserlebnisses für die nachfolgenden Symptome verantwortlich ist, sondern die Erwartung des Nicht-kontrollieren-Könnens. Bei wiederholten Erfahrungen von Unkontrollierbarkeit tritt dann der Zustand der «gelernten Hilflosigkeit» ein.[385] Folgt man der Definition Ruthemanns, so ist mit «gelernter Hilflosigkeit» gemeint, daß Passivität, Depressivität und unangemessene Aggressivität durch meist mehrere schwere Erfahrungen erworben werden. Unangenehmen Situationen hilflos ausgeliefert zu sein, ein Schicksal nicht abwenden zu können sich nicht erfolgreich wehren zu können ist den Erfahrungen gemeinsam. Wer sich vergeblich bemüht, nicht ausgeliefert zu sein, entwickelt das Syndrom der «gelernten Hilflosigkeit» und setzt sich nicht mehr oder falsch – z. B. aggressiv – für seine Belange ein.[386] Das Gefühl bzw. die Überzeugung, in einer Situation keine Kontrollmöglichkeit mehr zu haben, wird erlernt und ist deshalb auch therapeutisch beeinflußbar.[387]

---

382 Seligman, M. (1992), S. 52.
383 Ebd., S. 51.
384 Ebd., S. 15.
385 Vgl. Schwarzer, Ralf (1981), S. 150 f.
386 Vgl. Ruthemann, U. (1993), S. 71 f.; vgl. dazu auch Schneider, H.-D. (1993), S. 226.
387 Vgl. Seligman, M. (1992), S. 42 ff.; Ruthemann, U. (1993), S. 71 ff.; vgl. ausführlicher zur «erlernten Hilflosigkeit» Schwarzer, R. (1981), S. 147 ff.; Seligman, M. (1992); Ruthemann, U. (1993), S. 71 ff.

7.2 Hilflosigkeit bei den Pflegebedürftigen

Hilflosigkeit von Pflegebedürftigen kann sowohl in Heimen als auch im Krankenhaus entstehen. Nach Seligman berücksichtigen Institutionen die Bedürfnisse ihrer «Insassen» nach eigener Kontrolle über wichtige Lebensumstände viel zu wenig. Viele Heimbewohner und Patienten machen die Erfahrung, daß ihnen objektive Möglichkeiten genommen wurden, die ihnen außerhalb der Institution selbstverständlich waren (vgl. Kap. 5.1.2 und 5.2.2). Dies kann bei ihnen zu Frustrationen führen, da ihr Handlungsspielraum immer wieder an Grenzen stößt.[388] Die zuvor beschriebenen Bedingungen bzw. Gewalterfahrungen rufen bei ihnen ein Gefühl der Nichtbeherrschbarkeit ihrer Umwelt hervor. Ihre Hilflosigkeit wird sogar von einigen Pflegenden meistens unbeabsichtigt dort gefördert, wo den Pflegebedürftigen aus Zeitmangel oder fehlender Sensibilität der Pflegenden Entscheidungen abgenommen werden, wie z. B. bei der Wahl zwischen Kleidungsstücken oder auch zwischen verschiedenen Nahrungsmitteln. Der Prozeß der gelernten Hilflosigkeit kann nach Seligman bei einigen Pflegebedürftigen zu Motivations- und Leistungsminderung und einer depressiven Haltung führen, an deren Ende sogar der biologische Tod stehen kann.[389] In diesem Zusammenhang weist Ruthemann auf eine Längsschnitt-Untersuchung von Raps / Peterson / Jonas / Seligman (1982) hin, in der sich zeigte, daß im Verlauf des ersten halben Jahres nach Eintritt in ein Altenheim bei den alten Menschen Symptome der Depression[390] deutlich zunahmen und die geistige Leistungsfähigkeit abnahm.[391] Nach Schätzungen sind insgesamt 25 % der Bewohner von Altenheimen depressiv.[392] Möglicherweise könnten diese Ergebnisse mit der relativ hohen Mortalitätsrate von Heimbewohnern nach Eintritt in ein Heim zusammenhängen. Rodin weist diesbezüglich auf verschiedene Arbeiten hin, die diese Annahme unterstützen (vgl. die durchschnittliche Aufenthaltsdauer in stationären Einrichtungen der

---

388 Vgl. Seligman, M. (1992), S. 172 ff. M. E. ist die Bezeichnung «Insassen» für Patienten bzw. Heimbewohner nicht treffend, sie drückt meiner Ansicht nach bereits verbale Gewalt gegen diese aus!

389 Vgl. Seligman, M. (1992), S. 172 ff., ebenso Ruthemann, U. (1993), S. 71 ff.; Graber-Dünow, M. (1995), S. 35.

390 Depressionen zählen zu den häufigsten seelischen Störungen im Alter. Eine Depression zeichnet sich durch eine gedrückte Stimmungslage aus, die u. a. mit verminderter Reizansprechbarkeit verbunden ist. Sie kann durch äußere Anlässe oder Psychosen ausgelöst werden. Es lassen sich verschiedene Depressionsformen unterscheiden, die hier jedoch nicht weiter erörtert werden sollen (vgl. Bruder, J. 1996, S. 29 ff.).

391 Vgl. Ruthemann, U. (1993), S. 76.

392 Vgl. ebd., S. 79.

Altenpflege nach Infratest 1995 in Kap. 5.1.1).[393] Seligman verweist hier auch auf organisch kranke Menschen, die einen Verlust an Kontrolle auch im Krankenhaus erfahren können und dadurch möglicherweise weiter geschwächt werden, so daß es dadurch sogar zum Tod kommen kann.[394]

Hilflosigkeit kann sich andererseits bei den Pflegebedürftigen auch in Aggressionen ausdrücken. Das sind die Aufsässigen, die Nörgler, die aggressiven Pflegebedürftigen, die, die nie zufrieden scheinen, die aufgrund von Beschimpfungen oder physischer Gewalt versuchen, sich Gehör zu verschaffen. Sie versuchen durch ihr Verhalten Kontrolle zurückzugewinnen. Aufgrund der möglicherweise folgenden Etikettierung als «schwierige Patienten» seitens der Pflegenden werden sie eventuell als unsympathisch eingestuft und durch das Verhalten der Pflegenden «bestraft». Auf Dauer können aufsässige Pflegebedürftige aufgrund der Reaktionen der Pflegenden ihr aggressives Verhalten in ein eher «apathisches» ändern. Pflegende können somit durch ihr Verhalten zur Hilflosigkeit der Pflegebedürftigen und/oder zu einem negativen Selbstbild der Pflegebedürftigen beitragen (vgl. Kap. 3.3).[395]

Auf einen völlig anderen Aspekt der Hilflosigkeit von Pflegebedürftigen wird in der Literatur aufmerksam gemacht: Aufgrund des Zeitmangels des Pflegepersonals bleibt der Kontakt bzw. die Kommunikation auf die Zeit der Pflegetätigkeit begrenzt. Die einzige Möglichkeit, Zuwendung zu erhalten, besteht dann für einige Pflegebedürftige darin, sich hilfloser zu stellen als sie eigentlich sind. Damit geben sie den letzten Rest an Selbständigkeit auf.[396]

> «Wenn man davon ausgeht, daß der Patient uns erst mittags wieder sieht, ist es ganz klar, daß er uns mit vielen Wünschen erwartet, nur damit wir länger bei ihm bleiben. Das geht so weit, daß Patienten der Idee verfallen, daß sie nicht mehr essen können, so daß man bei ihnen Essenshilfe leisten muß.»[397]

Pflegepersonen, die ein «Vortäuschen» von Hilflosigkeit bei den Pflegebedürftigen bemerken, dabei jedoch nicht deren Verzweiflung und Einsamkeit erkennen, reagieren in ihrer Überlastung häufig mit Aggressionen. Aus psychoanalytischer Sicht, so Zank / Baltes, kann allerdings unselbständiges Verhalten auch als «Regression im Dienste des Ich» beschrieben werden: Unselbständiges Verhalten

---

393 Vgl. Rodin J. (1986) in Wahl, H.-W. / Reichert, M. (1994), S. 35.
394 Vgl. Seligman, M. (1992), S. 175 ff.
395 Vgl. Petzold, H. G. (1990), S. 648 ff.; Ruthemann, U. (1993), S. 77 ff.; Schneider, H.-D. (1995), S. 17 f.
396 Vgl. Alteninitiativen (1989), S. 18, ebenso Zank, S. / Baltes, M. M. (1994), S. 155 f.; Haldi, N. (1984), S. 20.
397 Pflegeperson in: Alteninitiativen (1989), S. 18.

könnte demnach in einem Lebensbereich das Ergebnis eines Auswahlprozesses sein, um Zeit und Energie für Aktivitäten in anderen, dem älteren Menschen wichtigeren, Lebensbereichen zu sparen.[398]

Das KDA weist als mögliche Folge von Hilflosigkeit auf die Suchtgefahr im Alter, speziell auch in Heimen, hin. Suchtfördernd seien demnach solche Heime, in denen unzureichende Betreuungs- und Pflegekonzepte vorlägen und Vernachlässigung, Vereinsamung und Langeweile der Bewohner die Gefahr zudem vergrößern würden. Die vom KDA gestellte Frage, ob eine Psychopharmakasucht im Alter «verordnet» sei, ist m. E. berechtigt. Scheint doch die Verabreichung von Psychopharmaka an pflegebedürftige alte Menschen sowohl in Krankenhäusern als auch in Alten- und Pflegeheimen auch ein Ausdruck der Hilflosigkeit der Pflegenden zu sein, die sich aufgrund des häufigen Zeitmangels nicht entsprechend um die nach Trösten und Helfern verlangenden älteren Menschen kümmern können.[399]

Bruder verweist auf einige Befunde von Abhängigkeit und Sucht in Alten- und Pflegeheimen mit Häufigkeitsangaben zwischen fünf und zehn Prozent. Repräsentative Ergebnisse lägen hierzu allerdings nicht vor. Er konstatiert, daß sich Überlegungen zu einem erhöhten Suchtrisiko, z. B. durch vielfältige Einschränkungen, depressive Verfassung der älteren Menschen, fehlende Reize der Abstinenz, mit solchen zu einem niedrigerem Risiko, z. B. aufgrund der besseren Feststellbarkeit und Beeinflußbarkeit, die Waage halten würden.[400] Ob steigende Suizidzahlen[401] älterer Menschen mit Hilflosigkeit zusammenhängen, kann an dieser Stelle nicht beantwortet werden.

An dieser Stelle sei in Zusammenhang mit der Hilflosigkeit von Pflegebedürftigen auch auf dementielle Entwicklungen bei den Pflegebedürftigen hingewiesen. Ungeachtet der Tatsache, daß dementielle Erkrankungen in der Regel eine klare organische Ursache haben, können leichte Formen der Verwirrung, d. h. eine Verweigerung der realistischen Wahrnehmung der Gegenwart auch positive Funktionen für Pflegebedürftige haben. Sie flüchten vor einer ihnen unerträglichen Gegenwart in positive Erinnerungen ihrer bisherigen Biographie.[402]

---

398 Vgl. Zank, S. / Baltes, M. M. (1994), S. 173.
399 Vgl. KDA (1990, 1992a, 1992b); Grond, E. (1995); Petzold, H. G. (1992), S. 279.
400 Vgl. Bruder, J. (1996), S. 42.
401 Vgl. KDA (1991c).
402 Vgl. Gerster, Eyke (1991), ebenso Ruthemann, U. (1993), S. 81; Grond, E. (1994), S. 133 ff.;
   vgl. auch Kap. 8.3.2.

7.3 Hilflosigkeit bei den Pflegenden

Hilflosigkeit kann auch bei Pflegenden entstehen. Dies geschieht v. a. dann, wenn ihr Handlungsspielraum eingeengt ist und die Möglichkeiten, Entscheidungen zu treffen und eigenverantwortlich Einfluß zu nehmen, eingeschränkt sind. Auch wenn sie sich imstande fühlen, Entscheidungen zu treffen, kann dies wegen vorgegebenen hierarchischen Entscheidungsbefugnissen unterbunden werden. Auch Leitungspersonen können davon betroffen sein, denn auch sie sind ebenso in die Hierarchie der unterschiedlichen Entscheidungsbefugnisse eingegliedert.

Erlernte Hilflosigkeit bei Pflegenden kann beispielsweise dann vorliegen, wenn ein Mitarbeiter mehr entscheiden muß als ihm eigentlich lieb ist. Entweder liegt hier tatsächlich eine Überforderung vor, oder aber die Person befindet sich im Prozeß der gelernten Hilflosigkeit. Der Wunsch und das Zutrauen, selber Entscheidungen zu treffen, kann eventuell aufgrund von schlechten Erfahrungen und früheren Restriktionen gemindert sein.[403]

Aber auch die zuvor genannten Faktoren (vgl. Kap. 5.1.1 und 5.2.1), die Frustrationen bei Pflegenden auslösen und diese wütend und aggressiv werden lassen, können auf Dauer bei ihnen Gefühle des «Nicht-mehr-kontrollieren-Könnens» entstehen lassen, was allmählich zur «erlernten Hilflosigkeit» führen kann.[404] Erfolgserlebnisse werden dann aufgrund dessen verhindert und das Kompetenz- und insgesamt das Selbstwertgefühl gemindert. So kommt es zum Überforderungserlebnis, das von zahlreichen Streßreaktionen, wie z. B. psychosomatische Störungen, Depressionen oder Gereiztheit, begleitet ist. Die Bewältigungsversuche können dabei zu positiven Problemlösungen führen, wenn institutionelle und persönliche Ressourcen genutzt werden (vgl. Kap. 8), oder aber sie nehmen einen negativen Verlauf, der im «Burnout» und, bei einer Chronifizierung der Burnout-Situation, in Gewalt enden kann. Der für die Erschöpfungszustände, besonders in den helfenden Berufen, verwendete Begriff des «Burnout» ist inzwischen zu einem eigenen Forschungszweig geworden.[405]

Bevor kurz auf das «Burnout-Syndrom» eingegangen wird, soll an dieser Stelle darauf hingewiesen werden, daß an anderen Stellen ausführlichere Angaben zum Burnout-Syndrom gemacht worden sind.[406] Hier möge es genügen, das «Burn-

---

403 Vgl. Ruthemann, U. (1993), S. 82 ff.
404 Vgl. Petzold, H. G. (1992), S. 269.
405 Vgl. Petzold, H. G. (1990b), S. 568.
406 Vgl. ausführlich dazu Edelwich, Jerry (1984); Enzmann, Dirk / Kleiber, Dieter (1989); Burisch, Matthias (1989); Aries, Marianne / Zuppinger, Isabelle (1992); vgl. auch Lerch, Marianne (1991); Petzold, H. G. (1992), S. 262 ff.; Zimbardo, Ph. G. (1992), S. 477; Grond, E. (1991b, 1992); Will, Karl-Heinz (1995a); Scheidt, von Jörg / Eickelbeck, Manè-Luise (1995).

out-Syndrom» kurz aufzuzeigen und seine Bedeutung für den Interaktionsprozeß zwischen Pflegenden und Pflegebedürftigen aufzuzeigen:

Nach Enzmann / Kleiber besteht in der Literatur zum Burnout-Syndrom Einigkeit darin, «daß Burnout eine negative, beeinträchtigende Erfahrung ist, einen Verlust an Energie bedeutet, bzw. Symptome von Erschöpfung beinhaltet und mit einem Rückzug der Helfer aus der Arbeit oder mit reduziertem Engagement verbunden ist. Darüber hinaus stimmen viele Autoren darin überein, daß Burnout ein Prozeß ist, und manche versuchen, unterschiedliche Stadien zu bestimmen.»[407]

Es ist ein Prozeß, der in einem Zustand körperlicher, geistiger und emotionaler Erschöpfung sowie in Niedergeschlagenheit, Selbstwertkrisen und Depersonalisation endet. Dabei bezieht sich die emotionale Erschöpfung des Mitarbeiters auf Gefühle, durch den Kontakt mit anderen Menschen emotional überanstrengt und ausgelaugt zu sein. Depersonalisierung bezieht sich auf eine gefühllose und abgestumpfte Reaktion auf die Menschen, die gewöhnlich seine Dienste oder Fürsorge empfangen. Reduzierte persönliche Leistungsfähigkeit bezieht sich auf eine Reduzierung des Gefühls an Kompetenz und erfolgreicher Ausführung in seiner Arbeit mit Menschen.[408]

Das Auftreten und die Stärke des Burnout-Syndroms wird durch vielfältige soziale und situative Faktoren beeinflußt, die u. a. in Kapitel 5.1.1 und 5.2.1 Erwähnung fanden. Oftmals ist es so, daß Pflegebedürftige von Burnout-Syndrom-Betroffenen nicht länger fürsorglich und anteilnehmend behandelt werden. Der Umgang mit ihnen ist distanziert, gleichgültig, verhärtet, es wird «Dienst nach Vorschrift» geleistet, der zwar objektiv betrachtet noch korrekt ist, jedoch eine innerliche Beteiligung vermissen läßt.[409] Dies kann einer «inneren Kündigung» gleichkommen. Ist erst einmal eine «seelischen Anästhesierung» eingetreten, Petzold spricht hierbei von «Hornhaut auf der Seele», so ist mit einem «pathologischen Verlauf», nach Petzold mit einem «malignen Burnout-Syndrom», zu rechnen, bei dem jeglicher Wiedergewinn von Kräften um jeden Preis dafür eingesetzt wird, erneute Überforderungssituationen zu vermeiden. Dies geht in der Regel auf Kosten der zu Pflegenden und ihrer Pflege – im Extremfall kann es sie sogar das Leben kosten –, da sie aufgrund von Verschiebungsprozessen zum Ziel der Aggressionen werden.[410]

---

407 Enzmann, D. / Kleiber, D. (1989), S. 63.
408 Vgl. Petzold, H. G. (1990b), S. 566.
409 Vgl. Zimbardo, Ph. G. (1992), S. 477.
410 Vgl. Petzold, H. G. (1992), S. 277 ff.; vgl. auch Petzold, H. G. (1990a).

In diesem Kontext sei auch auf die in der Literatur angeführte Suchtproblematik von Pflegenden hingewiesen, auf die hier jedoch nicht näher eingegangen werden soll.[411]

---

411 Vgl. Petzold, H. G. (1990b), S. 571; Schmidbauer, W. (1992b), S. 92; Oud, N. (1993); Leichtenberger, Rainer (1992).

8. Ansatzpunkte zur Gewalt- verminderung in Pflege- einrichtungen

Viele Faktoren müssen berücksichtigt werden, wenn Gewalt in pflegerischen Einrichtungen erklärt werden soll (vgl. Kap. 5). Um Gewalt in diesen Einrichtungen effektiv zu verringern, ist es aufgrund der vielfältigen Ursachen und der komplexen Zusammenhänge m. E. von entscheidender Bedeutung, die verschiedenen Ansatzpunkte der Gewaltverminderung gleichzeitig zu berücksichtigen und anzugehen. Pflegekräfte, Leitungskräfte und Träger der Institutionen sind hierbei gleichermaßen gefordert.

Patentrezepte gegen Gewalt wird es meiner Ansicht nach nicht geben können. Gewalt ist vielmehr ein Faktum, dem es etwas entgegenzusteuern gilt.

Die im folgenden aufgezeigten Ansatzpunkte sollen deshalb Anregungen und Beiträge leisten, die im günstigsten Fall zur Lösung oder zumindest zu einer Entspannung der Probleme in pflegerischen Einrichtungen mit alten Menschen führen und so Gewalt vermindern helfen. Die folgenden Aussagen erheben nicht den Anspruch auf Vollständigkeit.

8.1 «Wissen ist Macht»

Die Redewendung «*Wissen ist Macht*» kann auch vor dem Hintergrund der Gewalt in Pflegeeinrichtungen ihre Berechtigung finden. Das Wissen um die Aggressionsgenese und das Durchschauen der zu Gewaltsituationen führenden Mechanismen kann Pflegende befähigen, Situationen und Verhaltensweisen, die Aggressionen auslösen, besser zu analysieren und aus dem «Karussell der Aggressionseskalation»[412] auszusteigen oder es anzuhalten. Es können Fähigkeiten entstehen, die neue Handlungen für den Umgang mit Aggressionen und aggressiven Gefühlen möglich machen.[413]

Das Wissen um die Entstehungsprozesse von Aggressionen und deren Mechanismen ist bei der Reduzierung von gewalttätigen Handlungen sehr hilfreich.

---

412 Ruthemann, U. (1993), S. 91.
413 Vgl. Maier-Opitz, Monika (1990), S. 3; Ruthemann, U. (1993), S. 91 f.

Aber auch um die Zusammenhänge und Symptome des persönlichkeits- und gesundheitsschädigenden Burnouts sollten Pflegende wissen, um Überlastungssituationen bei sich und den Kollegen rechtzeitig zu erkennen und sich zu wehren. Geringes Wissen und geringe pflegerische Kompetenz können zu Unsicherheiten und Konflikten bei den Mitarbeitern führen. *Systematische fachspezifische Fortbildungen*, sofern sie lebensnah, konkret und für die Praxis motivierend wirken, können vielfach dazu beitragen, Unsicherheiten und Konflikte auszuräumen und Leistungsfähigkeit und Einstellungen zu verbessern.[414] Deshalb müssen stärker als bisher *Fort- und Weiterbildungen*, die sich an den aktuellsten Forschungsstand orientieren, von den Institutionen angeboten werden.

Wissen bedeutet in vielen Fällen Macht. Jedoch müssen meiner Ansicht nach weitere Ansatzpunkte zur Gewaltverminderung unterstützend hinzukommen. Diese sollen im folgenden erläutert werden.

8.2 Pflegekräfte als Ansatzpunkt der Gewaltverminderung: Pflege der Pflegenden

Personale Gewalt gegen alte Menschen in Pflegeeinrichtungen wird v. a. von Pflegekräften ausgeübt. Die Gruppe der Pflegekräfte stellt deshalb einen nicht unerheblichen Ansatzpunkt der Gewaltverminderung gegenüber alten Menschen in pflegerischen Einrichtungen dar.

Pflegende, die pfleglich mit sich selber umgehen und in einer guten Verfassung sind, haben meistens Kraft genug, Gewalt gegen die ihnen Anvertrauten wahrzunehmen, ihr Handeln zu reflektieren, sich und andere, und wenn möglich Strukturen, zu verändern. Der «*Pflege der Pflegenden*» kommt in diesem Zusammenhang ein besonders hoher Stellenwert zu, zumal dadurch einem «Ausbrennen» der Pflegenden vorgebeugt werden kann.[415] Es soll bei der «Pflege der Pflegenden» nicht die pflegerische Selbstsucht in den Mittelpunkt gestellt werden, noch soll es um den Abbau eines hohen Arbeitsethos gehen, sondern es geht bei der Pflege der Pflegenden in erster Linie um eine sachliche Notwendigkeit: Pflegende, die sich nicht in einem ausreichenden Maße um ihr eigenes Wohlergehen kümmern, werden früher oder später eine qualitativ schlechte Pflege leisten und so den ihnen anvertrauten Pflegebedürftigen mehr schaden als nützen.[416] Aus

---

414 Vgl. Petzold, H. G. (1992), S. 272.
415 Vgl. dazu auch Hedtke-Becker, Astrid (1990); Grond, E. (1990).
416 Vgl. Ruthemann, U. (1993), S. 94 f.

tiefenpsychologischer Sicht sollten Pflegende, so Grond, ihr ICH[417] stärken, «um in den Konflikten zwischen eigenem Gewissen, den Ansprüchen der Träger und Vorgesetzten einerseits und zwischen eigenen Bedürfnissen und den Erfordernissen der Station andererseits zu vermitteln, um eigene Konflikte nicht an kranken Alten auszulassen oder auf sie zu projizieren, sondern um frustrationstoleranter zu werden.»[418]

Eine *Ich-Stärkung* kann u. a. durch Eigenpflege erreicht werden, die die individuelle oder auch gemeinschaftliche Auseinandersetzung mit Belastungen sowie ein angemessenes Umgehen mit akuten Aggressionen beinhalten kann.

8.2.1 Strategien zur Auseinandersetzung mit Belastung

Jede Pflegeperson nimmt Belastung individuell unterschiedlich wahr. Jedoch wächst mit einer zunehmenden Belastung die Wahrscheinlichkeit aggressiver und gewalttätiger Handlungen gegenüber den zu pflegenden Menschen, wenn nicht individuell ausreichend *Coping-Strategien* zur Verfügung stehen. Es gilt daher, Belastungen der Pflegenden sowohl im Privatleben als auch bei der pflegerischen Arbeit abzubauen.[419]

Pflegende können als erstes ihre Belastungen dadurch reduzieren, indem sie bei sich selber anfangen. Grond spricht hier von einer *«ganzheitlichen Pflege für Pflegende»*, die überlasteten Pflegenden helfen kann, mit Frustrationen umzugehen. Zu einer ganzheitlichen Pflege empfiehlt Grond Pflegepersonen, daß sie ihren Körper pflegen sollen, beispielsweise durch eine gesunde Ernährung, viel Bewegung, Massagen oder auch Entspannungsübungen.[420] Zu einer ganzheitlichen Pflege gehört seiner Ansicht nach aber auch die Pflege des Geistes, in dem Sinne, daß Pflegende nach Möglichkeit einen Ausgleich und ein Gegengewicht zu den belastenden Situationen bzw. den tätigkeitsbedingten Belastungen in der pflegerischen Arbeit haben sollten. Dieser Ausgleich kann für die Arbeit zu einem «Ort des Auftankens an seelischer Energie» werden.[421]

---

417 «Das ICH ist eine von der Psychoanalyse angenommene Persönlichkeitsstruktur: Es verkörpert den realitätsorientierenden Aspekt, der im Konflikt zwischen den Impulsen des ES und den Anforderungen des Über-Ich abwägt und vermittelt. Das ICH steht für die Auffassung, die die Person von der physischen und sozialen Realität hat (bewußte Überzeugungen).» Zimbardo, Ph. G. 1992, S. 613.
418 Grond, E. (1991g), S. 534.
419 Vgl. Schneider H.-D. (1995), S. 15 ff.; Will. K.-H. (1995b).
420 Vgl. Grond, E. (1991c), S. 19; vgl. dazu auch Eckardt, Th. (1995).
421 Vgl. Ruthemann, U. (1993), S. 99.

Folgt man Grond weiter, so sollten Pflegende auch mit ihren «Gefühlen und Gedanken» sorgsam umgehen, indem sie versuchen, Belastungen, Ärger und Sorgen anders zu bewerten. Denn aus der Fähigkeit zu einer Neuinterpretation der Pflegesituation kann die Pflegeperson neue Kraft zur Bewältigung finden. Eine Form rationaler Auseinandersetzung mit der Betreuungssituation von «schwierigen» und «nervigen» Pflegebedürftigen zur Bewältigung der eigenen Emotionen kann sich beispielsweise in der Äußerung wie «Wer weiß, wie ich in diesem Alter sein werde?» zeigen. Indem Pflegepersonen sich immer wieder die Situationen der Pflegebedürftigen vor Augen führen und deren Verhalten als Ausdrucksformen von Unsicherheit, Ängsten und Frustrationen bewerten, können sie lernen, sich weniger über sie zu ärgern.[422]

Auch können Pflegepersonen Unterstützung durch das private Umfeld erfahren, wie z. B. durch Familie, Freunde und Bekannte. Die Schweigepflicht muß dabei allerdings gewahrt bleiben.[423]

Eine andere Art der Entlastung, gerade in Krisensituationen, kann dadurch gefunden werden, indem sich mehrere Betroffene zusammenschließen und gemeinsam nach Möglichkeiten der Entlastungen im beruflichen Alltag suchen, um nicht allein den Problemen und Anforderungen ausgeliefert zu sein und hilflos zu werden. *Supervisions- und Gesprächsgruppen* oder zumindest *regelmäßige Teambesprechungen*, die von kompetenten Personen geleitet werden, können hierbei Abhilfe schaffen, «sofern dort ... Probleme angesprochen werden, sofern die Teilnehmer sich verstanden fühlen und sofern dort Ursachen der Spannungen behandelt und beseitigt werden».[424] Eine *gute Führungsausbildung* sowie ein verstehendes Gesprächsverhalten von Leitungspersonen sind hierbei sehr hilfreich.[425] Hier ist m. E. zu erwähnen, daß Supervisionsangebote seitens der Institutionen in einem stärkeren Maße als bisher und wie selbstverständlich den Pflegenden offeriert und in der Dienstzeit zur Verfügung gestellt werden müßten. Sie sollten neben Fort- und Weiterbildungsmaßnahmen nicht nur als Konfliktintervention, sondern auch als ständige Reflexionsmöglichkeit beruflichen Handelns verstanden werden. Nach Ansicht Gronds stellen unzureichende Aus- und Fortbildungsmaßnahmen sowie das Vorenthalten von Selbsterfahrungsgruppen oder Supervision auch strukturelle Gewalt dar.[426] So haben die Institutionen nicht nur

---

422 Vgl. Stegmann, I. (1994), ebenso Will, K.-H. (1995a), S. 45; Haldi, N. (1984), S. 20 f.
423 In einer pflegerischen Beziehung unterliegt der Pflegende der Schweigepflicht.
424 Schneider, H.-D. (1995), S. 15. Eine vollständige Beseitigung aller zu Spannungen führenden Ursachen scheint mir, aufgrund der komplexen Zusammenhänge, kaum in Teambesprechungen realisierbar zu sein.
425 Vgl. Gottfrois, W. (1995), S. 215 f.; vgl. dazu Kap. 8.3.1.
426 Vgl. Grond, E. (1991c), S. 17.

eine Sorgfaltspflicht den Pflegebedürftigen gegenüber, sondern in gleicher Weise eine Sorgfaltspflicht gegenüber ihren Mitarbeitern, «indem dafür Sorge getragen wird, daß diese nicht nur von seiten der Arbeitsansprüche keinen Überlastungen ausgesetzt werden, sondern daß man auch ihren seelischen Belastungsgrenzen Rechnung trägt».[427]

Sich als Pflegeperson selber ganzheitlich zu pflegen bedeutet auch, *sich mehr an der Realität zu orientieren*, um mit Enttäuschungen besser umzugehen. Zu hohe Selbstansprüche oder zu hohe Berufsideale, die aufgrund der gegebenen Situation (vgl. Kap. 5) kaum zu erfüllen sind, gilt es zu überprüfen und gegebenenfalls zurückzuschrauben. Realistische und erreichbare Ziele sollten die Pflege und Betreuung bestimmen. Mit dem negativen Schlagwort von der «Satt-und-sauber-Pflege» wird nach Ansicht Wills die Grundlage menschlicher Existenz und eine in den meisten Fällen verantwortungsbewußte Grundpflege herabgesetzt, auch wenn mit dem Schlagwort auf die unzureichende, aber ebenso wichtige, psychosoziale Betreuung hingewiesen werden soll. Diesen Wert der Grundpflege gilt es nach Will stärker als bisher zu erkennen.[428] Realistische Ziele sollten auch die Pflege von Schwer- und Schwerstkranken bestimmen. In der Auseinandersetzung mit Sterben und Tod müssen Pflegende lernen, daß sie die eigenen Grenzen als ein generelles Problem des Daseins akzeptieren müssen. Die *Arbeit an der eigenen Persönlichkeit*, die als ein integraler Schwerpunkt in der Ausbildung von Pflegenden bewertet und noch stärker thematisiert werden muß, ist daher bei der Pflege alter Menschen von besonderer Bedeutung und Wichtigkeit![429] Realismus bedeutet allerdings nicht einen Verzicht auf Verbesserungen, an denen mit aller Kraft zu arbeiten ist!

Ein weiterer Aspekt zur Auseinandersetzung mit Belastungen ist die Möglichkeit der «zurückhaltenden Hilfe». Indem Pflegepersonen sich in ihrer Hilfestellung den älteren pflegebedürftigen Menschen gegenüber in angemessener Weise zurückhalten und Abstand gegenüber der Versorgungsaufgabe entwickeln, also mehr unterstützend wirken und Eigenverantwortung der Pflegebedürftigen fordern, können sie leichter erkennen, welchen Versorgungsbeitrag sie leisten. Sie schonen ihre Kräfte und sind dadurch weniger vom «Ausbrennen» bedroht.[430]

---

427 Petzold, H. G. (1985), S. 563.
428 Vgl. Will, K.-H. (1995b), S. 160.
429 Vgl. Grond, E. (1991c,g; vgl. auch 1992); Will, K.-H. (1995a), S. 40 ff.
430 Vgl. Will, K.-H. (1995a), S. 45 f. Virginia Henderson, eine der bekanntesten Pflegetheoretikerinnen, schreibt in ihren «Grundregeln der Krankenpflege», daß «die besondere Funktion der Schwester [der Pflegenden] darin besteht, den einzelnen – ob gesund oder krank – bei der Durchführung jener Handlungen zu unterstützen, die zur Gesundheit oder zur Wiederherstellung (oder zu einem friedlichen Tod) beitragen, die er selbst ausführen würde, wenn er über die

Einen Schlüssel zur Arbeitsentlastung sehen Will und Ruthemann in einer *vorausschauenden Planung* sowie in einem *richtigen Zeitmanagement*. Für den Privatbereich bedeutet dies beispielsweise, Freizeitaktivitäten frühzeitig zu planen. Dementsprechend sollte der Dienstplan eingehalten werden. Auch sollte der Mitarbeiter Prioritäten in der Gesamtheit seiner Aufgaben setzen. Dies könnte dazu führen, sich so zu entschließen, daß einzelne Aufgaben z. B. im Haushalt weggelassen oder delegiert werden, so daß man diese nicht selbst erledigen muß.

Belastungen in der pflegerischen Arbeit stehen häufig in Zusammenhang mit einer Arbeitsüberlastung. Hier sollte genauer beobachtet werden, wie die pflegerische Arbeit organisiert ist, welche Arbeiten den gewünschten Erfolg aufweisen und wo Schwerpunkte in der Pflege und Betreuung zu setzen sind. Hier denke ich beispielsweise an Pflegebedürftige die, um ins Gespräch zu kommen, mehrmals hintereinander die Pflegepersonen bemühen, für sie kleine Verrichtungen oder Botengänge zu übernehmen. Oftmals wäre es letztendlich zufriedenstellender für beide Parteien, wenn ein befriedigendes Gespräch zwischen Pflegebedürftigem und Pflegendem stattfinden würde. Beispielsweise fielen dann «Alibibotengänge» der Mitarbeiter für angeblich «schwierige Patienten» weg. Auf Dauer gesehen wäre dies für Pflegende arbeitszeitsparend und für Pflegebedürftige zufriedenstellender.[431] Es gilt, sich bei der Organisation der Arbeit auf das Erforderliche zu beschränken und nicht in unnötige Routinetätigkeiten zu verfallen, sondern sich an den realen Bedürfnissen und Wünschen der älteren Menschen zu orientieren.

Einen weiteren wesentlichen Coping-Aspekt für Pflegende, den es gerade in Pflegeeinrichtungen für ältere Menschen vorausschauend einzuplanen gilt, stellt nach Ansicht Wills die Antizipation der möglichen Verschlechterung des Gesundheitszustandes der Hilfe- und Pflegebedürftigen dar.[432]

---

erforderliche Kraft, den Willen und das Wissen verfügte. Ebenso gehört es zu ihren Aufgaben, dem Kranken zu helfen, seine Unabhängigkeit so rasch als möglich wieder zu erlangen.» (Henderson 1977 zit. nach Drerup, Elisbeth 1993, S. 28). Berücksichtigt werden muß dabei allerdings, daß «je schwerwiegender und bedrohlicher der Zustand eines Kranken [oder auch Pflegebedürftigen] sich gestaltet, desto gezielter und intensiver sind Kompetenzen und Ressourcen von seiten der Pflegenden erforderlich.» Drerup, Elisabeth (1993), S. 76.

431 Vgl. Ruthemann, U. (1993), S. 100; Will, K.-H. (1995b), S. 44 f.

432 Vgl. Will, K.-H. (1995a), S. 43.

8.2.2 Umgang mit akuten Aggressionen

In der gesichteten Literatur werden neben destruktiven auch konstruktive, nützliche Umgangsweisen mit Aggressionen beschrieben. Diese konstruktiven Verhaltensweisen, die von Pflegenden gelernt werden können, stellen Versuche dar, aus der Spirale von Aggression und Gewalt auszusteigen und/oder die Spirale anzuhalten. Ein Entstehen und Auftreten von Aggressionen kann dadurch nicht verhindert werden, ebensowenig eine Beseitigung der Ursachen.[433] Im folgenden geht es in erster Linie um den richtigen Umgang mit auftretenden Aggressionen. Eine Gewalteskalation kann bei einem konstruktiven Umgang mit Aggressionen verhindert werden.

Nach Schmidbauer neigen in Sozialberufen tätige Menschen dazu, Ärger und Aggressionen eher verdeckt und destruktiv, auf eine verletzende Art und Weise, auszutragen. Tendenziell werden Ärger und Aggressionen verdrängt, Konfliktsituationen werden eher gemieden und kommen erst dann zur Oberfläche, wenn ein bestimmtes Maß erreicht ist. Wutausbrüche, kleine informelle Gespräche und Tratsch können die Folgen sein.[434] Anstatt mit Aggressionen umzugehen, werden sie lieber umgangen und machen sich auf eine andere Art und Weise, meistens unbewußt, wieder bemerkbar, z. B. durch Vernachlässigungen und einer sich subtil auswirkenden «aggressiven Pflege». Aggressionen werden oftmals nicht in einer direkten Konfrontation benannt, weil die Angst vor Verletzung der eigenen und der anderen Person vorherrschend ist. Jedoch führen die aggressionsverdrängenden Verhaltensmuster zu größeren Verletzungen, zur Meidung und Isolierung derjenigen Person, die von der Pflegeperson als aggressionsauslösend betrachtet wird.[435] Es ist deshalb von entscheidender Wichtigkeit, Ärger und Aggressionen offen und in einer angemessenen Weise zu verbalisieren.[436] Indem *Ärger und Aggressionen verbalisiert* und dadurch als Fakt im Umgang mit Menschen anerkannt werden, ist bereits ein Schritt zum konstruktiven Umgang geschehen. Klessmann zitiert in diesem Zusammenhang eine östliche Weisheit: «Nur was du annimmst, kannst du verändern.»[437]

Ruthemann und Egloff betonen, daß Ärger oder Aggressionen an sich nicht negativ seien, sondern das falsche Ausleben, das falsche Verhalten und der unkontrollierte aggressive Wutausbruch. Kurzfristig gesehen können benannte Ag-

---

433 Vgl. Kuthemann, U. (1993), S. 102 ff.
434 Vgl. Schmidbauer, W. (1992b), S. 22 ff.; Egloff, Erich (1984), S. 29.
435 Vgl. Egloff, E. (1984), S. 29.
436 Vgl. ebd., S. 30 f., ebenso Haldi, N. (1984); Klessmann, M. (1984), S. 499; Maier-Opitz, M. (1990), S. 7 ff.; Kaiser, H. (1993), S. 99.
437 Zit. nach Klessmann, M. (1994), S. 499.

gressionen unangenehm und handlungsstörend sein, langfristig betrachtet beinhalten sie jedoch konstruktive Aspekte, deren Aneignung eine Erhöhung der Frustrationstoleranz zur Folge haben könnte:[438] «Geäußerte Aggressionen wirken ‹energetisierend›, sie geben Kraft. Es tut dem Selbstbewußtsein, der Selbstsicherheit, der Standfestigkeit gut, Ärger ausdrücken zu können – und dadurch kein schlechtes Gewissen zu haben. Ärger mobilisiert Energie und reduziert Gefühle von Ohnmacht, Hilflosigkeit und Kleinsein.»[439]

Durch ein vorwurfsfreies Ausdrücken von Wut und Ärger kann auf eine neue Art und Weise Kontakt entstehen:[440] Dazu eine Pflegerin eines Schweizer Spitals: «Aggressionen, die man ausspricht, können bewirken, daß man sich besser wahrnimmt, daß die Beziehung wieder menschlicher wird.»[441]

Im Umgang mit den eigenen Ärgernissen und Aggressionen empfiehlt Egloff Pflegenden:

– «Sich selber erlauben, daß man über andere verärgert und wütend sein darf.
– Den anderen zugestehen, daß sie über einen wütend sein dürfen.
– Sich bewußt machen, was hinter der Wut, hinter dem Ärger für (enttäuschte) Bedürfnisse und Wünsche steht.
– Die eigenen verletzlichen Stellen immer besser kennenlernen»,[442]

und in der Auseinandersetzung mit anderen:

– «Zentral: Ärger soll hinaus, nicht hinein! Allerdings sich dabei hüten, dem anderen Vorschriften zu machen, ihm moralisierend zu begegnen; ihn als schuldig hinstellen. [...]
– Zum Ärger stehen, ihn klar, direkt, konkret äußern. [...]
– Den Ausdruck des Ärgers dem Ärgeranlaß anpassen. [...]
– Ärger dort anbringen, wo er hingehört (Ärger, der ins Team gehört, dort lösen, nicht in Zweiergesprächen).
– Den Wunsch äußern, der hinter dem Ärger steht».[443]

---

438 Vgl. Egloff, E. (1984), S. 30; Ruthemann, U. (1993), S. 102 f.; vgl. auch Chappuis, Ch. (1984), S. 24 f.; Grond, E. (1991f).
439 Klessmann, M. (1994), S. 499.
440 Vgl. Egloff, E. (1984), S. 30; Klessmann, M. (1994), S. 499.
441 Pflegerin zit. nach Haldi, N. (1984), S. 22.
442 Egloff, E. (1984), S. 31; vgl. ausführlicher Ruthemann, U. (1993), S. 102 ff.
443 Egloff, E. (1984), S. 31.

Auch Pflegende können zu Zielscheiben von Aggressionen werden, sei es durch Pflegebedürftige, Kollegen oder Vorgesetzte. Folgt man Egloff, so sollten Mitarbeiter in diesem Fall versuchen, ruhig zu bleiben und zuzuhören, denn «wer keine Ohren hat, hat Fäuste».[444] Ferner sollten sie sich einschalten und Rückfragen stellen, nicht beschwichtigen oder trösten. Ruthemann rät Pflegepersonen, in diesen Fällen über das zu sprechen, was das Verhalten des anderen bei ihnen auslöst. Sie legt nahe, *aggressives Verhalten* des anderen zu *hinterfragen* und die Ursachen für aggressive Handlungsweisen herauszufinden, um dann gegebenenfalls Möglichkeiten und Formen einer andersartigen Bewältigung der durch Aggression ausgedrückten vorhandenen oder vermeintlichen Hilflosigkeit anzubieten.[445] Grond weist in diesem Zusammenhang darauf hin, daß Aggressivität bei älteren Menschen auch als Nebenwirkung bestimmter Medikamente oder bedingt durch bestimmte Krankheiten auftreten kann. Pharmakologische Kenntnisse der Pflegenden seien deshalb vorteilhaft.[446]

Aus eigener Erfahrung weiß ich, daß es während eines Konfliktes sehr schwierig ist, Aggressionen in der Weise umzusetzen, wie es zuvor beschrieben wurde! Es scheint mir jedoch, ebenso wie Egloff, nicht unmöglich, daß Pflegende als Mitglieder eines Teams versuchen, schrittweise zu lernen, mutiger zu werden und Dinge, die als störend empfunden werden, beim Namen zu nennen und anzusprechen. Das Lernen im Team, mit Aggressionen direkter umzugehen, kann sich allerdings auch hier als schwierig erweisen. Für den einzelnen kann ein offenes Aussprechen des Ärgernisses ein wichtiger Lernschritt sein; für andere Teammitglieder kann ein offenes Verhalten jedoch als Störung empfunden werden. Egloff schlägt in diesen Fällen vor, sich mit jemandem aus dem Team zu verbünden, der der entschlossenen Pflegeperson Rückmeldung gibt, wie sie ihren Ärger geäußert hat. Wünschenswert wäre allerdings ein Team, das sich gegenseitig stützt und «Mut zum Risiko» gibt.[447] Gemeinsame Teambesprechungen können die Grundlage eines *konstruktiven Umgangs mit Ärger und Aggressionen* sein.

8.2.3 Selbsthilfe

Wie viele andere Menschen warten auch viele Pflegende im Hinblick auf eine Verbesserung ihrer Situation auf Hilfen von außen (vgl. Kap. 5.1.1 und 5.2.1).

---

444 Perls zit. nach Egloff, E. (1984), S. 31.
445 Vgl. Ruthemann, U. (1993), S. 106.
446 Vgl. Grond, E. (1991b,e).
447 Vgl. Egloff, E. (1984), S. 31 f.

Der Ruf nach Verbesserung gesetzlicher Vorgaben, Optimierung der Stellenpläne sowie Forderungen nach Supervision u. a. sind groß. Aber häufig muß festgestellt werden, daß die geforderten Hilfen nicht in dem erforderlichen Maß verwirklicht werden. Mehrere Autoren der gesichteten Literatur betonen, daß Hilfe zuallererst aus den eigenen Reihen kommen müßte. Nicht auf andere warten, sondern *bei sich beginnen* und sich gegenseitig in der pflegerischen Arbeit stützen und motivieren, kann ein erster Schritt aus Belastung und Frustration sein. Dadurch, daß Pflegende als kompetente, professionelle Pflegende behandelt werden wollen, müssen sie Leistung aufweisen, sowohl in der Pflege als auch in der psychischen Begleitung. Diese Leistung schließt nach Will aber auch die Erkenntnis zum eigenen Handeln mit ein.[448] Eigeninitiativ sollten Pflegende angesichts des derzeitigen «Sparpaketes» im Gesundheitswesen der Bundesregierung sich organisieren und mit gesunder Aggressivität ihre Anliegen, berufs- und standespolitisch, nach außen vertreten. Wenn nicht massive Verschlechterungen der Arbeitsbedingungen und damit der Pflege in Kauf genommen werden sollen, scheint mir dies unumgänglich!

8.3 Kommunikation und Interaktion

Zwischenmenschliche Konflikte entstehen häufig durch Kommunikationsstörungen. Kommunikation ist besonders in Pflegeeinrichtungen ein wichtiges Element der pflegerischen Beziehung und bildet die Basis der Interaktion: Gerade alte, auf Hilfe angewiesene Menschen haben hohe Anforderungen an die Gesprächsbereitschaft der Pflegenden, denn diese stellen nicht selten ihre einzige Verbindung zur Außenwelt dar.[449]

Aufgrund vielfältiger Faktoren (vgl. Kap. 5 und 7) sehen sich Pflegende oftmals außerstande, den Pflegebedürftigen in angemessener Weise zuzuhören. Mißverständnisse, Kommunikationsstörungen können folgen, die durch eine *bessere, verständlichere Kommunikation* behoben bzw. entschärft werden könnten. Das Kommunikations- und Interaktionsmodell von Schulz von Thun bietet neben einer konkreten Kommunikations- bzw. Interaktionsanalyse auch die Möglichkeit, verschiedene Kommunikationsstörungen einzuordnen, zu bewerten und aufgrund dessen neue Wege der Kommunikation einzuschlagen, so daß sich Pflegebedürftige nicht mehr auf eine «seelische Hungerration» gesetzt fühlen (vgl. Kap. 4.3.4):

---

448 Vgl. Chappuis, Ch. (1984), Egloff, E. (1984), Leichtenberger, R. (1992), Will, K.-H. (1995b).
449 Vgl. Will, K.-H. (1995a), S. 41.

Nach Schulz von Thun enthält jede Kommunikation vier Aspekte: einen *Sachaspekt*, einen *Beziehungsaspekt*, einen *Selbstoffenbarungsaspekt* und einen *Appellaspekt*. Desweiteren enthält für ihn jede Kommunikation alle vier Aspekte in unterschiedlicher Ausprägung und beinhaltet damit eine Anzahl von Botschaften, die oft nur verschlüsselt mitgeteilt werden. Schulz von Thun spricht in diesem Zusammenhang von einem «vierohrigen Empfänger».[450]

Ruthemann zeigt an einem Beispiel, einer Äußerung einer Heimbewohnerin: «Meine Tochter war diese Woche schon wieder nicht zu Besuch», daß je nach Wahrnehmung und Interpretation unterschiedliche Aspekte der Nachricht zum Vorschein kommen können, wie z. B. «Meine Tochter kommt selten zu Besuch, diese Woche auch nicht» (Sachaspekt); «Ich bin enttäuscht, einsam, ungeduldig, habe Sehnsucht» (Selbstoffenbarung); «Ich habe Vertrauen zu Ihnen, Sie lassen mich nicht im Stich» (Beziehungsaspekt); «Bitte sorgen Sie dafür, daß meine Tochter kommt!» (Appell). Die Gefahr, daß Pflegepersonen versteckte Appelle mißverstehen, ist groß, weil identische Aussagen in unterschiedlicher Weise wahrgenommen und gedeutet werden können.[451]

Das Modell von Schulz von Thun läßt sich auch auf nichtsprachliche Kommunikation anwenden. Weil man «nicht nicht kommunizieren» kann,[452] können auch Schweigen und Gesten eine Intention haben und neben einem Sachinhalt auch auf den anderen drei Ebenen der Selbstoffenbarung, der Beziehung und des Appells Wichtiges ausdrücken.[453]

Gerade wenn es darum geht, die tatsächlichen Bedürfnisse von Heimbewohnern und älteren Patienten im Krankenhaus besser zu erkennen, ist es wichtig, für die verdeckten Appelle sensibel zu werden und die älteren Menschen gut genug kennenzulernen, um so verstehen zu können, wie Äußerungen gemeint sind.

Dem Tonfall kommt in dieser Hinsicht eine große Rolle zu, da damit verschiedene Gefühle ausgedrückt werden, die in einem Gespräch aufkommen.[454]

Kommunikationsstörungen treten nicht nur zwischen Pflegenden und Pflegebedürftigen auf, sondern gleichermaßen zwischen Teammitgliedern, zwischen Mitarbeitern und Leitungskräften und zwischen den Pflegebedürftigen. Für Mitarbeiter und Leitende bieten sich Supervisionssitzungen und Selbsterfahrungsgruppen an, um Kommunikationsstörungen zu bearbeiten und zu einer besseren Kommunikation zu gelangen. An dieser Stelle möchte ich auf die Kommunika-

---

450 Vgl. Schulz von Thun, Friedemann (1994). S. 25 ff.
451 Vgl. Ruthemann, U. (1993), S. 112 ff.
452 Diese Äußerung stammt von Paul Watzlawick.
453 Vgl. Schulz von Thun, F. (1994), S. 33 ff.
454 Vgl. Ruthemann, U. (1993), S. 112 f.; Gottfrois, W. (1995), S. 215.

tionsmethode der «*Themenzentrierten Interaktion*» (TZI) hinweisen, die beispielsweise in Teamsitzungen von Pflegenden angewandt werden kann und bestehende Konflikte thematisiert. Bei der TZI werden «Kopf, Herz und Hand»[455] der Pflegenden gleichermaßen ernst genommen.[456]

Um eine befriedigende Kommunikation und Interaktion zwischen Pflegenden und Pflegebedürftigen, aber auch zwischen Pflegekräften untereinander zu erreichen, kann ein Erlernen von helfenden Gesprächstechniken sehr nützlich sein.[457]

8.3.1 Gesprächsführung

Die Wichtigkeit von «*helfenden Gesprächen*» muß stärker in das Bewußtsein aller Pflege- und Leitungskräfte rücken, so daß diese Gespräche folglich mehr Raum in der Betreuung und Pflege älterer Menschen einnehmen. «Helfende Gespräche» sollen dem Interaktionspartner aus seiner Frustration, Enttäuschung, Verzweiflung oder auch Feindseligkeit heraushelfen und ihn unterstützen, sein seelisches Gleichgewicht wiederzuerlangen.[458]

In der «*Klientenzentrierten Gesprächsführung*», die von dem amerikanischen Psychologen Carl Rogers entwickelt wurde, wird eine Auseinandersetzung mit emotionalen Prozessen und das Finden neuer Wege und Gesichtspunkte gefördert. Ein entscheidendes Kennzeichen des klientenzentrierten Gesprächsansatzes ist es, dem «Klienten» keine Interpretationen, Ratschläge oder fertige Lösungen anzubieten, sondern ihn durch aktives Zuhören und durch Begleitung zu einer eigenständigen Lösung eines Problems zu befähigen, wobei unter «Begleitung» Anteilnehmen, Verstehen und ein Begegnen im Mitgehen des Weges, den der andere selber gehen muß, zu verstehen ist. Dies geschieht mit dem Ziel, den «Klienten» zu befähigen, auch mit anderen Problemen besser umzugehen. In der Gesprächssituation sollte auf Machtstreben und Machterhalt verzichtet werden. Vielmehr sollte dem Gegenüber eine Haltung vermittelt werden, die auf Wertschätzung, auf Empathie (einfühlendes Verstehen) und auf Kongruenz (Echtheit) des Verhaltens aufbaut. Diese drei Elemente sind Grundbausteine für ein klientenzentriertes Gespräch.[459]

---

455 Die mit «Kopf, Herz und Hand» einhergehende Bildung geht ursprünglich auf den Schweizer Pädagogen und Sozialreformer Johann Heinrich Pestalozzi (1746–1827) zurück.
456 Vgl. ausführlicher zur TZI Cohn, Ruth (1992) sowie Langmaack, Barbara (1991).
457 Vgl. Grond, E. (1991c), S. 19.
458 Vgl. Ruthemann, U. (1993), S. 114 f.; vgl. auch Cörlin, Petra (1990).
459 Vgl. Ruthemann, U. (1993), S. 113 ff.; Weinberger, Sabine (1994), S. 29 ff.; vgl. ausführlich zur klientenzentrierten Gesprächsführung bzw. -psychotherapie: Kriz, Jürgen (1991), S. 195 ff.; Rogers, C. (1983).

Nach Ruthemann können diese Gespräche im Prinzip von jedem geführt werden, jedoch wäre eine Ausbildung in klientenzentrierter Gesprächsführung bzw. klientenzentrierter Gesprächspsychotherapie sehr hilfreich.

8.3.2 Das Gespräch mit dem Demenzerkrankten

Gespräche mit Demenzerkrankten sind möglich, wenn auch nicht in der Form wie mit Nicht-Demenzerkrankten. Oftmals haben verwirrte alte Menschen in einzelnen Aspekten einen anderen Realitätsbezug als ein gesunder Mensch. D. h. jedoch nicht, daß Verwirrte nicht auch «klare» Momente des Geistes haben! Im Umgang mit Verwirrten bzw. an Demenz erkrankten alten Menschen ist stets zu bedenken, daß neben organischen Ursachen auch Umweltfaktoren eine Rolle spielen können. Ein unfreiwilliger Einzug in ein Heim oder ein unfreiwilliger Krankenhausaufenthalt können beispielsweise eine kurz- oder auch langfristige Verwirrtheit auslösen. In der Literatur wird Desorientiertheit auch mit einer Flucht verglichen: Die einzige Möglichkeit bestünde darin, aus einer unangenehmen Situation in eine andere Realität zu flüchten, z. B. in die Vergangenheit. Die Verwirrtheit übernimmt symbolisch gesehen diese Funktion.

Pflegende sollten davon ausgehen, daß Verwirrte auch von einem Moment zum anderen «normal» reagieren können. Ruthemann schreibt, daß solche Situationen dann eintreffen können, wenn Verwirrte sich in ihrem Innersten wirklich verstanden und angenommen fühlen, wenn sie eine positive menschliche Begegnung erleben, bei der das «Hier und Jetzt» für sie wieder interessant ist. Sie schlägt Pflegenden vor, Verwirrte im Gespräch wie andere Menschen auch zu behandeln und gleichzeitig den Versuch zu unternehmen, das, was diese Menschen im Innersten bewegt, zu verstehen und es ihnen mittels verbaler und nonverbaler Kommunikation zu zeigen.

Die Gerontologin Naomi Feil entwickelte und lehrt verbale und nonverbale Techniken für den Umgang mit verwirrten Menschen: Die Methode der «*Validation*» akzeptiert den verwirrten Menschen dort, wo er gerade steht, sie unterstützt den Verwirrten, sein eigenes Ziel, nicht das des Pflegenden, zu erreichen. Indem der mit Validation arbeitende Pflegende u. a. die Gefühle des verwirrten Menschen in Worte faßt, dessen Gefühle widerspiegelt – eine psychotherapeutische Gesprächstechnik –, unterstützt er den Verwirrten, seine Gefühle auszudrücken. Dadurch können bedrängende Gefühle des Verwirrten an Macht verlieren.[460]

---

460 Vgl. Gerster, E. (1991), Ruthemann, U. (1993), S. 120 ff.

Indem Pflegende verwirrten Pflegebedürftigen eine akzeptierende Grundhaltung entgegenbringen, sie in ihrer Würde und in ihrem Selbstbestimmungsrecht achten und für diese zu vertrauten Bezugspersonen werden, reagieren diese weniger aggressiv. Gewalt in Form von Fixierungen, Verabreichungen von sedierenden Psychopharmaka sowie Bevormundungen durch Pflegende nehmen in ihrer Häufigkeit ab. Auch entwickeln Demente durch die Verhaltensweisen der Pflegenden eine bessere Stimmung. Dies bestätigt sowohl ein Praxisleiter der holländischen Mustereinrichtung «De Bleerinck» in Emmen als auch der Hamburger Gerontopsychiater Jan Wojnar, der das bundesweit größte Projekt einer akzeptierenden Dementenbetreuung – in sieben Pflegeheimen – leitet.

Nicht zu unterschätzen ist schließlich, daß die Pflegenden bei dem beschriebenen Ansatz das Gefühl eines angemesseneren und qualifizierteren Umgangs mit den Verwirrten haben können. Aus ihrer gesteigerten professionellen Befriedigung heraus können günstige, gewaltmindernde Einflüsse auf die seelische Befindlichkeit der dementen Pflegebedürftigen zustande kommen.[461]

Bei der Methode der Validation wäre kritisch anzumerken, ob ein Umgang mit Dementen mittels Techniken erlernbar ist, wenn eine empathische Grundhaltung und ein positives Menschenbild fehlen.

8.4 Strukturen als Ansatzpunkt der Gewaltverminderung

Neben den oben genannten Anregungen und Beiträgen gilt es auch, Strukturen, die personale Gewalt begünstigen und/oder Gewalt darstellen, zu modifizieren und zu verändern.

8.4.1 Erweiterung des Handlungsspielraumes der Pflegebedürftigen

Bei älteren hilfe- und pflegeabhängigen Menschen ist der Handlungsspielraum gegenüber früheren Jahren ihres Lebens in den meisten Fällen eingeschränkt. Wenn dies nicht so wäre, würden sie sich nicht in einer Pflegeeinrichtung aufhalten.

Bei der Forderung nach Erweiterung des Handlungspielraumes geht es daher um *vermeidbare* Einschränkungen des Handlungspielraumes der alten Men-

---

461 Vgl. Gerster, E. (1995), Holch, Christine (1996); vgl. zum Umgang mit verwirrten alten Menschen auch Grond, E. (1984) und Bruder, J. (1996), S. 20 ff.

schen in Pflegeeinrichtungen. Schneider unterteilt den Handlungsspielraum in vier verschiedene Dimensionen: den «Entscheidungsspielraum», den «Tätigkeitsspielraum», den «Interaktionsspielraum» und den «Anerkennungsspielraum».[462]

Erweiterung des Handlungsspielraumes heißt, so Ruthemann, möglichst keine Freiheiten zu nehmen, genommene Freiheiten zurückzugeben und neue, ungewohnte Freiräume zu schaffen.[463] Belastungen, die zu Frustrationen, Aggressionen und schließlich zur Gewalt führen, können u. a. durch die Erweiterung des Handlungsspielraumes gemindert werden:

Den Handlungsspielraum von Pflegebedürftigen zu erweitern bedeutet für diese, vermehrte Möglichkeiten der Kontrolle zu besitzen, sei es über räumliche Bedingungen oder auch über organisatorische Abläufe. Saup bemerkt in diesem Zusammenhang, daß verschiedene Studien, die sich auf Schaffung und Erweiterung von Handlungsspielräumen und Kontrollmöglichkeiten von *Heimbewohnern* beziehen, bei diesen eine höhere Wohn- und Lebensqualität sowie eine Steigerung des individuellen Wohlbefindens erkennen lassen.[464]

Von institutioneller Seite sollten den alten Menschen deshalb mehr Möglichkeiten bei der Mitwirkung in der Organisation sowie Kontrollmöglichkeiten geboten werden. Der *«Entscheidungsspielraum»* könnte sich dahingehend erweitern, daß Pflegebedürftige beispielsweise bei der Festlegung des Essensplanes und der Gestaltung von flexibleren Essenszeiten mitwirken. Auch eine ständige Verfügbarkeit von pflegebedürftigen Heimbewohnern über einen eigenen Zimmer- und Hausschlüssel, den sie auch benutzen dürfen, trägt zu einer erhöhten Lebens- und Wohnqualität bei, da dadurch die Möglichkeit zur räumlichen Kontrolle des Privatbereichs gegeben ist.

Für Pflegebedürftige in Heimen scheint ein von Anfang an breit gehaltener *«Tätigkeitsspielraum»* sich oft positiv auf das Wohlbefinden auszuwirken. Je nach Interessenlagen können sie mithelfen und voll verantwortlich sein für das Aufräumen des eigenen Zimmers, für Blumenpflege, Gartentätigkeiten, handwerkliche Reparaturen, Begleitung von neuen Bewohnern im Heim, Heimzeitung, Mitwirkung in einem Heimbeirat[465] u. a. m.

---

462 Vgl. Schneider, H.-D. (1992), S. 45; Ruthemann, U. (1993), S. 126 ff.
463 Vgl. Ruthemann, U. (1993), S. 126 ff.
464 Vgl. Saup, W. (1990), S. 97 f.
465 An dieser Stelle möchte ich darauf hinweisen, daß nach § 5 des Heimgesetzes der sich aus Heimbewohnern zusammensetzende Heimbeirat nur ein Mitwirkungsrecht hat und keine Entscheidungsbefugnis! Vgl. Kunz, Eduard u. a. (1990); Markus, K. (1992b).

Der «Interaktionsspielraum» speziell bei Heimbewohnern (der Interaktionsspielraum geht, so Schneider, davon aus, daß Menschen ein grundsätzliches Bedürfnis nach sozialen Kontakten haben) könnte durch verschiedene Gruppenangebote, wie Ausflüge und Diskussionsrunden oder auch durch Angebote einer «Wissensbörse»,[466] erweitert werden. Da in vielen Heimen die Männer eine Minderheit darstellen und Kontakte zu anderen Männern häufig erschwert sind, sollten spezielle Angebote für sie bereitgestellt werden, die ihren Interessen entsprechen. Ein erhöhter Tätigkeits- und Interaktionsspielraum kann dem älteren Menschen das Gefühl größerer Kontrollmöglichkeit und somit ein größeres Vertrauen in seine eigenen Einflußmöglichkeiten geben.[467]

Beim «*Anerkennungsspielraum*» kommt es gerade bei älteren hilfe- und pflegebedürftigen Menschen darauf an, die speziellen Fertigkeiten und persönlichen Ressourcen jeder einzelnen Person zu erkennen, durch die sie neue Anerkennung, z. B. durch die Leitungskraft, durch die Mitarbeiter, durch Verwandte und durch die Öffentlichkeit, gewinnen können. Dabei kann es sich um Tätigkeiten handeln, die sie im Heimalltag übernehmen, aber auch um Wissen, um Freundlichkeit oder auch um neu errungene Fertigkeiten. Anerkennung scheint gerade für alte Menschen sehr von Bedeutung zu sein, da sie mit dem Eintritt in eine Pflegeeinrichtung ihre reduzierte Leistungsfähigkeit offen zeigen.[468]

Für die Psychohygiene der älteren Menschen ist ein großer Handlungsspielraum essentiell. Für ältere pflegebedürftige Patienten in Krankenhäusern mögen die aufgeführten Vorschläge m. E. mit Vorbehalt gelten, da sie sich nur für einen überwiegend kürzeren Zeitraum in der Pflegeeinrichtung aufhalten. Dies soll jedoch nicht ausschließen, daß auch Heimbewohner wieder in ihre häusliche Umgebung entlassen werden können.

8.4.2 Erweiterung des Handlungsspielraumes der Pflegenden

Sehr oft sind den Mitarbeitern von Pflegeeinrichtungen aus verschiedensten Gründen Grenzen gesetzt, die ihren Handlungsspielraum eingrenzen. Mitarbeiter haben oftmals aus eigenen Überlegungen und Erfahrungen und aufgrund ihrer Kenntnisse aus ihrer Ausbildung viele hilfreiche und gute Ideen und Vorschläge

---

466 Ältere Menschen schließen sich zusammen, um ihr Wissen an andere Menschen weiterzugeben und ihnen ggf. bei Problemen zu helfen.
467 Vgl. Schneider, H.-D. u. a. (1992), S. 45 ff.; vgl. auch BfFS (1992), S. 113 ff.; Ruthemann, U. (1993), S. 126 ff.
468 Vgl. Schneider, H.-D. u. a. (1992), S. 49.

zur Verbesserung der Lebensqualität der älteren Menschen und der Arbeitssituation des Personals, die sie aber aufgrund eines eingeschränkten Handlungsspielraumes nicht umsetzen können.

Pflegende, die sich mehr Freiheiten im Handeln wünschen, um Verbesserungen zu initiieren und damit Bedürfnisse der älteren Menschen und ihrer Kollegen berücksichtigen, bedürfen der Unterstützung von Leitungskräften.[469]

Nach Schneider ist der «*Entscheidungsspielraum*» des Personals beispielsweise in solchen Alten- und Pflegeheimen groß, in denen es beim Einkauf von Material, bei der täglichen Arbeitsverteilung, bei der Auswahl der verschiedenen Arbeitsmittel und bei gleichartigen Gelegenheiten, mitwirken darf. Nach Ruthemann und Schneider fördern Gelegenheiten zur alleinigen oder zur Beteiligung an Entscheidungen, Überzeugungen, daß man seine Lebens- und Arbeitssituation beeinflussen kann. Zugleich wird dadurch die Motivation zum eigenen Handeln sowie die Zufriedenheit gestärkt.

Möglichkeiten, den «*Tätigkeitsspielraum*» der Pflegenden zu erweitern, können nach Schneider beispielsweise durch eine Aufgabenvergrößerung gerade in größeren, arbeitsteilig organisierten Pflegeeinrichtungen entstehen. Dadurch, daß auch vor- und nachgeschaltete Aufgaben von Pflegenden übernommen werden, können «Ermüdungs-, Monotonie- und Sättigungserscheinungen» reduziert werden. Allerdings muß m. E. eine Überforderung von Pflegenden dabei ausgeschlossen werden. Ein angemessener Personalschlüssel könnte allerdings hierzu und zu einer größeren Arbeitszufriedenheit beitragen. Um den Tätigkeitsspielraum zu erweitern, schlagen von Balluseck und Schneider einen gelegentlichen systematischen Arbeitsplatzwechsel («job rotation») bzw. eine «institutionalisierte Rotation» vor, so daß das Ausmaß der Tätigkeiten eines Mitarbeiters über einen längeren Zeitraum zunimmt. Dadurch können diese mehr Fertigkeiten nutzen als wenn sie jahrelang nur in einem Bereich tätig sind. Von Balluseck denkt dabei z. B. an Möglichkeiten der gleichzeitigen Ausübung pflegerischer und verwaltender Tätigkeiten, dies jeweils halbtags und in der gleichen Institution.[470]

Durch einen breiteren Tätigkeitsspielraum können Pflegende sich stärker mit ihrer Arbeit identifizieren, wodurch auch ein verstärktes Zugehörigkeitsgefühl zum Beruf entwickelt werden kann.

Der «*Interaktionsspielraum*» der Pflegenden, der als eine weitere Dimension des Handlungsspielraumes nach Schneider zu sehen ist, bedarf ebenso wie bei den älteren Menschen Beachtung. Durch das Bereitstellen von Angeboten und Anlässen, die die Mitarbeiter gemeinsam nutzen, wie z. B. ein Jahresausflug,

---

469 Vgl. Ruthemann, U. (1993), S. 131 ff.; Graner- Dünow, M. (1995), S. 36.
470 Vgl. Schneider, H.-D. (1992), S. 47; Balluseck, Hilde von (1989), S. 22.

verschiedene Feiern sowie räumliche Angebote, die nur für Personalkontakte bestimmt sind, kann seitens der Institution der Interaktionsspielraum gefördert werden, der z. B. für eine Bewältigung verschiedener Probleme von nicht unterschätzbarem Wert sein kann. Aus eigener Erfahrung kann ich bestätigen, daß sich jährlich abwechselnde Betriebsausflüge und Betriebsfeste zu einer besseren Kommunikation unter den Mitarbeitern und dadurch bedingt zu einer besseren Problem- und Konfliktbewältigung beitragen. Leider werden diese Chancen nicht von allen Pflegeeinrichtungen genutzt.

Anerkennung ist ebenso für Pflegende von Bedeutung. Für den «*Anerkennungsspielraum*» des Personals ist es wichtig, für individuelle Leistungen, aber auch für eine Gruppenleistung nicht nur die Anerkennung der Leitungsperson(en), sondern auch weiterer Instanzen, wie z. B. den Angehörigen der Heimkommission, der Pflegedienstleitung und v. a. der Öffentlichkeit, ausgesprochen zu bekommen. Anerkennung kann sich beispielsweise in Lächeln, positiven Bemerkungen, lobenswerten Berichten in der Heim-, Krankenhaus- oder Lokalzeitung oder Erwähnung im Jahresbericht zeigen. Aber auch eine Übertragung von anspruchsvolleren Aufgaben kann als Ausdruck von Anerkennung gewertet werden.[471]

8.4.3 Rahmenbedingungen von Pflegeeinrichtungen

Pflegeeinrichtungen müssen vielfältige Aspekte in sozialpolitischer, betriebswirtschaftlicher und arbeitsorganisatorischer Hinsicht berücksichtigen. Diese vollständig anzuführen würde den Rahmen dieser Arbeit sprengen. Einige Aspekte jedoch bedingen strukturelle Gewalt.

Im folgenden sollen strukturelle Rahmenbedingungen benannt werden, die es m. E. zu verbessern gilt. Eine Verbesserung trägt im engeren und weiteren Sinne zur Verminderung von Aggressionen und Gewalt bei.

Als erstes wäre hier eine *Verbesserung des Personalschlüssels* sowohl im Krankenhausbereich als auch in Alten- und Pflegeheimen durch *qualifiziertes Pflegepersonal* zu fordern. Nur durch einen angemessenen Personalschlüssel ist eine fachgerechte, angemessene und ganzheitliche Pflege möglich.[472]

Damit der Pflegeberuf für Pflegende attraktiv bleibt bzw. attraktiver wird und die Pflegenden nicht nach relativ kurzer Zeit den Beruf verlassen,[473] ist es unum-

471 Vgl. Schneider, H.-D. (1992), S. 49 f.
472 Vgl. Jacobs, Peter (1992); BfFS (1992), S. 139.
473 Vgl. dazu Diebold-Appel, Jutta (1996).

gänglich, neben Verbesserungen der Arbeitssituation (vgl. u. a. Kap. 8.4.4) und einer Anhebung des Sozialprestiges in unserer Gesellschaft, ein positiv formuliertes Berufsbild für pflegerische Berufe zu etablieren (vgl. Kap. 8.5).

Forderungen nach qualifiziertem Pflegepersonal können nur durch *qualifizierende Ausbildungen* entsprochen werden. Derzeitige Berufsausbildungen bedürfen allerdings Verbesserungen.

Die Ausbildung von Pflegenden ist je nach Berufsfeld – Krankenpflege oder Altenpflege – unterschiedlich geregelt. Neben Forderungen nach einer *drei*jährigen Ausbildung in der Altenpflege, wie sie auch in der Krankenpflege bundeseinheitlich vorgeschrieben ist, werden in der Literatur Forderungen an die Bundesregierung zur Vereinheitlichung der Altenpflegeausbildung auf Länderebene gestellt, um die bisherige unübersichtliche Altenpflegeausbildung abzuschaffen.[474] Auch hinsichtlich der europäischen Öffnung scheint nach Schmidt-Scherzer eine Sicherstellung einer *einheitlichen Altenpflegeausbildung* dringend erforderlich zu sein. Eine *tariflich abgesicherte Ausbildungsvergütung* wäre ein weiterer notwendiger Schritt.[475]

Zur inhaltlichen Gestaltung verweisen Kühnert / Naegele auf die Leitgrundsätze der Arbeit mit alten Menschen: «Betroffenenorientierung», «Ganzheitlichkeit», «Gleichberechtigung» und «Integration»,[476] aus denen sie Anforderungsprofile an die Mitarbeiter bzw. Kompetenzen des Pflegepersonals entwickeln, auf die die Ausbildung vorbereiten müsse. Vor dem Hintergrund der beschriebenen Erkenntnisse, sollten daneben m. E. Entstehungsmechanismen und Bedingungen von Aggressionen und Gewalt in einem stärkeren Maße als bisher Gegenstand der beruflichen Ausbildung werden.

Die in der Begleitung und in der Pflege mit alten pflegebedürftigen Menschen zu entwickelnden Kompetenzen sollten über das entsprechende Fachwissen hinausgehen. Der Förderung der *psychischen Kompetenz* ist besondere Aufmerksamkeit beizumessen. Bei der psychischen Kompetenz sollte differenziert werden zwischen Kompetenzen im Umgang mit den betroffenen alten Menschen und deren Angehörigen und Kompetenzen in der Auseinandersetzung mit gegebenen Arbeitsstrukturen und Arbeitsbelastungen.

Derartige arbeitsfeldbedingte Beanspruchungen stellen Anforderungen an die eigene Belastbarkeit und die Entwicklung von Strategien zur individuellen Bela-

---

474 Vgl. Gerster, E. (1990); Grond, E. (1990d), Kühnert, Sabine / Naegele, Gerhard (1992); Schweppe, Cornelia (1995).
475 Vgl. Schmitz-Scherzer, R. u. a. (1994), S. 185.
476 Vgl. Kühnert, S. / Naegele, G. (1992); vgl. zu den Ausbildungsinhalten auch Kardorf, E. von / Oppl, H. (1989), S. 58 f.

stungsreduzierung. Selbsterfahrungskurse, in denen an der eigenen Person, an der eigenen Persönlichkeit und an den eigenen Schwächen gearbeitet werden kann, sind unabdingbar. Sie sollten deshalb zum begleitenden Ausbildungsinhalt werden und den gleichen Stellenwert einnehmen wie Theorievermittlung und die praktische Erprobung.[477] Selbsterfahrungskurse sollten jedoch auch nach der Ausbildungszeit berufsbegleitend seitens der Institution angeboten werden.

Neben psychischen Kompetenzen werden auch *soziale Kompetenzen* in der Arbeit mit alten Menschen gefordert. Soziale Kompetenzen sind besonders im Umgang mit alten Menschen und deren Angehörigen, mit Kollegen und anderen in der Altenpflege tätigen Berufsgruppen unerläßlich. *Kommunikative Kompetenzen* sowie *Konfliktbewältigungsstrategien* und deren Umsetzung in den praktischen Alltag sollten als zentrale Ausbildungsinhalte gewertet und umgesetzt werden.

Weiter sollten Auszubildende im Laufe ihrer Ausbildung zur kritischen Auseinandersetzung mit den derzeitigen Arbeitsbedingungen befähigt werden, im Sinne einer «Berufspolitisierung», u. a. durch die Vermittlung von Kompetenz zur Teamarbeit und zur berufspolitischen Durchsetzung ihrer Belange. Ebenfalls sollten Auszubildende eine kritische Distanzfähigkeit zur gesellschaftlich verbreiteten Bewertung des Alters sowie Einsicht in das zugrundeliegende Wertsystem und Menschenbild bekommen. Sie sollten auch die Fähigkeit und Bereitschaft entwickeln, an einer gesellschaftlichen Umorientierung und Neubewertung des Alters durch *Öffentlichkeitsarbeit* mitzuwirken bzw. eine derartige Arbeit im Rahmen ihrer Möglichkeiten zu unterstützen. Um den Auszubildenden dies zu vermitteln, müssen Lehrende ausreichend qualifiziert werden und zur ständigen Fort- und Weiterbildung bereit sein.[478]

Ein wesentlicher Prüfstein für eine qualifizierte pflegerische Ausbildung ist eine *gezielte* und *fachgerechte Anleitung* der Schüler in der Praxis, was auch als eigene Nachwuchssicherung zu verstehen ist. In der Praxis tätige Mitarbeiter müssen seitens der Einrichtung in einem stärkeren Maße Möglichkeiten geboten bekommen, sich zum «Praxisanleiter» oder zum «Mentoren» ausbilden zu lassen und dies ohne Einkommensverlust. Dazu bedarf es der Teilfreistellung von Fachkräften in dieser Funktion. Diese Teilfreistellung sollte von den Kostenträgern der Institution anerkannt und Praxisanleitung zum Standard der Ausbildung werden. Dabei sind eine zu starke Akzentuierung der stationären Bereiche im allgemeinen zu vermeiden und sozialpädagogische Elemente stärker zu betonen.[479]

---

477 Vgl. Abresch, J. (1981), S. 341; Grond, E. (1991d); Kühnert, S. / Naegele, G. (1992); Rosenmayr, L. (1992).
478 Vgl. Knobeling, C. (1985), S. 85; Kühnert, S. / Naegele, G. (1992).
479 Vgl. Schmitz-Scherzer, R. u. a. (1994), S. 186.

Besonders wichtig für die Aus- als auch Weiterbildung für die Arbeit in einem helfenden Beruf ist, nach Ansicht Petzolds, eine *stärkere ethische Fundierung*. Diese Aufgabe scheint besonders schwierig zu sein, da es sich hierbei nicht darum handeln kann, «aufgesetzte Normen zu indoktrinieren, sondern ein Verständnis für die Menschenwürde und ihren existentiellen Grund zu wecken, eine Wertschätzung besonders für den alten, kranken und leidenden Menschen zu fördern, die in der Schwingungsfähigkeit der eigenen Person verwurzelt ist».[480]

In diesem Zusammenhang sollte deshalb vor Beginn der Ausbildung bereits kritisch geprüft werden, ob sich Bewerber für den Beruf des Krankenpflegers oder Altenpflegers eignen und gewisse Fähigkeiten in die berufliche Tätigkeit miteinbringen. Dies gilt in einem besonderen Maße für diejenigen, die den Beruf erlernen möchten, weil sie in einem anderen Beruf nicht mehr zu vermitteln sind. Die Gefahr, daß sie ihren Beruf nur als Job sehen, kann sich negativ in der Pflege auswirken.[481]

Neben einer qualifizierteren Ausbildung der professionell Pflegenden bedürfen auch *Leitungskräfte*, insbesondere Heimleitungen, *fachliche Aus- und Weiterbildungen*, um personal- und strukturell bedingte Probleme besser lösen zu können.[482] Die in der Heimpersonalverordnung (in Kraft seit Oktober 1993) zu erfüllende Mindestanforderung an Heimleitungen – diese besteht aus einer fachlichen und persönlichen Eignung – müßte dahingehend verändert werden, daß neben persönlicher Eignung bestimmte berufliche Qualifikationen vorausgesetzt werden. Mangelnde Führungsqualitäten und kommunikative Kompetenzen sollten durch Fortbildungsmaßnahmen verbessert werden.

Auch Heimleiter und andere Leitungskräfte sind intra- und interpersonalen Rollenkonflikten ausgesetzt.[483] Belardi weist in diesem Zusammenhang auf Möglichkeiten der *«Leitungsberatung»* hin, die den Leitungspersonen «Rollenberatung» und Unterstützung anbieten kann, bestehende Konflikte deutlicher zu sehen, ihre Leitungsrolle aktiver und erfolgreicher im Sinne der organisatorischen Zielsetzung wahrzunehmen. Leitungsberatung ist nach Ansicht Belardis dann notwendig, wenn eine Institution im Sinne einer Organisationsentwicklung (vgl. folgendes Kap. 8.4.4) verändert werden soll.[484]

---

480 Petzold, H. G. (1985), S. 565.
481 Vgl. hierzu Gerster, E. (1990); Grond, E. (1991d); KDA (1992d); Jacobs, P. (1992).
482 Vgl. Petzold, H. G. (1990c), S. 651 f., ebenso Kühnert, S. / Naegele, G. (1992), S. 57; Will, K.-H. (1995b), S. 162.
483 Vgl. Schneider, H.-D. u. a. (1992); Petzold, H. G. (1990c), S. 651 f.; vgl. dazu auch Ruthemann, U. (1993), S. 133 ff.
484 Vgl. Belardi, Nando (1994a), S. 58 f.

Ebenso wie die Mitarbeiter der Einrichtung, sollten auch Führungs- bzw. Leitungskräfte Fort- und Weiterbildungen in Anspruch nehmen und diese nicht als Maßregelung, sondern als Hilfe verstehen.

Parallel müßten berufspolitische Maßnahmen zur *Strukturverbesserung der Arbeitsbedingungen* vorangetrieben werden, die über eine einfache Gehaltserhöhung des Pflegepersonals hinausgehen. Folgt man Kühnert / Naegele, so handelt es sich hierbei neben den bereits oben angeführten Schritten um die Öffnung von Aufstiegschancen, um den Abbau von Belastungen und um die Einrichtung von fachlich gebundenen zusätzlichen Ausbildungsgängen auf der Basis des Ausbildungsberufes.[485] Diese fachlichen Weiterbildungen sollten entsprechend honoriert werden, was derzeit m. E. in unzureichender Form der Fall ist.

Als eine weitere strukturelle Rahmenbedingung ist die «Heimaufsicht» anzusehen, die Gewalt durch Unterlassung begünstigen kann. Zu ihren Aufgaben gehört die *Kontrolle über die Einhaltung des Heimgesetzes* zum Schutz von Interessen und Bedürfnissen der Heimbewohner vor Beeinträchtigung und die Gewährleistung einer qualitätsgesicherten Pflege durch Beratung. Nach § 9 des Heimgesetzes sind Behörden zur regelmäßigen Überwachung der Heime verpflichtet. In der Bundesrepublik zeigt die Heimaufsicht ein sehr buntes Bild auf, sowohl im Hinblick auf die Verteilung der Zuständigkeiten, der Organisation und der Stellenbesetzung.[486]

In vielen Fällen werden Heimaufsichtsbehörden ihrer Aufgabe und ihrer Verantwortung nicht gerecht. Dies zeigen die von Klie angegebenen praktischen Beispiele bundesdeutscher Heimaufsichtsbehörden, die von Klie / Lörcher durchgeführte Studie zur Fixierungspraxis in Pflegeheimen sowie die von Unruh beschriebenen Fälle (vgl. auch Kap. 6.5).[487] Um nur ein Beispiel zu nennen: Wenn Träger und Aufsichtsbehörde in Person identisch sind bzw. Träger identisch sind, kommt es zu «Interessenkollisionen». Dies kann eine ordnungsgemäße Überwachung und Kontrolle der Heime beeinträchtigen.[488]

Damit jedoch die Heimaufsicht wirksam tätig werden kann, muß nach Ansicht Klies die Arbeit der Heimaufsicht fachlich konzeptioniert, personell und organisatorisch verbessert werden.

---

485 Vgl. Kühnert, S. / Naegele, G. (1992), S. 57.
486 Vgl. Klie, Th. (1987), S. 222 ff.; Dießenbacher, H. / Schüller, K. (1993), S. 100; Klie, Th. / Lörcher, U. (1994); S. 25; vgl. dazu auch Kunz, E. u. a. (1990).
487 Vgl. Unruh, T. (1988), S. 46 ff.; Klie, Th. (1987); Klie, Th. / Lörcher, U. (1994); vgl. auch Bäcker, G. u. a. (1989), S. 117 f.; Bruckner, D. (1993). Werden Mißhandlungen aufgedeckt, so kann die Heimaufsichtsbehörde in schärfster Form etwa mit einem Beschäftigungsverbot nach § 13 des Heimgesetzes für mißhandelnde Pflegende reagieren. Vgl. Kunz, E. u. a. (1990).
488 Vgl. Bäcker, G. u. a. (1989), S. 118.

Die Problematik der Heimaufsicht sollte in der Öffentlichkeit vermehrt diskutiert und von der Politik auch angesprochen werden. Mittels Operationalisierung sollten m. E. einheitliche Regelungen zur Umsetzung des Heimgesetzes bzw. zur Kontrolle von Heimen durch politische Maßnahmen geschaffen und im Interesse der älteren Heimbewohner gesetzlich verankert werden. Auch sollte die ärztliche Versorgung von Heimbewohnern sowie die Rolle der Heimärzte neu diskutiert und überdacht werden.

Auch bauliche Rahmenbedingungen können strukturelle Gewalt implizieren (vgl. Kap. 5.2.4). Aufgrund der bekannten Zusammenhänge zwischen der Qualität der räumlichen Umwelt und der Selbständigkeit, Zufriedenheit und Lebensqualität im Alter, sind besondere Anstrengungen auf die *Verbesserung der räumlichen Umweltbedingungen* zu verwenden. Eine Anpassung der baulichen Gegebenheiten an die heutigen Ansprüche sollte nach Möglichkeit realisiert werden, um den Bedürfnissen von älteren Menschen sowohl in Krankenhäusern als auch in Alten- und Pflegeheimen gerecht werden zu können.[489]

Durch eine stärkere «*Öffnung der Heime*» nach außen, wie sie von Hummel propagiert wird, könnte ein Beitrag geleistet werden, den «totalen» bzw. «geschlossenen» Charakter vieler Einrichtungen zu verändern. Die Arbeit von Hummel macht deutlich, welche Möglichkeiten bestehen, eine Abtrennung von der Außenwelt zu durchbrechen, wie z. B. durch die Integration kommunaler Bildungs- und Kulturveranstaltungen in das Heimleben, die Einrichtung von Cafes oder eines Bürgertreffpunktes im Heim oder die Mitarbeit des Heimes an städtischen Projekten. Durch eine «Öffnung» könnten viele Kontaktmöglichkeiten und Impulse von «außen» für das betreffende Heim und für die Bewohner gewonnen werden.[490] Im Zuge der Öffnung nach außen können Träger durch gezielte Öffentlichkeitsarbeit die Chance nutzen, das Bild vom Leben im Heim, vom alten Menschen und vom Pflegeberuf, zu korrigieren. Für ältere Menschen bietet sich dadurch z. B. die Gelegenheit, sich mit ihrem eventuell späteren *Heim* vertraut zu machen. Eine möglicherweise spätere, plötzliche Heimaufnahme wird dann nicht mehr als so bedrohlich empfunden.[491]

---

489 Vgl. Graber-Dünow, M (1995), S. 36; Saup, W. (1990), S. 94 ff.; vgl. auch ausführlich zum Stellenwert der Architektur in Heimen: Heeg, Sybille (1994).
490 Vgl. Hummel, Karl (1982).
491 Vgl. BfFS (1992), S. 129.

8.4.4 Organisationsentwicklung: Gewaltprophylaxe durch Verbesserung der Arbeitssituation

Organisationsentwicklung (OE) ist eine Methode, die zur Veränderung von strukturellen Rahmenbedingungen einer Institution sowie zur Verbesserung von menschlichen Verhaltensweisen innerhalb dieser Strukturen eingesetzt werden kann und eine Möglichkeit zur Gewaltprophylaxe in Institutionen darstellt. Bei der OE soll, kurz gefaßt, die «Organisationskultur» verbessert werden. Dabei geht es um eine Erhöhung der Wirtschaftlichkeit (Effizienz) und Leistungsfähigkeit (Effektivität) von Institutionen dergestalt, daß Informationen und Entscheidungen transparenter und neue Kooperationsformen gefunden und eingesetzt werden. OE beruht einerseits auf der Anwendung von gruppendynamischen Erkenntnissen und andererseits auf der Befragung und Berücksichtigung von Mitarbeitern der Institution.[492] OE kann durch die Einführung sogenannter «teilautonomer Arbeitsgruppen» den Entscheidungsspielraum von Mitarbeitern erweitern, so daß der relativ hohe Fluktuationsgrad, Krankheitsraten oder Fehlzeiten bzw. «innere Kündigungen» der Mitarbeiter zurückgehen können. Unter «teilautonomen Arbeitsgruppen» sind Arbeitsgruppen von Mitarbeitern zu verstehen, die zusammen einen abgeschlossenen Arbeitsbereich relativ autonom gestalten und anfallende Entscheidungen alleine treffen und sich gegebenenfalls Beratung und Unterstützung von Vorgesetzten holen. Diese Gruppen stellen einen Gegensatz zu einer streng hierarchischen Organisation dar, in der jeder Mitarbeiter «von oben» seine Aufgabe erhält. Dies schließt allerdings nicht eine Organisationsentwicklung von «oben» nach «unten» aus. Beide Formen sind u. U. gleichzeitig möglich. Mit Hilfe eines qualifizierten, idealerweise externen Organisationsberaters wird anhand eines mehrgliedrigen Problemlösungsprozesses versucht, eine Veränderung der Organisation zu erzielen. Hierzu gehören beispielsweise auch Überlegungen, wie das Pflegepersonal von fachfremden Aufgaben entlastet werden kann.[493]

Der Organisationsberater hat sich in erster Linie an dem Hauptziel der Institution zu orientieren. Für das Altenheim wäre dieses Ziel, so Belardi, v. a. eine bessere «Versorgung»[494] der Menschen, die in dieser Einrichtung leben. Zu verwirklichen sei dieses Ziel allerdings nur, wenn günstigere organisatorische und

---

492 Vgl. Belardi, N. (1994a), S. 58; Gehrmann, Gerd / Müller, Klaus D. (1993), S. 217 ff.
493 Vgl. Belardi, N. (1994a), S. 58; vgl. ausführlich zu den «teilautonomen Arbeitsgruppen» und zum «Problemlösungsprozeß»: Schneider, H.-D. u. a. (1992), S. 50 f.; Ruthemann, U. (1993), S. 136 ff.; Gehrmann, G. / Müller, K. (1993), S. 220 ff.
494 Unter «Versorgung» muß m. E. hier eine ganzheitliche Pflege verstanden werden.

arbeitsmäßige Bedingungen für alle Mitarbeiter geschaffen werden. Hauptverantwortlich für die «Binnenkultur» der Einrichtung sei der Leiter. Diesem komme daher bei der OE eine besondere Bedeutung zu.

OE kann bei einigen Mitarbeitern oder auch bei Führungskräften auf Widerstände stoßen. Sie gehören leider zu den Begleiterscheinungen innovativer Prozesse, denn je weiter die Entwicklung zur Hilflosigkeit fortgeschritten sei, desto größer seien die Widerstände gegen Veränderungen, so Ruthemann. Motive hierfür seien z. B. die Scheu der Mitarbeiter vor Konflikten oder auch Ängste von Leitenden vor Kontrollverlust und des Nicht-zurechtkommen-Könnens mit Mitarbeiterkonflikten. Widerstände und Hindernisse können jedoch z. B. aufgrund von Beratung, Einüben von Kooperationsfähigkeit und neuen Kommunikationsmustern bewältigt werden.[495]

8.5 Die Gesellschaft als Ansatzpunkt der Gewaltverminderung

Die Gesellschaft stellt einen weiteren Ansatz zur Verminderung von Gewalt in Pflegeeinrichtungen dar. Simone de Beauvoir klagt in ihrem Buch «Das Alter» in sehr krasser Form die moderne Gesellschaft und ihre Einstellung zum alten Menschen an. Indirekt fordert sie die Gesellschaft auf, auf Worte zur angeblichen Würde des Alters endlich Taten folgen zu lassen. Der wahre Charakter einer Gesellschaft werde durch das Schicksal, das sie ihren alten und nicht mehr arbeitsfähigen Mitgliedern bereitet, offengelegt.[496] Die gesellschaftliche Relevanz von gewalttätigen Handlungen gegenüber alten Menschen wird, so Diek, nicht zuletzt an der Häufigkeit ihres Auftretens gemessen und beurteilt.[497] In einem verstärktem Maße muß deshalb das Thema der Gewalt gegen alte Menschen in Pflegeeinrichtungen mit ihren unterschiedlichsten Formen – dabei denke ich nicht nur an die «Spitzen des Eisberges» in Form von Altentötungen –, ebenso wie ursächliche Zusammenhänge, publik gemacht werden! Negative Altersstereotype, die zu einer Viktimisierung alter Menschen beitragen und in konkrete Interaktionsabläufe auch in Pflegeeinrichtungen hineinwirken können, sollten durch eine verstärkte Öffentlichkeitsarbeit abgebaut werden.

495 Vgl. Ruthemann, U. (1993), S. 140 f.; Belardi, N. (1994a), S. 61; vgl. ausführlich zur Organisationsentwicklung und Stellenwert der OE für die Soziale Arbeit: Belardi, Nando (1994b).
496 Vgl. Beauvoir, S. de (1993), S. 466.
497 Vgl. Diek, M. (1987a), S. 309.

Ich stimme mit Schneider / Sigg darin überein, daß eine dauernde Diskussion des Themas in der Öffentlichkeit dazu beitragen kann, das herrschende Gewaltniveau in unserer Gesellschaft, insbesondere in Pflegeeinrichtungen, zu senken.[498] Die Enttabuisierung der Gewalt gegen alte Menschen in Pflegeeinrichtungen in unserer Gesellschaft wäre ein erster Schritt in diese Richtung.

Folgt man Schnieders, so bestehen in der Gesellschaft diffuse Vorstellungen über das Bild der Pflege. Es sei fraglich, so Schnieders, ob der Prozeß des «Umdenkens» in der Pflege, der sich in den letzten 15 Jahren in Deutschland vollziehe, für die Gesellschaft transparent geworden sei und sich dementsprechend das Bild der Pflege verändert hat. Professionalisierungs- und Emanzipationsbestrebungen der Pflege könnten nicht unbedingt mit bestimmten gesellschaftlichen Vorstellungen über Pflege in Einklang gebracht werden, die eng mit der christlichen Ethik zusammenhängen und Pflege als hausarbeitsnahe Frauentätigkeit ohne spezielle Ausbildung begreifen. So würden Tugenden des Unterwerfens, des Dienens und der Aufopferung noch häufig mit Pflege in Verbindung gebracht.[499] Mit Hilfe einer *gezielten Öffentlichkeitsarbeit* und mit Hilfe sozialpolitischer Maßnahmen sollte bzw. muß einer Stigmatisierung des Alters und einer damit einhergehenden Stigmatisierung der pflegerischen Berufe entgegengewirkt werden, so daß sowohl das Alter als auch die Kranken- und Altenpflegeberufe in der Gesellschaft wieder an Wert und Sozialprestige gewinnen.

---

498 Vgl. Schneider, H.-D. / Sigg, E. (1990), S. 47.
499 Vgl. Schnieders nach Elsbernd, A. / Glane, A. (1996), S. 31.

9. Schlußbetrachtung

Gewalt gegen alte Menschen in Pflegeeinrichtungen kommt in vielfältiger Weise und in unterschiedlichen Formen vor. Die Pflege bzw. die Betreuung alter Menschen verlangt von Pflegenden immer wieder eine neue Sensibilität für die Gratwanderung zwischen aggressiven, gewalttätigen Gewaltakten und «legitimer» Gewalt als notwendige Macht. Die Ursachen der Gewalt in Pflegeeinrichtungen sind mannigfaltig und komplex. Sie lassen sich nur aus den vielfältigen Lebens- und Arbeitsformen der Beteiligten und ihren gesellschaftlichen und erfahrungsgemäßen Hintergründen eruieren.

Gewalt gegen alte Menschen in Pflegeeinrichtungen ist in unserer Gesellschaft immer noch mit einem Tabu behaftet. Jedoch gebietet die Schwere der verschiedenen und vielfältigen Formen der Gewalt sowie die im Grundgesetz verankerte «Würde eines jeden Menschen» die Enttabuisierung. Von Pflegenden, leitenden Kräften und verantwortlichen Trägern und Behörden muß deshalb Ehrlichkeit abverlangt werden: Sie müssen die Gewalt und ihre Ursachen klar benennen, damit ein erster Schritt zur Enttabuisierung stattfinden und die eigene Betroffenheit in neue Wege umgewandelt werden kann.

Diese Wege setzen bei den Pflegenden, bei den Kommunikationsmustern, bei den systemimmanenten Strukturen und bei der Gesellschaft an. Die Ernsthaftigkeit und Intensität einer öffentlichen Diskussion wird diesen Entwicklungsprozeß beschleunigen können.

Menschliche Beziehungen, gerade in Pflegeeinrichtungen, sind nicht planbar. Sympathie und Antipathie spielen in jeder menschlichen Beziehung eine Rolle, so auch in pflegerischen Beziehungen. Schlägt die Antipathie bei Pflegenden hingegen in ein ständiges aggressives und gewalttätiges Handeln um, so muß eine Verfehlung des Pflegeberufes in Erwägung gezogen werden. Eine Kündigung sowohl im Interesse der Pflegebedürftigen als auch im Interesse des Pflegenden wäre die notwendige Konsequenz.

Auseinandersetzungen zwischen alten Menschen und Mitarbeitern von Pflegeeinrichtungen wird es immer geben. Gewalt in ihren unterschiedlichen Formen ist glücklicherweise nicht durchschnittliche Realität. Jenseits der Forderungen zur Verbesserung der Arbeitsbedingungen in Pflegeeinrichtungen muß es jedoch «etwas» innerhalb der Pflegenden geben, das eine wertschätzende Haltung den älteren Menschen gegenüber einnimmt. Da Pflegende, bzw. Menschen, nicht nur aus ihrer Körperlichkeit bestehen, muß – trotz struktureller Gewalt und Mängel – «etwas» darüber hinaus in ihnen vorhanden sein. Wäre dies nicht der Fall, so

würden Vernachlässigungen und Mißhandlungen alter Menschen in Pflegeeinrichtungen zur Tagesordnung zählen.

Auch wenn Gewalt nicht gängige Wirklichkeit ist, so müssen doch dort, wo sie
real ist, die Quellen der Aggressionen und Gewalt abgebaut werden. Dieser Prozeß ist m. E. langwierig und bedarf viel Beharrlichkeit. Doch es lohnt sich. Zum
einen lohnt es sich zugunsten von mehr Menschlichkeit für die Pflegebedürftigen,
Pflegenden und anderen Beteiligten, zum anderen lohnt es sich für uns alle, zumal
wir uns alle im Prozeß des Älterwerdens befinden.[500] In diesem Sinne möchte ich
mit einem Märchen der Brüder Grimm schließen:

Der alte Großvater und der Enkel

«Es war einmal ein alter Mann, der konnte kaum gehen, seine Knie zitterten, er hörte und
sah nicht viel und hatte auch keine Zähne mehr. Wenn er nun bei Tisch saß und den Löffel
kaum halten konnte, schüttete er Suppe auf das Tischtuch, und es floß ihm auch etwas
wieder aus dem Mund. Sein Sohn und dessen Frau ekelten sich davor, und deswegen mußte
sich der alte Großvater endlich hinter den Ofen in die Ecke setzen, und sie gaben ihm sein
Essen in ein irdenes Schüsselchen, und noch dazu nicht einmal satt, da sah er betrübt nach
dem Tisch, und die Augen wurden ihm naß. Einmal auch konnten seine zittrigen Hände
das Schüsselchen nicht festhalten, es fiel zur Erde und zerbrach. Die junge Frau schalt, er
aber sagte nichts und seufzte nur. Da kauften sie ihm ein hölzernes Schüsselchen für ein
paar Heller, daraus mußte er nun essen: wie sie nun da so sitzen, so trägt der kleine Enkel
von vier Jahren auf der Erde kleine Brettlein zusammen. ‹Was machst du da?› fragte der
Vater. ‹Ei, antwortete das Kind, ich mach ein Tröglein, daraus sollen Vater und Mutter
essen, wenn ich groß bin.› Da sahen sich Mann und Frau eine Weile an, fingen endlich an
zu weinen, holten alsofort den alten Großvater an den Tisch und ließen ihn von nun an
immer mit essen, sagten auch nichts, wenn er ein wenig verschüttete.»[501]

---

500 Vgl. Ruthemann, U. (1993), S. 142.
501 Quelle: Funkkolleg Altern. Einführungsbrief (1996), S. 85.

Literatur

Abresch, Jürgen (1981): «Warum und wie behandelt das Pflegepersonal manche Patienten schlechter als andere?» In: Deutsche Krankenpflegezeitschrift. 34. Jg., 6/1981, S. 336–342.

Alteninitiativen (Hrsg.; 1989): Morgens um sieben ist der Tag schon gelaufen. Frankfurt/M.: Mabuse Verlag.

Aries, Marianne / Zuppinger, Isabelle (1992): Burnout beim Pflegepersonal? Studie zur Arbeitssituation und zu den psychischen Belastungen des Pflegepersonals. Lizentiatsarbeit der Philosophischen Fakultät I der Universität Zürich. Psychologisches Institut: Abt. Sozialpsychologie.

Bäcker, Gerhard / Diek, Margret / Naegele, Gerhard / Tews, Hans Peter (1989): Ältere Menschen in Nordrhein-Westfalen. Düsseldorf. Hrsg. v. Ministerium für Arbeit, Gesundheit und Soziales des Landes Nordrhein-Westfalen. Düsseldorf.

Bäcker, Gerhard (1996): Leistung und Erfahrung. Altern in der Arbeitsgesellschaft. In: Funk-kolleg Altern. Studienbrief 4. Studieneinheit 11. Tübingen: TC Druck Tübinger Chronik eG, S. 1–48.

Balluseck, Hilde von (1989): «Gefühlsarbeit in der Altenpflege – von der Unmöglichkeit eines Berufs.» In: Sozialmagazin, 14. Jg., 6/89, S. 19–23.

Bandura, Albert (1976): Lernen am Modell. Stuttgart: Klett-Cotta.

Bandura, Albert (1979): Eine sozial-lerntheoretische Analyse. Stuttgart: Klett-Cotta.

Beauvoir, Simone de (1993; Erstfassung 1970): Das Alter. (Originalausgabe 1970) Reinbek bei Hamburg: Rowohlt.

Beck, Ulrich (1986): Risikogesellschaft. Auf dem Weg in eine andere Moderne. Frankfurt/M.: edition suhrkamp.

Belardi, Nando (1994a): «Organisationsentwicklung und Leistungsberatung im Altenheim.» In: Sozialmagazin. 19. Jg., 6/94, S. 58–61.

Belardi, Nando (1994b): Organisationsentwicklung. In: Stimmer, Franz u. a. (Hrsg.): Lexikon der Sozialpädagogik und der Sozialarbeit. München, Wien: Oldenbourg.

Bergmann, Wolfgang (1995): «Warum sind so viele Helfer ‹hilflos›»? In: Altenpflege, 20. Jg., 7/95, S. 474–475.

Beyer-Peters, Detlev (1996): «Zwischen Bürokratie und Profit.» Die Folgen der Pflegeversicherung für die Beschäftigten in Alten- und Pflegeheimen. In: Altenpflege, 21. Jg., 2/96, S. 93–97.

BfFS (Hrsg.; 1992): Konflikt- und Belastungssituationen in stationären Einrichtungen der Altenhilfe und Möglichkeiten ihrer Bewältigung. Schriftenreihe Bd. 2. Stuttgart: Kohlhammer.

BfFS (Hrsg.; 1993): Erster Altenbericht der Bundesregierung. Bonn: Bundesanzeiger Verlagsgesellschaft.

Böhm, Erwin (1990): Verwirrt nicht die Verwirrten. Neue Ansätze geriatrischer Krankenpflege. 4. Aufl., Bonn: Psychiatrie-Verlag.

X **Borker, Siegfried / Elsbernd, Astrid** (1995): «Starke Gefühle.» Aggression und Gewalt in pflegerischen Situationen. In: Altenpflege Forum. 3. Jg., 4/95, S. 119–127.

Brandenburg, Hermann (1994): Soziologie des Heimes. In: Kruse, Andreas / Wahl, Hans-Werner (Hrsg.; 1994), S. 67–81.

Brechbühler, Monika (1989): «Eingehende Tatortbesichtigung.» Nach den Vorfällen im Lainzer Spital in Wien. In: Krankenpflege. 43. Jg., 10/89, S. 66–68.

Brockhaus Enzyklopädie in 24 Bänden (1989a): Bd. 1, 19., völlig neu bearbeitete Aufl., Mannheim: Verlag Brockhaus.

Brockhaus Enzyklopädie in 24 Bänden (1989b): Bd. 8, 19., völlig neu bearbeitete Aufl., Mannheim: Verlag Brockhaus.

Brower, Axel (1997): «Hungerlöhne selbst für gelernte Pflegekräfte.» Franke: Frust statt zukunftsträchtiger Arbeitsplätze. In: Neue Osnabrücker Zeitung, 30. Jg., 04.01.1997, S. 4.

Bruckner, Dietmar (1993): «Entsetzliche Schlamperei». Vor Gericht: Wie der Chef eines Seniorenheims jahrelang mit alten Menschen umsprang. In: Die Zeit. 48. Jg.; 6/93, 18.6.1993, S. 25.

Bruder, Jens (1996): Vergessen und Traurigkeit. Psychische Veränderungen im Alter. In: Funkkolleg Altern. Studienbrief 3, Studieneinheit 8. Tübingen. TC Druck Tübinger Chronik eG, S. 1–55.

Brudereck, Antje (1991): «Die meisten wollen gesiezt werden.» Ergebnisse der Leserumfrage zum Thema «siezen oder duzen». In: Altenpflege. 16. Jg., 4/91, S. 232.

BSHG: Regelsätze der Länder. 2. Aufl. Stand: März 1992. München: dtv, Beck- Texte.

Burisch, Matthias (1989): Das Burnout-Syndrom. Theorie der inneren Erschöpfung. Berlin u. a.: Springer.

Chappuis, Charles (1984): «Wir müssen lernen, Geduld zu haben.» Aggression und beruflicher Alltag. In: Krankenpflege Soins infirmiers, 77. Jg., 4/84, S. 23–27.

Christen, Christina (1989): Wenn alte Eltern pflegebedürftig werden. Bern und Stuttgart: Haupt.

Cleve, Iris van (1995): «Gewalt in der Pflege.» Tagung über ein Tabu. In: Altenpflege, 20. Jg., 7/95, S. 450–454.

Cohn, Ruth C. (1992): Von der Psychoanalyse zur themenzentrierten Interaktion. Stuttgart: Klett-Cotta.

X **Cörlin, Petra** (1990): Gespräche helfen, Gewalt zu vermindern. In: Altenpflege, 15. Jg., 3/90, S. 159–162.

DBfK (Hrsg.; 1994): ZAG Altenpflege. «Gewalt in der Pflege.» Eschborn.

Diebold-Appel, Jutta (1996): «Pflegebedarf steigt – aber immer weniger Menschen pflegen.» In: Pflegezeitschrift. 49. Jg., 1/96, S. 18–20.

Diek, Margret (1986): «Gewaltanwendung gegen ältere Familienangehörige – ein inzwischen bekanntes und dennoch weithin unaufgeklärtes Problem.» In: Theorie und Praxis der sozialen Arbeit. 37. Jg., Nr. 6/86. S. 202–205.

Diek, Margret (1987a): «Gewalt gegen ältere Menschen im familialen Kontext – Ein Thema der Forschung, der Praxis und der öffentlichen Information.» In: Zeitschrift für Gerontologie. 20. Jg., 5/1987, S. 305–313.

Diek, Margret (1987b): «Gewaltanwendung durch Familienangehörige.» In: Altenpflege, 12. Jg., 9/1987, S. 557–560.

Diek, Margret / Heinemann-Knoch, Marianne / Rijke, Johannes de (1987): Alte Menschen in Pflegeverhältnissen. Materialien zum Vierten Familienbericht. Bd. 3. München: Deutsches Jugendinstitut e. V

Diek, Margret (1994): Das Altenheim traditioneller Prägung ist tot. In: Kruse, Andreas / Wahl, Hans-Werner (Hrsg.; 1994), S. 191–199.

Dießenbacher, Hartmut (1979): «Altruismus und helfende Berufe – Zur Problematik alltäglicher und professioneller Altruisten.» In: Sozialwissenschaftliche Literatur Rundschau. 2. Jg., Frühjahr 1979, Bielefeld: KT-Verlag, S. 7–18.

Dießenbacher, Hartmut / Ueberschär, Ernie (1985): «Helfen und Töten. Zum Fall des Massenmörders Arnfin Nesser.» In: Neue Praxis. 15. Jg., 2/3 /85, S. 215–222.

Dießenbacher, Hartmut (1988): «Gewalt gegen Alte. Über Vernachlässigungs-, Mißhandlungs- und Tötungsrisiken in Einrichtungen der Altenpflege.» In: Göckenjahn, Gerd / Kondratowitz, Hans-Joachim von (Hrsg.): Alter und Alltag, Frankfurt/M.: Suhrkamp 1988, S. 372–386.

Dießenbacher, Hartmut (1989): «Wie groß ist das institutionelle Mißhandlungsrisiko in der Altenpflege?» In: Theorie und Praxis der sozialen Arbeit. 40. Jg., Nr. 5/89, S. 190–194.

Dießenbacher, Hartmut (1992): «Sind Altenheime Sterbehäuser?» Pflegerisiko, Pflegeversicherung, Pflegereform. In: Neue Praxis. 22. Jg., 5/92, S. 423–431.

√**Dießenbacher, Hartmut / Schüller, Kirsten** (1993): Gewalt im Altenheim. Eine Analyse von Gerichtsakten. Freiburg i. Br.: Lambertus.

Dollard, John / Doob, Leonhard W. / Miller, Neal E. / Mowrer, O. H. / Sears, Robert R. (1973; Erstfassung 1939): Frustration und Aggression, 5. Aufl., Weinheim: Beltz.

Drerup, Elisabeth (1993): Modelle der Krankenpflege. Materialien zur Krankenpflegeausbildung. Bd. 1. Freiburg i. Br.: Lambertus.

Dunkel, Wolfgang (1988): «Wenn Gefühle zum Arbeitsgegenstand werden.» In: Soziale Welt, 39. Jg., Göttingen: Schwartz & Co, S. 65–83.

Dunkel, Wolfgang (1994): Pflegearbeit – Alltagsarbeit. Eine Untersuchung der Lebensführung von Altenpflegerinnen. Freiburg i. Br.: Lambertus.

Eastman, Mervyn (1985): Gewalt gegen alte Menschen. Freiburg i. Br.: Lambertus.

Eckhardt, Thomas (1995): Streßbewältigung. Was ist Streß und wie geht man damit um? In: Die Schwester / Der Pfleger. 34. Jg., 9/95, S. 795–797.

Edelwich, Jerry (1984): Ausgebrannt. Das Burn-out-Syndrom in den Sozialberufen. Salzburg: AVM-Verlag der Arbeitsgemeinschaft für Verhaltensmodifikation.

Egloff, Erich (1984): «Mensch, ärgere Dich – aber richtig!» In: Krankenpflege, 38. Jg., 4/84, S. 29–32.

Elsbernd, Astrid / Glane, Ansgar (1996): Ich bin doch nicht aus Holz. Wie Patienten verletzende und schädigende Pflege erleben. Berlin, Wiesbaden: Ullstein Mosby.

Enzmann, Dirk / Kleiber, Dieter (1989): Helfer-Leiden. Streß und Burnout in psychosozialen Berufen. Heidelberg: Asanger Verlag.

Ertle, Christoph (1993): Aggression. In: Lenzen, Dieter (Hrsg.): Pädagogische Grundbegriffe. Bd. 1, Aggression bis Interdisziplinarität. Rowohlts Enzyklopädie, Reinbek bei Hamburg, S. 19–23.

Ethik-Kommission (1989): Ethische Grundsätze für die Pflege. In: Krankenpflege Soins Infirmiers. 82. Jg., 12/89, S. 75.

Fernsehsendung: Zündstoff: Pflege und Pflegeversicherung. 22.05.1996, ZDF, 22.15 Uhr.

Fernsehsendung: «Sanfte Morde.» 29.01.1997, ZDF, 21.15 Uhr.

Fernsehsendung: Pflege ohne Zuwendung? Ein Situationsbericht von Peter Wingert. 30.01.1997, ARD, 23.00 Uhr.

Fernsehsendung: «ARD-Exclusiv: Thema: Die Stadt der Alten – Das größte Altersheim Europas». 18.04.1997, ARD, 22.00 Uhr.

Filipp, Sigrun-Heide (1996): Lebenserfahrung und Lebenssinn. Biographische Aspekte des Alterns. In: Funkkolleg Altern. Studienbrief 1. Studieneinheit 3. Tübingen: TC Druck Tübinger Chronik eG, S. 1–42.

Forster, Jürgen / Rückert, Willi (1996): Pflege und Pflegebedürftigkeit. In: Rund ums Alter. Hrsg. v. KDA. München: Beck, S. 227–241.

Freud, Sigmund (1905): Drei Abhandlungen zur Sexualtheorie. Gesammelte Werke, Bd. 5. Frankfurt/M.: Fischer.

Freud, Sigmund (1920): Jenseits des Lustprinzips. Gesammelte Werke, Bd. 13. Frankfurt/M.: Fischer.

Freud, Sigmund (1930): Das Unbehagen in der Kultur. Gesammelte Werke, Bd. 14. Frankfurt/M.: Fischer.

Fried, Erich (1995): Um Klarheit. Gedichte gegen das Vergessen. Berlin: Verlag Klaus Wagenbach, 1985, S. 18–19.

Frieling-Sonnenberg, Wilhelm (1996): «Verfälschte Realität. Dank der Pflegeversicherung befindet sich die Altenhilfe endgültig in einer Sackgasse.» In: Altenpflege, 21. Jg., 3/96, S. 207–209.

Fuhrer-Burckhard, Beatrice (1995): «In den Zwängen einer Pflegeinstitution.» In: Krankenpflege. 49. Jg., 4/95, S. 55–58.

Funkkolleg Altern (1996): Einführungsbrief, hrsg. v. Deutschen Institut für Fernstudienforschung an der Universität Tübingen. Tübingen: TC Druck Tübinger Chronik eG.

Funkkolleg Altern (1996): Studienbrief 1, hrsg. v. Deutschen Institut für Fernstudienforschung an der Universität Tübingen. Tübingen: TC Druck Tübinger Chronik eG.

Galtung, Johan (1975): Strukturelle Gewalt. Beiträge zur Friedens- und Konfliktforschung. Reinbek bei Hamburg: Rowohlt.

Ganser, Martina (1993): «Aggressionsfördernde Strukturen. Wie kann man ihnen begegnen?» In: Krankenpflege. 47. Jg., 3/93, S. 158–160.

Gastinger, Sigmund (1988): Freiheitsschutz und Haftungsrecht in der stationären und ambulanten Altenhilfe. Freiburg i. Br.: Lambertus.

Gehrmann, Gerd / Müller, Klaus D. (1993): Management in Sozialen Organisationen. Handbuch für die Praxis Sozialer Arbeit. Regensburg: Walhalla.

Gerster, Claudia (1993): «Wenn Fürsorge zum Zwang wird. Fachtagung ‹Freiheitsentzug im Heim› in Mannheim zeigt viele Probleme.» In: Altenpflege. 18. Jg., 6/93, S. 368–370.

Gerster, Eyke (1990): «Die zweijährige Ausbildung wird festgeschrieben.» In: Altenpflege. 15. Jg., 1/90, S. 14–16.

Gerster, Eyke (1991): «Validation mit Naomi Feil. Eine Amerikanerin präsentiert einen neuen Weg zum Verständnis verwirrter alter Menschen.» In: Altenpflege. 16. Jg., 11/91, S. 638–647.

Gerster, Eyke (1995): «Ein Dorf für 156 Demente.» In: Pflegezeitschrift. 48. Jg., 8/95, S. 446–450.

Glinski-Krause, Beate / Jonas, Ines / Nakielski, Hans (1996): Heime. In: Rund ums Alter. Hrsg. v. KDA. München: Beck.

Goffman, Erving (1972): Asyle. Über die soziale Situation psychiatrischer Patienten und anderer Insassen. Frankfurt/M.: edition suhrkamp.

Gottfrois, Winfried (1995): «Gewalt in der Pflege: Umgang mit aggressiven Heimbewohnern.» In: Pflegezeitschrift. 48. Jg., 4/95, S. 213–216.

Graber-Dünow, Michael (1994): «Die Unwirtlichkeit unserer Pflegeheime.» In: Sozialmagazin. 19. Jg. 3/94, Weinheim: Juventa Verlag, S. 49–54.

Graber-Dünow, Michael (1995): Fürsorglicher Zwang. Strukturelle Gewalt in Pflegeheimen. In: Mabuse, 20. Jg., Nr. 94, S. 34–36.

Grond, Erich (1984): Die Pflege verwirrter alter Menschen. Freiburg i. Br.: Lambertus.

(λ) **Grond, Erich** (1990): Der Pflegende soll sich selbst so gut pflegen wie die Kranken. In: Altenpflege. 15. Jg. 4/90, S. 206–232.

Grond, Erich (1991a): «Angreifende Heimbewohner.» In: Krankenpflege. 45. Jg., 1/91, S. 11–13.

Grond, Erich (1991b): «Aggressive Pflegende.» In: Krankenpflege. 45. Jg., 1/91, S. 13–16.

Grond, Erich (1991c): Konstruktiv mit Aggression umgehen. In: Krankenpflege. 45. Jg., 1/91, S. 16–19.

Grond, Erich (1991d): «Das Hick-Hack muß aufhören. Nach gemeinsamer Grundausbildung mit der Krankenpflege – Spezialisierung für die Altenpflege.» In: Altenpflege. 16. Jg., 6/91, S. 329–333.

Grond, Erich (1991e): «Einsamkeit macht aggressiv.» Gründe und Folgen der Aggression alter Menschen. Teil 1. In: Altenpflege. 16. Jg., 7/91, S. 412–414.

(x) **Grond, Erich** (1991f): «Pflegende sollen ihre Gewalt aussprechen.» Aggressionen des Pflegepersonals gegenüber den Alten. Teil 2. In: Altenpflege. 16. Jg., 8/91, S. 467–471.

Grond, Erich (1991g): «Geklärte Bedingungen mindern Gewalt.» Über den konstruktiven Umgang mit der Aggression in der Altenpflege. Teil 3. In: Altenpflege. 16. Jg., 9/91, S. 529–535.

Grond, Erich (1992): «Bei steigender Nachfrage sinkt das Angebot.» Die Not des Altenpflegepersonals und Entlastungsmöglichkeiten. In: Altenpflege. 17. Jg., 1/92, S. 34–44.

Grond, Erich (1994): Psychisch veränderte Menschen im Altenheim. In: Kruse, Andreas / Wahl, Hans-Werner (Hrsg.; 1994), S. 121–146.

Grond, Erich (1995): «Psychopharmaka im Alter. Medikamentenversorgung alter Menschen.» In: Pflegezeitschrift. 48. Jg., 6/95, S. 344–346.

Gronemeyer, Reimer (1979): «Altenmißhandlung und Altenwiderstand.» Ergebnisse einer Untersuchung von Altenheimordnungen. In: Frankfurter Hefte. 34. Jg., 4/79, S. 100–106.

Großkopf, Volker (1994): «Die Fixierung des Patienten.» Freiheitsberaubung oder medizinische Notwendigkeit? In: Pflegezeitschrift. 47. Jg., 9/94, S. 500–501.

Großkopf, Volker (1995): «Gewalt – Was tun?» Angemessenes Verhalten in Krisensituationen. In: Pflegezeitschrift. 48. Jg., 6/95, S. 350 – 353.

Haldi, Nelly (1984): «. . . ich rede dann sicher lauter als notwendig». In: Krankenpflege Soins infirmiers. 77. Jg., 4/84, S. 20–22.

Hanemann, Doris (1984): Ein Teufelskreis. Aggression – Frustration – Unzufriedenheit – Aggression. In: Krankenpflege Soins infirmiers. 77. Jg., 4/84, S. 26–27.

Hanke, Dieter (1982): «Aggressives Verhalten von psychisch Kranken.» Entstehung und Abbau von Aggressionen auf einer psychiatrischen Aufnahmestation. In: Deutsche Krankenpflegezeitschrift. 35. Jg., 1/82, S. 14–21.

Hedtke-Becker, Astrid (1990): Die Pflegenden pflegen. Freiburg i. Br.: Lambertus.

Heeg, Sybille (1994): Verbesserte Wohnkonzepte für Menschen im Heim aus der Sicht einer Architektin. In: Kruse, Andreas / Wahl, Hans-Werner (Hrsg.; 1994), S. 219–230.

Heinemann, Evelyn (1996): Aggression. Verstehen und bewältigen. Berlin u. a.: Springer.

Heinsohn, Gunnar (1993): Die Ermutigung des Rabbi Schulweis. Zum Phänomen des «Bystander»-Verhaltens. In: Universitas. 48. Jg., Nr. 563, 5/93, S. 444–453.

Herder Lexikon (o. J.): Psychologie. Freiburg: Herder.

Hochschild, Arlie Russel (1990, englisch 1983): Das gekaufte Herz. Zur Kommerzialisierung der Gefühle. Frankfurt/M.: Campus.

Holch, Christine (1996): «Ach, der schöne Ede. Demente Menschen leben in Träumen und in Ängsten. Sie dort zu erreichen, ist eine Kunst.» Die Zeit. 51. Jg., Nr. 38, 13.09.1996, S. 74.

Hummel, Karl (1982): «Öffnet die Altenheime». Wege zu einer gemeinwesenorientierten Altenarbeit. Weinheim: Beltz.

International Council of Nurses (1995): «Gewalt gegen beruflich Pflegende.» Übertragung ins Deutsche: Karin Wagner. In: Pflege aktuell. 49. Jg., 2/95, S. 95–96.

Jacobs, Peter (1992): «Zehn Minuten vor der Zeit ist der Schwester Pünktlichkeit». Gibt es eine Lösung des Pflegenotstandes? In: Schmidbauer, Wolfgang (Hrsg.; 1992a), S. 146–158.

Kaiser, Helmut (1993): «Zwischen Liebe und Aggression – Zur Ethik pflegerischen Handelns.» In: Pflege. Bd. 6, Heft 2, S. 96–101.

Kampmann, Andrea (1994): «Freiheitsentziehende Maßnahmen.» In: Pflege aktuell. 48. Jg., 12/94, S. 740–741.

Kampmann, Andrea (1995): «Gewalt oder Notwehr? Eine tätliche Auseinandersetzung.» In: Pflege aktuell. 49. Jg., 2/95, S. 100–102.

Käppeli, Silvia (1989): «Alter – Aggressivität – Gewalt. Mißhandlung in der Altenpflege ist ein berechenbares Phänomen.» In: Altenpflege. 14. Jg., 11/1989, S. 639–643.

Kardorff, Ernst von / Oppl, Hubert (Hrsg.; 1989): Sozialarbeit für und mit alten Menschen. München: Minerva-Publ.

Karotsch, Dieter (1996): «Unverblümte Wahrheiten. Nur mit Nachfrageorientierung hat die stationäre Pflege eine Überlebenschance.» In: Altenpflege. 21. Jg., 5/96, S. 331–333.

KDA (Hrsg.; 1989a): Presse- und Informationsdienst: «Sterben ist etwas Alltägliches geworden. Entwickeln sich die Altenpflegeheime zu Sterbeeinrichtungen?» 1/89, Köln, S. 13–14.

KDA (Hrsg.; 1989b): Presse- und Informationsdienst: «Leopold Rosenmayr zu den Vorfällen im Wiener Krankenhaus Lainz.» 3/89, Köln, S. 12–14.

KDA (Hrsg.; 1989c): Presse- und Informationsdienst: «Gewalt gegen alte Menschen im Pflegeheim – Untersuchungsergebnisse aus den Vereinigten Staaten.» 6/89, Köln, S. 4–7.

KDA (Hrsg.; 1990): Presse- und Informationsdienst: «Suchtgefahr im Alter ist ein weithin unterschätztes Problem – gezielte Hilfen fehlen.» 1/90, Köln, S. 4.

KDA (Hrsg.; 1991a): Presse- und Informationsdienst: «Wie alt fühlen sich die Alten? Selbsteinschätzung des Alters um 10 Jahre nach oben verschoben.» 4/91, Köln, S. 9.

KDA (Hrsg.; 1991b): Presse- und Informationsdienst: «Wie viele pflegebedürftige Heimbewohner bleiben auf Sozialhilfe angewiesen, wenn die Pflegeversicherung kommt?» 6/91, Köln, S. 8–9.

KDA (Hrsg.; 1991c): Presse- und Informationsdienst: «Weiter steigende Suizidzahlen in der Altenbevölkerung.» 6/91, Köln, S. 14.

KDA (Hrsg.; 1992a): Presse- und Informationsdienst: «Sucht im Alter – Alkohol als Tröster.» 3/92, Köln, S. 4.

KDA (Hrsg.; 1992b): Presse- und Informationsdienst: «Psychopharmaka – verordnete Sucht?» 3/92, Köln, S. 5.

KDA (Hrsg.; 1992c): Presse- und Informationsdienst: «Neuland in der Altenpflege-Ausbildung.» 5/92, Köln, S. 10–12.

Kerres, Andrea / Falk, Juliane (1996): «Gewalt in der Pflege: Sensibilisieren Sie sich für den Umgang mit den eigenen Aggressionen!» In: Pflegezeitschrift. 49. Jg., 3/96, S. 174–177.

Klessmann, Michael (1994): «Aggression im Krankenhaus.» Eine helfende Institution und ihre Widersprüche. In: Pflegezeitschrift. 47. Jg., 9/94, S. 495–499.

Klett-Schmidt, Judith / Carrier, Manfred (1994): «Demenz – die neue Herausforderung.» In: Altenpflege. 19. Jg., 12/94, S. 766–769.

Klie, Thomas (1987): Das Heimgesetz: Schutz der Interessen und Bedürfnisse der Bewohner vor Beeinträchtigungen? In: Brandt, Hans / Dennebaum, Eva-Maria / Rückert, Willi (Hrsg.): Stationäre Altenhilfe. Problemfelder – Rahmenbedingungen – Perspektiven. Freiburg i. Br.: Lambertus, S. 217–226.

Klie, Thomas / Lörcher, Uwe (1994): Gefährdete Freiheit. Fixierungspraxis in Pflegeheimen und Heimaufsicht. Freiburg i. Br.: Lambertus.

Klie, Thomas (1996): «Eine ungewisse Zukunft. Die soziale Arbeit und soziale Betreuung in Pflegeheimen stehen auf der Kippe.» In: Altenpflege. 21. Jg., 2/96, S. 98–101.

Knobeling, Cornelia (1985): Konfliktsituationen im Altenheim. Eine Bewährungsprobe für das Pflegepersonal. Freiburg i. Br.: Lambertus.

Kohnert, Monika (1992): Heim – Integration aus der Sicht der neuen Bundesländer. In: Lebenszugewandtes Altern: Dokumentation der Fachtagung, 1. und 2. April 1992, Bonn. Stuttgart u. a.: Kohlhammer 1993, S. 52–56.

Kriz, Jürgen (1991): Grundkonzepte der Psychotherapie. 3. Aufl., Weinheim: Psychologie Verlags Union.

X **Kruse, Andreas / Wahl, Hans-Werner** (Hrsg.; 1994): Altern und Wohnen im Heim: Endstation oder Lebensort? Bern u. a.: Huber.

Kruse, Andreas / Lehr, Ursula (1996): Reife Leistung. Psychologische Aspekte des Alterns. In: Funkkolleg Altern. Studienbrief 2, Studieneinheit 5. Tübingen: TC Druck Tübinger Chronik eG, S. 1–52.

Kühnert, Sabine / Naegele, Gerhard (1992): «Qualitätsverbesserung in der Altenarbeit durch Qualifizierung der Fachkräfte.» In: Theorie und Praxis der sozialen Arbeit. 43. Jg., 2/92; S. 51–58.

Kunz, Eduard / Ruf, Franz / Wiedemann, Edgar (1990): Heimgesetz. 5., völlig neubearb. Aufl. München: Beck.

Landkreis Osnabrück (1993): Auch dem Alter gehört die Zukunft. Altenpolitik im Landkreis Osnabrück.

Langmaack, Barbara (1991). Themenzentrierte Interaktion. Einführende Texte rund ums Dreieck. Weinheim: Psychologie Verlags Union.

Lazarus, R. S. (1995): Streß und Streßbewältigung – Ein Paradigma. In: Filipp, Sigrun-Heide (Hrsg.): Kritische Lebensereignisse. 3. Aufl. Weinheim u. a.: Beltz, Psychologie Verlags Union, S. 198–232.

Lehr, Ursula (1984): Psychologie des Alterns. 5., durchgesehene Aufl., Heidelberg: Quelle und Meyer, UTB.

Leichtenberger, Rainer (1992): «Macht – Ohnmacht – Gewalt.» In: Deutsche Krankenpflegezeitschrift. 45. Jg., 8/92, S. 525–527.

Lerch, Marianne (1991): «Verheizte Schwestern geben keine Wärme. Studie über das Burnout-Syndrom.» In: Krankenpflege. 45. Jg., 1/91, S. 26–28.

Lorenz, Konrad (1975; Erstfassung 1963): Das sogenannte Böse. Zur Naturgeschichte der Aggression. 3. Aufl., München: Dt. Taschenbuch Verlag.

Luka-Krausgriff, Ursula (1994): Depression. In: Asanger, Roland / Wenniger, Gerd (Hrsg.): Handwörterbuch Psychologie. 5. Aufl., Weinheim: Beltz, Psychologie Verlags Union, S. 102–107.

Maier-Opitz, Monika (1990): Aggressionstheoretische Kenntnisse als Hilfe bei der Pflege im Krankenhaus. In: Deutsche Krankenpflegezeitschrift. Beilage Dokumentation Aus- und Fortbildung. 43. Jg., 1/90, S. 2–8.

Markus, Katrin (1991): «Vorsorglich festbinden? Nein!» Gericht: Personalmangel rechtfertigt keine vorbeugende Freiheitsberaubung. In: Altenpflege. 16. Jg., 5/91, S. 306–307.

Markus, Katrin (1992a): «Pflegenotstand – und wozu er führen kann.» In: Altenpflege. 17. Jg., 8/92, S. 509–514.

Markus, Katrin (1992b): Heimbeiräte – Mitbestimmung und Mitgestaltung im Heim. In: Lebenszugewandtes Altern. Fachdokumentation der Fachtagung, 1. und 2. April 1992, Bonn. Stuttgart u. a.: Kohlhammer 1993, S. 57–63.

Markus, Katrin (1994): Bitte draußen bleiben! Auch pflegebedürftigen HeimbewohnerInnen steht ein Hausrecht an den von ihnen bewohnten Räumen zu. In: Altenpflege. 19. Jg., 10/94, S. 638–645.

Mathes, Klaus (1986): «Krankmachende Lebens- und Arbeitsbedingungen.» In: Theorie und Praxis der sozialen Arbeit. 37. Jg., 7–8/86, S. 249–254.

Meier-Baumgartner, Hans-Peter (1993): Heim als Heimat – Realität und Utopie. In: Lebenszugewandtes Altern. Dokumentation der Fachtagung, 1. und 2. April 1992, Bonn. Stuttgart u. a.: Kohlhammer 1993, S. 42–51.

Müller, Heinrich A. (1990): Aggressionen und Gewalt gegen alte Menschen. In: Howe, Jürgen (Hrsg.): Lehrbuch der psychologischen und sozialen Alternswissenschaft. Bd. 2: Psychosoziale Probleme älterer Menschen. Heidelberg: Asanger-Verlag, S. 66–78.

Müller, Sigrid (1995): «Das Helfersyndrom. Eine seelische Falle für alle, die Helfen zum Beruf gemacht haben.» In: Altenpflege. 20. Jg., 7/95, S. 471–473.

Niederfranke, Annette (1996): Das Alter ist weiblich. Frauen und Männer altern unterschiedlich. In: Funkkolleg Altern. Studienbrief 4, Studieneinheit 10. Tübingen: TC Druck Tübinger Chronik eG, S. 1–52.

Niederfranke, Annette / Schmitz-Scherzer, Reinhard / Filipp, Sigrun-Heide (1996): Die Farben des Herbstes. Die vielen Gesichter des Alters heute. In: Funkkolleg Altern. Studienbrief 1, Studieneinheit 1. Tübingen: TC Druck Tübinger Chronik eG, S. 1–48.

Oesterreich, Klaus (1992): «Aspekte der Versorgung psychisch kranker Älterer.» In: Archiv für Wissenschaft und Praxis der sozialen Arbeit. 23. Jg., 1/92, S. 3–11.

Opolka, Uwe (1996): Gesichter des Alterns. Ein historischer Text- und Bilderbogen. In: Funkkolleg Altern. Einführungsbrief. Tübingen: TC Druck Tübinger Chronik eG, S. 60–102.

Oud, Nico (1993): «Aggression und Gewalt: Wie kann Pflege damit professionell umgehen?» In: Pflege aktuell. 47. Jg., 10/93, S. 614–617.

Overlander, Gabriele (1996): Die Last des Mitfühlens. Aspekte der Gefühlsregulierung in sozialen Berufen am Beispiel der Krankenpflege. 2. Aufl., Frankfurt/M.: Mabuse (Wissenschaft 14).

o. V. (1996a): «Deutschland altert. Deutsche immer älter.» In: Neue Osnabrücker Zeitung, 29. Jg., Nr. 91, 20.04.1996, S. 8.

o. V. (1996b): «Altenheime erhöhen Pflegesätze.» Viele Bewohner wurden zurückgestuft – Entlastung durch Pflegeversicherung. In: Neue Osnabrücker Zeitung, 29. Jg., 26.09. 1996, S. 12.

o. V. (1996c): «Alte Menschen mißhandelt. Haftstrafen für Pflegekräfte – Richter: Unvorstellbare Taten.» In: Neue Osnabrücker Zeitung. 29. Jg., 13.12.1996, S. 6.

o. V. (1997a): «Reichsbund klagt: Unmenschliche Pflege. Betreuer besser bezahlen – Hohe Rücklagen.» In: Neue Osnabrücker Zeitung. 30. Jg., 04.01.1997, S. 1.

o. V. (1997b): «Nolte: Respekt für ältere Mitbürger.» In: Neue Osnabrücker Zeitung. 29. Jg., 02.04.1997, S. 5.

Pearlin, Leonhard I. (1987): The Stress Process and Strategies of Intervention. In: Hurrelmann, Klaus u. a. (Hrsg.): Social intervention. Potential and constraints. Berlin, New York: de Gruyter.

Peter, Markus / Kessler, Suzanne (1995): «Patienten haben Rechte – und ihre Pflegepersonen?» In: Krankenpflege. 49. Jg., 4/95, S. 73–74.

✗ **Petzold, Hilarion G.** (1985): Die Verletzung der Alterswürde – zu den Hintergründen der Mißhandlung alter Menschen und zu den Belastungen des Pflegepersonals. In: Petzold, Hilarion (Hrsg.): Mit alten Menschen arbeiten. Bildungsarbeit, Psychotherapie, Soziotherapie. München: Pfeiffer Verlag, S. 553–572.

Petzold, Hilarion G. (1990a): Die Krankheit der Inhumanität. Belastung, Überforderung, Burnout. I. In: Altenpflege. 15. Jg., 9/90, S. 498–504.

Petzold, Hilarion G. (1990b): Die pathologischen Formen der Inhumanität. Belastung, Überforderung, Burnout. II. In: Altenpflege. 15. Jg., 10/90, S. 566–571.

Petzold, Hilarion G. (1990c): Die gefährliche Identifikation mit dem Aggressor. Belastung, Überforderung, Burnout. III. In: Altenpflege. 15. Jg., 11/90, S. 648–651.

Petzold, Hilarion G. (1992): Bedrohte Lebenswelten – Überforderung, Burnout und Gewalt in Heimen. In: Petzold, Christa / Petzold, Hilarion G. (Hrsg.; 1992): Lebenswelten alter Menschen. Konzepte, Perspektiven, Praxisstrategien. Hannover: Vincentz, S. 248–291.

Pillemer, Karl (1988): «Maltreatment of Patients in Nursing Homes: Overview and Research Agenda.» In: Journal of Health and Social Behavior, Vol. 29, S. 227–238.

Rogers, Carl (1983; Erstfassung 1952): Die klientenzentrierte Gesprächspsychotherapie. Client-Centered Therapy. Fankfurt/M.: Fischer-Taschenbuch Verlag.

Rosenmayr, Leopold (1983): Die späte Freiheit. Das Alter – ein Stück bewußt gelebten Lebens. Berlin: Severin und Siedeler.

Rosenmayr, Leopold (1992): Die Gefahren des Beherrschens in der Pflege oder die Freuden der «sehenden» Hilfe. In: Petzold, Christa / Petzold, Hilarion G. (Hrsg.; 1992), S. 293–303.

Rosenmayr, Leopold (1996): Vor Greisengrau steh auf. Alte Menschen im Spiegel der Geschichte und Kulturen. In: Funkkolleg Altern. Studienbrief 1, Studieneinheit 2. Tübingen: TC Druck Tübinger Chronik eG, S. 1–56.

Rückert, Willi (1996): Von Mensch zu Mensch. Hilfe und Pflege im Alltag. In: Funkkolleg Altern. Studienbrief 7, Studieneinheit 18. Tübingen: TC Druck Tübinger Chronik eG, S. 1–42.

Rürup, Bert (1996): Hält der Generationenvertrag? Soziale Sicherung im Alter. In: Funkkolleg Altern. Studienbrief 6, Studieneinheit 16. Tübingen: TC Druck Tübinger Chronik eG, S. 1–50.

✗ **Ruthemann, Ursula** (1993): Aggression und Gewalt im Altenheim. Verständnishilfen und Lösungswege für die Praxis. Basel: Recom Verlag.

Saup, Winfried (1984): Übersiedlung ins Altenheim. Belastende Umweltbedingungen in Altenheimen und Bewältigungsreaktionen von Altenheimbewohnern. Weinheim u. a.: Beltz Forschungsberichte.

Saup, Winfried (1990): Übersiedlung und Aufenthalt im Alten- und Pflegeheim. In: Mayring, Philipp / Saup, Winfried (Hrsg.): Entwicklungsprozesse im Alter. Köln: Kohlhammer, S. 78– 101.

Saup, Winfried (1994): Altenheime als «Umwelten». In: Kruse, Andreas / Wahl, Hans-Werner (Hrsg.; 1994), S. 49–66.

Saup, Winfried / Reichert, Monika (1996): Die Kreise werden enger. Wohnen und Alltag im Alter. In: Funkkolleg Altern. Studienbrief 6, Studieneinheit 15. Tübingen: TC Druck Tübinger Chronik eG, S. 1–44.

Schachtner, Christel (1988): Störfall Alter. Für ein Recht auf Eigen-Sinn. Frankfurt/M.: Fischer.

Scheidt, Jörg von / Eickelbeck, Marie-Luise (1995): Eine Einführung für die Pflege alter Menschen. Weinheim: Beltz, Psychologie Verlags Union.

Schenda, Rudolf (1972): Das Elend der alten Leute. Düsseldorf: Patmos-Verlag.

Schlüter, Wilfried (1996): «Zurück in die Zukunft.» Was die Umsetzung der Pflegeversicherung für die Heime bedeutet. In: Altenpflege. 21. Jg., 7/96, S. 470–472.

Schmidbauer, Wolfgang (1991): «‹Ich wollte doch nur helfen›». In: Psychologie Heute. 18. Jg., S. 50–53.

Schmidbauer, Wolfgang (Hrsg.; 1992a): Pflegenotstand – das Ende der Menschlichkeit. Reinbek bei Hamburg: Rowohlt.

✗ **Schmidbauer, Wolfgang** (1992b): Hilflose Helfer. Über die seelische Problematik der helfenden Berufe. Völlig überarbeitete und erweiterte Neuausgabe. Reinbek bei Hamburg: Rowohlt.

Schmidbauer, Wolfgang (1992c): Helfen als Beruf. Die Ware Nächstenliebe. Überarbeitete und erweiterte Neuausgabe. Reinbek bei Hamburg: Rowohlt.

Schmidli-Bless, Cornelia (1995): «Zwischen Autonomie und Sicherheitsgefährdung.» In: Krankenpflege. 49. Jg., 4/95, S. 63–69.

✗ **Schmitz-Scherzer, Reinhard / Bialke, R. / Breitenstein, F. / Heidlindemann, T. / Martin, Chr.** (1994): Besondere Belastungen im Altenpflegeberuf und Möglichkeiten der Intervention. In: Kruse, Andreas / Wahl, Hans-Werner (Hrsg.; 1994), S. 177–189.

Schneider, Hans-Dieter / Sigg, Edith (1990): Gibt es das: Gewalttätigkeit in Alters- und Pflegeheimen? Ergebnisse einer Untersuchung in der deutschsprachigen Schweiz. Bericht 1/1990 der Forschungsgruppe Gerontologie am Psychologischen Institut der Universität Freiburg/Schweiz.

Schneider, Hans-Dieter / Thuering, Sandra / Piller, Sigrid / Ruthemann, Ursula (1992): Führungsaufgaben im Alten- und Pflegeheim. Management durch Einsicht in Komplexitäten. Heidelberg: Asanger Verlag.

Schneider, Hans-Dieter (1993): Gewalt gegen alte Menschen als Prozeß. In: Gewalt – Folgerungen für die soziale Arbeit. Dokumentation des 73. Deutschen Fürsorgetages. Frankfurt: Eigenverlag des deutschen Vereins für öffentliche Fürsorge, S. 203–227.

Schneider, Hans-Dieter (1995): Läßt sich Gewalt in der Pflege begrenzen? Referat auf dem Kongreß des Schweizerischen Berufsverbandes für Krankenschwestern und Krankenpfleger. 22.–24. Juni 1995 in Lausanne.

Schulz-Nieswandt, Frank (1990): Stationäre Altenpflege und «Pflegenotstand» in der Bundesrepublik Deutschland. Sozialökonomische Schriften 2, hrsg. v. Bert Rürup, Frankfurt/M. u. a.: Peter Lang Verlag.

Schulz von Thun, Friedemann (1994): Miteinander reden, 1. Reinbek bei Hamburg: Rowohlt.

Schwank, E. / Seidel, E. / Tormin, D. (1984): Lern- und Gedächtnistraining im Alter. Frankfurt/M.: Pädag. Arbeitsstelle Dt. Volkshochschul-Verb.

Schwarzer, Ralf (1981): Streß, Angst, Hilflosigkeit. Die Bedeutung von Kognition und Emotionen bei der Regulation von Belastungssituationen. Stuttgart u. a.: Kohlhammer.

Schwendter, Rolf (1991): «Totale Institutionen.» In: Gestalt und Integration. 11. Jg., 1/91, S. 64–71.

Schweppe, Cornelia (1995): «Über den Anachronismus der sozialen Altenarbeit.» In: Sozialwissenschaftliche Literatur Rundschau. 18. Jg., 30/95, Bielefeld: KT-Verlag, S. 79–97.

Schweppe, Cornelia (1996): Alter(n) im Strukturwandel der Moderne. In: Dies. (Hrsg.): Soziale Altenarbeit. Pädagogische Arbeitsansätze und die Gestaltung von Lebensentwürfen im Alter. Weinheim: Juventa, S. 11–32.

Selg, Herbert (1974): Menschliche Aggressivität. Theorien, Diagnostik, Therapiemöglichkeiten. Göttingen u. a.: Verlag für Psychologie.

Selg, Herbert / Mees, Ulrich / Berg, Detlef (1988): Psychologie der Aggressivität. Göttingen u. a.: Verlag für Psychologie, Hogrefe.

X **Seligman, Martin E. P.** (1992; englische Originalausgabe 1972): Erlernte Hilflosigkeit. 4. Aufl., erweitert um Franz Petermann: Neue Konzepte und Anwendungen. Weinheim: Psychologie Verlags Union.

Springer, Astrid (1996): «Die Alzheimersche Krankheit stellt Altenpflegeheime zunehmend vor Herausforderungen.» In: Pflegezeitschrift. 49. Jg., 6/96, S. 422–423.

StBW (Hrsg.; 1994): Bevölkerung in Deutschland von 1993 bis 2040. Achte koordinierte Bevölkerungsvorausberechnung. In: Wirtschaft und Statistik. Nr. 7, S. 438–440.

StBW (Hrsg.; 1996): Bevölkerung. In: Statistisches Jahrbuch; Wiesbaden, S. 60–63.

Stegmann, Irmgard (1994): «‹Nervige› Patienten/-innen – Gereiztes Personal.» In: Pflegezeitschrift. 47. Jg., 9/94, S. 502–503.

Susen, Gerhard R. (1980): «Aggression.» Einführung in die Psychologie, 7. Folge. In: Die Schwester / Der Pfleger, 19. Jg., 2/80, S. 114–117.

Tews, Hans Peter (1974): Soziologie des Alterns. 2., durchgesehene Aufl., Heidelberg: Quelle und Meyer, UTB.

Tews, Hans Peter (1991): Altersbilder. Über Wandel und Beeinflussung von Vorstellungen vom und Einstellungen zum Alter. Schriftenreihe Forum des KDA, Bd. 16. Köln: KDA.

Tews, Hans Peter (1996): Von der Pyramide zum Pilz. Demographische Veränderungen in der Gesellschaft. In: Funkkolleg Altern. Studienbrief 2, Studieneinheit 4. Tübingen: TC Druck Tübinger Chronik eG, S. 6–51.

Thill, Josée (1990): «Alter, Aggressivität und Gewalt. Jahrestagung der Schweizerischen Gesellschaft für Gerontologie in Lausanne» In: Das Altenheim. 29. Jg., 1/90, S. 34–36.

Unruh, Trude (1988): Aufruf zur Rebellion. 2. überarb. und erw. Aufl., Essen: Klartext.

Unruh, Trude (Hrsg.; 1989): Tatort Pflegeheim. Zivildienstleistende berichten. Essen: Klartext.

Urlaub, K. H. (1990): «Gewalt gegen alte Menschen in familiären Pflegebeziehungen.» In: KDA (Hrsg.), Presse- und Informationsdienst, 2/90, Köln. S. 9–14.

Verres, Rolf / Sobez, Ingrid (1980): Ärger, Aggression und soziale Kompetenz. Stuttgart: Klett-Cotta.

Wahl, Hans-Dieter / Reichert, Monika (1994): Übersiedlung und Wohnen im Altenheim als Lebensaufgabe. In: Kruse, Andreas / Wahl, Hans-Dieter (Hrsg.; 1994), S. 15–47.

Wallrafen-Dreisow, Helmut (1984): Tagebuch aus dem Altenheim. Weinheim und Basel: Beltz.

Weinberger, Sabine (1994): Klientenzentrierte Gesprächsführung. Eine Lern- und Praxisanleitung für helfende Berufe. 6., überarbeitete und erweiterte Aufl., Weinheim und Basel: Beltz.

Werbik, Hans (1974): Theorie der Gewalt. München: Fink Verlag.

Werner, Burkhard (1997): Demenz. Epidemiologie, Ursachen und Folgen einer psychischen Erkrankung im Alter, hrsg. v. B. Badura u. a., Weinheim/München: Juventa.

Will, Karl-Heinz (1995a): «Erst Feuer und Flamme, dann ausgebrannt.» Die anfängliche Begeisterung für den Altenpflegeberuf hält den hohen Anforderungen nicht mehr stand. Teil 1. In: Altenpflege. 20. Jg., 1/95, S. 40–45.

Will, Karl-Heinz (1995b): Erst Feuer und Flamme, dann ausgebrannt. Das Pflegepersonal kann selbst Wege einschlagen, um Belastungen abzubauen. Teil 2. In: Altenpflege. 20. Jg., 3/95, S. 159–162.

Wittrahm, Andreas (1990): Altenpflege muß Beziehungspflege sein. Eckwerte für eine personengerechte Altenpflege unter Wahrung der Grundrechte. In: Altenpflege. 15. Jg., 4/90, S. 202–205.

Wünsche, Joachim (1994): «Alte als Opfer. 2. Fachtagung Gewalt gegen alte Menschen. In: Altenpflege. 19. Jg. 5/94, S. 239–291.

Zank, Susanne / Baltes, Margret M. (1994): Psychologische Interventionsmöglichkeiten in Altenheimen. In: Kruse, Andreas / Wahl, Hans-Werner (Hrsg.; 1994), S. 147–175.

Zillmann, Dolf (1979): Hostility and aggression. Hillsdale, NJ: Erlbaum.

Zimbardo, Philip G. (1992): Psychologie. 5., neu übersetzte und bearbeitete Aufl. Bearbeitet und hrsg. v. Siegfried Hoppe-Graf / Barbara Keller. Berlin u. a.: Springer.

Abkürzungen

BfFS	Bundesministerium für Familie und Senioren
BfFSFJ	Bundesministerium für Familie, Senioren, Frauen und Jugend
BSHG	Bundessozialhilfegesetz
DBfK	Deutscher Berufsverband für Pflegeberufe e. V.
KDA	Kuratorium Deutsche Altershilfe
StBW	Statistisches Bundesamt Wiesbaden
StGB	Strafgesetzbuch

Eva-Maria Neumann et al.

Selbständigkeit im Alter

Ein Trainingsprogramm für Pflegende

Trainerband
2., korrigierte Auflage 1997. 127 Seiten, 1 Abb., Kt
DM 44.80 / Fr. 40.30 / öS 327.– (ISBN 3-456-82905-1)

Teilnehmerband
1994. 68 Seiten, 66 Abb., Kt DM 24.80 / Fr. 23.80 /
öS 181.– (ISBN 3-456-82408-4)

Wie fördert man Selbständigkeit bei älteren Menschen?
Wie vermeidet man ihre «Entmündigung» durch Überbetreuung? Das vorliegende
Trainingsprogramm ist ein Ergebnis gerontologischer Forschung. Es wurde in der
Praxis erprobt und evaluiert. Die Zielsetzung, Selbständigkeit bei der Verrichtung von
Alltagsaufgaben bei Älteren zu fördern bzw. wiederherzustellen, wird für Pflegende
nachvollziehbar begründet: Gerontologische Zusammenhänge werden anhand von
Fallgeschichten, bildlichen Darstellungen und Lernexperimenten anschaulich vermit-
telt. Die Unterrichtseinheiten sind unter didaktischen Gesichtspunkten auf aktives
Lernen ausgerichtet. Als Strategie rehabilitativer Pflege werden Grundkenntnisse der
Verhaltensmodifikation in praktischer Anwendung erworben. Trainer und Kurs-
teilnehmer werden angeleitet, Video als Medium zu nutzen und zur Selbstkontrolle
und Veranschaulichung einzusetzen.

Dorothea Sauter / Dirk Richter (Hrsg.)

Gewalt in der psychiatrischen Pflege

1998. Etwa 150 Seiten, Kt etwa DM 39.80 / Fr. 35.90 / öS 291.– (ISBN 3-456-83043-2)

Pflegende in der Psychiatrie sind gezwungen, sich mit Gewalt auseinanderzusetzen:
sei es als offene Gewalt von Patienten gegenüber Mitarbeitern oder umgekehrt, sei es
als unterschwellige Feindseligkeit oder struktureller Zwang. In diesem Band werden
Grundlagen der Gewaltentstehung, juristische Aspekte, konkrete Erfahrungen von
Mitarbeitern und Patienten, aber auch Ansätze zur Pflegeplanung bei aggressiven
Patienten, zur Bewältigung erlittener Gewalt und zu Lösungen von Gewaltproblemen
dargestellt.

Verlag Hans Huber
Bern Göttingen Toronto Seattle

http://Verlag.HansHuber.com

Manfred D. Hafner / Andreas Meier

Geriatrische Krankheitslehre

Teil I: Gerontopsychiatrische und neuropsychologische Syndrome

3., vollständig überarbeitete Auflage 1998. 420 Seiten, Abb., Tab., Kt DM 58.– /
Fr. 49.80 / öS 423.– (ISBN 3-456-83000-9)

Eine zunehmende Entfremdung zwischen ärztlichem
und pflegerischem Wissen und Tun beeinträchtigt die
optimale Zusammenarbeit in der Patientenbetreuung.
Diese kann aber nur gewährleistet sein, wenn jede
betreuende Person weiß, was die andere kann und tut.
Den Dialog zwischen Arzt- und Pflegeberuf auf dem
Gebiet der Geriatrie zu fördern ist daher das Ziel dieses
Buches. Der Inhalt bewegt sich über die Grenzen
zwischen Arzt- und Pflegebereich hinweg und fördert
eine interdisziplinäre Annäherung.
Einerseits werden sämtliche medizinischen Fachbegriffe
erklärt, andererseits werden auch anspruchsvolle
Themenkreise aus den Gebieten der Neurologie und
Neuropsychologie beleuchtet.

Teil II: Allgemeine Krankheitslehre und somatogene Syndrome

1996. 422 Seiten, 61 Abb., 54 Tab., Kt DM 59.– / Fr. 56.– / öS 431.–
(ISBN 3-456-82451-3)

Wie der erste soll auch dieser Teil den Dialog zwischen Pflegenden und Ärzten in der
Geriatrie fördern. Einerseits wird die Pathophysiologie, d. h. die Lehre von den
Krankheitsentwicklungen, ausführlich erklärt, da sie gerade für das Verständnis der
Symptome und Therapiemöglichkeiten bei somatischen Erkrankungen unverzichtbar
ist. Andererseits stehen, entsprechend der Entwicklung in der Pflegeausbildung, nicht
Diagnosen im Vordergrund, sondern das Erfassen der Einschränkungen und Res-
sourcen des alten Menschen. Wichtiger als die medizinisch benennbaren Krankheiten
sind ihre Auswirkungen auf die funktionellen Behinderungen und Kapazitäten im
Alltag.

Verlag Hans Huber
Bern Göttingen Toronto Seattle